Reise durch das Alte Testament

Die fünf Bücher des Mose

Reise durch das Alte Testament

Die fünf Bücher des Mose

Ein Lesebuch für die Familie

mit Bildern der Kunst

von

Suzanne Lier

VERLAG
Bibel & Kunst

© 2013 by Verlag Bibel und Kunst, Rhöndorf
Printed in Germany. Alle Rechte vorbehalten
Grafik und Layout: Kevin Tiberius Fischer, Leutenberg
Druck: Aumüller, Regensburg
Bindung: Conzella, Pfarrkirchen

Bibeltexte: frei nach der Einheitsübersetzung

Bildnachweis/Copyright: siehe S. 377

Die Deutsche Nationalbibliothek verzeichnet diese Publikation in der Deutschen Nationalbibliographie;
detaillierte bibliografische Daten sind im Internet über http://dnb.dnb.de abrufbar.

ISBN 978-3-9815308-0-3 (deutsche Ausgabe)
ISBN 978-3-9815308-1-0 (englische Ausgabe)

Die englische Ausgabe des Buchs (übersetzt von der Autorin und lektoriert von Dr. Patrick Labriola,
Bonn) ist gleichzeitig mit der deutschen unter dem Titel: *Journey Through the Old Testament. The Five
Books of Moses. A Family Storybook with Masterpieces of Art* erschienen.

Meinen Kindern

Lukas
Clemens
Dominik
Theresa
Christoph

Ich will meinen Mund auftun
und Geschichten verkünden aus alter Zeit.
Was wir gehört haben und wissen
und unsere Väter uns erzählt haben,
das wollen wir nicht verschweigen unseren Kindern,
sondern dem kommenden Geschlecht erzählen,
damit sie ihre Hoffnung auf Gott setzen
und die Taten und Wunder Gottes nicht vergessen
und seine Gebote halten.

(Psalm 78,2-4.7)

Vorwort für die Kinder

Kennst du Menschen, die sich ein Buch nehmen und immer erst den Schluss lesen? Bestimmt. Kennst du aber auch Menschen, die NUR den Schluss lesen und sonst nichts? Wäre schon komisch, oder?

Mit EINEM Buch machen es fast alle so: Mit der Bibel. Die hat nämlich zwei Teile. Der erste Teil ist ziemlich lang, der zweite dagegen viel kürzer. Da lesen sie fast immer nur den zweiten Teil. Das letzte Fünftel. Das Neue Testament. Und doch ist eigentlich klar: Wer nur das Ende eines Buches kennt, kann allerhöchstens ein bisschen verstehen, worum es geht. Er hat das Wichtigste verpasst: Den Anfang. Das Fundament. Das, worauf alles aufbaut.

Ist unsere Bibel vielleicht eine Ausnahme? Verpassen wir wirklich etwas, wenn wir den ersten Teil nicht lesen? Also ich finde, dass wir ziemlich viel verpassen. Du würdest sonst vielleicht nie wissen, warum Adam und Eva nicht im Paradies bleiben konnten, wie Noah die Tiere vor der großen Flut gerettet hat, wer Abraham war, von dem Jesus abstammte, wie es zu den zehn Geboten kam, die bis heute ganz wichtig sind, und und und ...

So habe ich dir hier viele Geschichten aus dem Anfang unserer Bibel rausgesucht. Zu jeder Geschichte gibt es immer ein Kunstwerk. Du solltest dir viel Zeit nehmen, diese Kunstwerke anzuschauen, denn die Künstler haben sich dabei mehr gedacht, als man zuerst so meint. Außerdem gibt es zwischendurch Bilderrätsel für dich. Und da hilft es, die Bilder gut zu kennen!

Dieser erste Teil der Bibel wird meistens „Altes Testament" genannt. Aber das klingt so negativ, als ob alles darin nur verstaubt und uninteressant wäre. Deshalb sprechen viele Menschen heute lieber vom „Ersten Testament". Dann ist klar, wie wichtig dieser Teil unserer Bibel ist.

Und damit Deine Eltern und Großeltern auch mal Lust bekommen, im Ersten Testament zu lesen, habe ich für sie Einleitungen und Exkurse geschrieben und Kommentare, die unter dem Bibeltext stehen. Für dich gibt es fast immer Erklärungen zu den Bildern. Manchmal sage ich aber auch nichts dazu, wie hier beim ersten Bild. Denn mir ist ganz wichtig, dass du nie aufhörst neugierig zu sein und Fragen zu stellen!

Viel Freude beim Lesen, Schauen und Entdecken (auf Seite 29 geht's los)!

Deine Suzanne Lier

Ein er(n)stes Wort an die Erwachsenen

Es gibt ein tief sitzendes Vorurteil, das nahezu jeder hat: Auf das Alte Testament, den ersten Teil der christlichen Bibel, können wir gut und gerne verzichten. Wenn wir etwas über das Christentum erfahren wollen, reicht das Neue Testament. Das Alte gilt als überholt, da es durch das Neue abgelöst worden ist. Die Bezeichnungen „Alt" und „Neu" drücken dies doch unmissverständlich aus. Wozu sich also durch das umfangreiche Alte Testament quälen?

Wie sehr aber ein solches Denken am Kern des christlichen Glaubens vorbeigeht, zeigt sich seit Jahren in den Forschungsergebnissen der biblischen Theologie. Wir können das Neue Testament nicht verstehen, wenn wir das Alte nicht kennen. Das Neue wurzelt im Alten, es ist *eine* mögliche Fortführung des Alten, die gleichberechtigt neben anderen steht, wie etwa neben der rabbinischen Auslegungstradition im Judentum. Eindrucksvoll hat der Alttestamentler Frank Crüsemann in seinem Buch „Das Alte Testament als Wahrheitsraum des Neuen" (2011) aufgezeigt, dass es keine christliche Wahrheit gibt, die nicht alttestamentlich gewonnen wäre. Die wunderbare „Musik" der EINEN christlichen Bibel kann nur erklingen, wenn das Alte Testament der Resonanzboden für das Neue ist.

Wie wichtig also, dass wir das Alte Testament gut kennen! Welch' großer Schatz an kulturellem Wissen ginge uns zudem verloren, Texte von wunderbarer Poesie und wertvolle Glaubenszeugnisse aus unterschiedlichster Zeit! Auch unseren Kindern sollten wir diese tiefen Erzählungen über die Suche der Menschen nach Gott nicht vorenthalten. So ist dieses Lesebuch, das in drei Teilen erscheint, als Buch für die ganze Familie gedacht. Ziel ist es,

* die wichtigsten Texte des Alten Testaments verständlich vorzustellen, Buch für Buch
* jedem Text ein Bild aus der Kunst gegenüberzustellen als Anregung zum Gespräch
* Ihnen in Einleitungen, Exkursen und Textkommentaren theologisches Hintergrundwissen zu vermitteln
* Ihren lesekundigen Kindern mithilfe der Bilderläuterungen einen Zugang zum biblischen Stoff zu geben
* ein Vorlese- und Bilderbuch schon für Kinder im Vorschulalter ab etwa fünf Jahren zu sein
* **und vor allem** ein Buch zu sein, das Ihnen und Ihrer Familie den kostbaren Reichtum der Texte des Alten Testaments aufschließt, Sie innerlich berührt und vielleicht ein Stück Glauben und Hoffnung wachsen lässt!

Nun wünsche ich Ihnen und Ihren Kindern eine spannende Reise durch die (vielleicht) noch unbekannte Welt des Alten Testaments!

Ihre Suzanne Lier

Inhalt

Die Josefsgeschichte

Bilderrätsel Genesis 240

DAS BUCH EXODUS
Einführung 244

Hinweis zu den Zitaten

Die Klammer hinter einem Zitat nennt zuerst den Autor, der im Literaturverzeichnis (S. 373 ff.) in der entsprechenden Rubrik alphabetisch zu finden ist, dann das Erscheinungsjahr des Buches, ohne den Titel zu nennen. So erspart man sich im laufenden Text umständliche Literaturangaben. Zusammen mit der Seitenzahl, die nach dem Erscheinungsjahr angegeben ist, sollte das Auffinden des Zitats kein Problem mehr sein. Wenn im Text ein Hinweis auf einen Autor (manchmal auch ohne Seitenzahl) erfolgt, ohne dass vorher ausdrücklich zitiert wurde, bedeutet dies, dass der referierte Inhalt eine Idee oder längere Passage des Autors paraphrasierend wiedergibt. Nicht immer gelingt es jedoch, jeden Einfluss kenntlich zu machen, und so möchte ich mich vorsorglich bei all jenen entschuldigen, deren Gedanken ich als eigene wiedergegeben habe, ohne mir bewusst gewesen zu sein, woher sie eigentlich gekommen sind. Fast alle Informationen hingegen, die ich den Erklärungen der einzelnen Bibelausgaben entnommen habe, habe ich nicht eigens mit einem entsprechenden Hinweis gekennzeichnet, um den Textfluss nicht unentwegt zu unterbrechen. Wenn ich allerdings direkt daraus zitiere oder sehr nah am Originaltext der jeweiligen Erläuterung bin, gebe ich die Quelle an. Einen großen Teil meiner Anmerkungen zum biblischen Text verdanke ich den ausführlichen Kommentaren der Jewish Study Bible (2004, siehe Literaturverzeichnis).

Die biblische Textstelle, die jeweils oben auf der Seite angegeben ist, habe ich oft gekürzt nacherzählt; nicht immer ist also jeder einzelne Vers wiedergegeben.

Plädoyer für eine neue Wertschätzung des Alten Testaments

Die Bibel

Die Bibel der Christen (oder auch „Heilige Schrift") ist nicht, wie man zunächst denken mag, ein einziges Buch, sondern umfasst eine Sammlung von über 60 Büchern. Diese Bücher stehen jedoch nicht zusammenhanglos nebeneinander, sondern sind durch ein Geflecht an Beziehungen miteinander verknüpft und legen sich gegenseitig aus. Die Bibel ist in zwei unterschiedlich große Teile geteilt: In das umfangreiche „Alte Testament" und in das viel kürzere „Neue Testament". Die Ankündigung der Ankunft Jesu markiert die Grenze zwischen beiden Testamenten. Die biblischen Bücher sind in einem Zeitraum von etwa 800 vor Christus bis 120 nach Christus entstanden. Während fast alle Bücher des Alten Testaments in Hebräisch verfasst wurden, sind die Schriften des Neuen Testaments in Griechisch geschrieben. Die meisten europäischen Länder haben die Bibel allerdings erst im vierten Jahrhundert durch eine Übersetzung des Kirchenvaters Hieronymus kennengelernt, die „Vulgata" genannt wird (das heißt: allgemein gebräuchliche Ausgabe). Diese Übersetzung aus den Originalsprachen ins Lateinische ist für das gesamte Mittelalter und bis heute die maßgebliche lateinische Übersetzung der Heiligen Schrift.

Das Alte Testament – ein Relikt aus fernen Zeiten?

Was für einen Sinn aber kann es machen, wenn wir uns hier auf das Alte Testament beschränken? Ist dieser Teil der christlichen Bibel nicht unwichtig im Hinblick auf das Neue Testament, veraltet, wie der Name schon sagt, längst überholt und zudem voll von Grausamkeiten, auf die wir gut und gern verzichten können? Sollten wir nicht den alttestamentlichen „Gott der Rache" endlich hinter uns lassen und uns ganz auf den „Gott der Liebe" im Neuen Testament konzentrieren? Haben wir nicht gelernt, dass das Alte Testament höchstens so etwas wie eine Vorstufe ist, eine „Verheißung" dessen, was dann seine „Erfüllung" im Neuen Testament mit der Ankunft Christi findet?

Diese bewusst provokativ gestellten Fragen enthalten eine Fülle von gängigen Klischees, die sich leider hartnäckig halten. Dieses Lesebuch unternimmt den Versuch, sie zu widerlegen. Wer meint, das Gottesbild beider Testamente auf eine griffige Formel bringen zu können, kennt nicht die Vielgestaltigkeit der biblischen Texte und ihrer Aussagen. Gerade weil dem Alten Testament in seiner Bewertung so viel Unrecht widerfahren ist, soll es hier einmal ausführlich Buch für Buch (mit einigen wenigen Ausnahmen) zu Wort kommen können. Genaue Kenntnis ist immer Voraussetzung für ein fundiertes Urteil.

Das Alte Testament ist ein zutiefst praktisch angelegtes Werk; hier geht es um das tägliche Leben des Menschen, um seine irdischen Probleme, Zweifel und Nöte. Hier geht es um eine Gottesbeziehung, die nur der erfährt, der das Leben wagt und dabei auf Gottes Wegen geht. Das Alte Testament schützt vor einer Weltflucht, die latent als Gefahr im Christentum lauert. Christen sind immer wieder in der Versuchung, so der katholische Theologe Erich Zenger (2004, 194), „Heil in die individuelle Seele oder ins Jenseits zu verlagern".

Wer das Alte Testament ausblenden will, „dünnt" die christliche Botschaft aus, nimmt ihr die Fülle und Komplexität, die sie durch das Nebeneinander vieler verschiedener Stimmen und Gotteserfahrungen hat. Wie arm an Zeugnissen wäre die christliche Religion, wenn sie die eindrucksvollen Gottesbegegnungserzählungen, das leidenschaftliche Beten zu Gott in den Psalmen, die Zweifel eines Hiob an Gott und die prophetische Rede in den alttestamentlichen Büchern einfach aussparte (Zenger 2004, 192)!

Zudem: Jesus war Jude, das Alte Testament war seine Bibel, aus ihr heraus hat er gelebt und gewirkt. Sein Wort ist „durchtränkt" von Bezügen zur Tora und zu den Propheten. Wenn uns Christen das Alte Testament unbekannt ist, muss uns auch Christus fremd bleiben: „Die Schrift nicht kennen heißt Christus nicht kennen!", lautet ein berühmtes Zitat des Kirchenvaters Hieronymus, der mit „Schrift" die Bibel Israels meint und nicht etwa das Neue Testament (vgl. Dohmen 1995, 103). Wenn wir also das Neue Testament verstehen wollen, können wir dies nur vom Alten Testament her (Dohmen 1995, 100).

Altes Testament = Erstes Testament

Sicherlich ist die missverständliche, unglückliche Begrifflichkeit „Altes" Testament, die erst gegen Ende des 2. Jahrhunderts nach Christus durch die Absetzung der Kirche vom Judentum geschaffen wurde, nicht ganz unschuldig am schlechten Ansehen, das dieses Testament genießt. Deshalb sprechen heute viele Menschen lieber vom „Ersten" Testament für das Alte (auch: „jüdische Bibel" oder „Schrift"), um sprachlich einer Abwertung vorzubeugen. So kann man herausstellen, dass der erste Teil der christlichen Bibel einen bleibenden Eigenwert besitzt und das grundlegende Fundament ist, auf dem das Handeln Gottes im zweiten, sogenannten „Neuen" Testament aufbaut (Zenger 2000, 2004, 2008).

Denkbare Ursachen für die Geringschätzung des Ersten Testaments unter Christen

Wie aber kommt es, dass das Erste Testament heute so sehr im christlichen Abseits steht? Hat die Geringschätzung vielleicht nur mit mangelnder Kenntnis zu tun? Eine Ursache für die Fremdheit, die viele empfinden, wenn es um Texte des Ersten Testaments geht, könnte in der liturgischen Praxis der Kirchen zu suchen sein. Während die Evangelientexte im Wechsel der drei Lesejahre alle einmal verlesen und ausgelegt werden, gibt es keine Bemühung um Vollständigkeit bei den Lesungen des Ersten Testaments. Und bei zwei möglichen Lesungen wird oft der Text aus dem Neuen Testament bevorzugt oder die Lesung aus dem Ersten Testament als vorbereitender Hilfstext für das Evangelium verstanden. Entscheidend für die Auswahl der Texte des Ersten Testaments für die Liturgie war nicht, ob die Texte zentral und wichtig waren, sondern ob sie auch mit den Evangelien korrespondierten (Ortkemper 2000, 55). Kein Wunder also, dass dem Kirchgänger das Erste Testament in weiten Teilen unzugänglich erscheint. Da sich jedoch viele Christen inzwischen vom kirchlichen Leben verabschiedet haben, kann dies lange nicht die Hauptursache für die große Unbekanntheit der Bücher des Ersten Testaments sein. Der Grund muss tiefer liegen.

Früher Disput um das Erste Testament

Möglicherweise liegt die wesentliche Ursache für die christliche Geringschätzung des Ersten Testaments weniger in mangelnden Kenntnissen als in der Art und Weise, wie die Christen und die Kirche schon seit frühester Zeit mit dem ersten Teil ihrer Bibel umgegangen sind. Zunächst war die Bibel Israels ganz selbstverständlich auch die Bibel des sich neu formierenden Christentums. Etwa Mitte des zweiten Jahrhunderts fing man dann an, verschiedene im Urchristentum entstandene Schriften über Jesus zu sammeln. Dieser Prozess führte zur Infragestellung der theologischen Relevanz der jüdischen Bibel für das Christentum. Bekanntester und radikalster Vertreter dieser Infragestellung war um etwa 140 nach Christus Markion, ein Schiffsreeder aus Kleinasien. Er wollte das Christentum als eine radikal neue Religion gerade auch im Gegensatz zum Judentum profilieren. Alles, was in den Schriften jüdisch war, lehnte er ab. So wollte er nicht nur die ganze Bibel Israels streichen, sondern dazu auch noch große Partien der Schriften des Urchristentums. Übrig blieb nur ein kleiner zweiteiliger Kanon: Das Lukasevangelium (nach Streichung der Zitate aus der Bibel Israels) und zehn von ihm „entjudaisierte" Paulusbriefe. Seither wird jede Tendenz, die Gültigkeit des Ersten Testaments für das Christentum anzuzweifeln, als „Markionismus" bezeichnet. Immerhin aber machte die junge Kirche das nicht mit, sondern behielt alle Schriften der Bibel Israels bei und stellte die neuen Schriften nicht vor, sondern hinter die Bibel Israels. So entstand die EINE, zweigeteilte christliche Bibel, wie wir sie heute noch haben (Zenger, 2000, 8-9).

Die typologische Schriftauslegung als Kern des Problems?

Wie aber konnte es dann zu einer Geringschätzung des Ersten Testaments kommen, wo es doch am Anfang eine ganz klare, dezidierte Entscheidung für die jüdische Bibel gegeben hatte? Anlass war möglicherweise eine schon innerbiblisch angelegte und dann bei Kirchenvätern einseitig praktizierte Methode der Exegese, die „typologische Schriftauslegung" genannt wird. Diese Methode kann spannende Bezüge zwischen verschiedenen Ereignissen innerhalb des Ersten Testaments und zwischen den beiden Teilen der christlichen Bibel aufdecken. Dort jedoch, wo mit ihr eine heilsgeschichtliche Steigerung konstruiert wird, hat sie fatale Folgen. Dann degeneriert die Typologie zu einer wertenden Deutungsweise, die darlegt, wie Ereignisse, Personen und Handlungen des Ersten Testaments ein unvollkommenes Vorbild (Typus) für das sind, was schließlich im Neuen Testament in vollendeter Form als „Gegenbild" (Antitypus) erscheint. Das Erste Testament wird dann nur noch rückblickend im Lichte des Neuen Testaments betrachtet, so, als sei es einzig und allein dazu geschrieben worden, noch ausstehende wichtige Heilsereignisse verhüllt anzukündigen. Die so verstandene Typologie ist kein geeigneter Weg, um das Verhältnis beider Testamente zueinander zu beschreiben (Zenger 2000, 10). Dennoch gewann sie im Laufe der Kirchengeschichte an Einfluss und hat viel dazu beigetragen, dass das Erste Testament in Misskredit geriet.

Paradoxerweise war die typologische Schriftauslegung ursprünglich eine Antwort der Kirche auf die von Ketzern vertretene Meinung gewesen, das Erste Testament sei für den wahren christlichen Glauben wertlos, weil es nur „Geschichten von Mördern" enthalte (Lexikon christlicher Kunst, 40). Sie war also entstanden, um die Bedeutung des Ersten Testaments für das Neue zu beweisen und um zu zeigen, dass in beiden Testamenten die Rede von ein- und demselben Gott sei, der die Menschen in einer fortschreitenden Linie zu ihrem Heil führe. Doch gerade das, was die unaufhebbare Zusammengehörigkeit der beiden Testamente darlegen und verteidigen sollte, hat möglicherweise letztlich zur Geringschätzung des älteren, ersten Teils geführt, der in den Schatten des zweiten Teils geriet, weil ihm nur eine vorausweisende, vorläufige Bedeutung zugesprochen wurde. Im Hinblick auf das christlich-jüdische Verhältnis ist die Typologie deshalb eine problematische Auslegungsmethode, da sie implizit den eigenständigen Wert der jüdischen Bibel leugnet.

Denn was im Ersten Testament steht, ist nicht vorläufiges, sondern vollgültiges Wort Gottes, das meint, was es sagt, und sich nicht erst gegenüber dem Neuen Testament rechtfertigen muss. Es braucht nicht das Neue Testament, um verstanden zu werden, sondern hat aus sich heraus bleibende Bedeutung und kann in sich bestehen (Zenger 2004, 138). Wenn wir das Erste Testament hingegen nur mit christlicher Brille vom Neuen her auslegen, ist damit eine große Überheblichkeit verknüpft: Dann setzen wir voraus, dass wir viel besser als die Juden wüssten, was Gott eigentlich offenbaren wollte. Unterstellt ist damit auch, dass wir Christen von Anfang an die immer schon von Gott anvisierten Adressaten des Ersten Testaments gewesen wären und das „wahre Israel" seien (Zenger, 2008, 16).

Die Bedeutung der Typologie für die Kunst

Ohne Zweifel hat die typologische Betrachtungsweise der Theologie allergrößten Einfluss auf die christliche Kunst insbesondere im Mittelalter ausgeübt; ohne Kenntnis typologischer Zusammenhänge ist die Kunst kaum zu verstehen. Bekanntestes Beispiel ist die reich bebilderte sogenannte „Armenbibel" des 14./15. Jahrhunderts, die „Biblia Pauperum", ein verbreitetes Erbauungsbuch, in dem das Leben Christi im Sinn der Typologie geschildert und illustriert wird. Einer Szene aus dem Leben Christi sind mehrere Szenen des Ersten Testaments zugeordnet, die als Vor-Bilder auf ihre Erfüllung im Neuen Testament hinweisen. Diese Illustrationen bieten eine Fülle an Anschauungsmaterial für die Kenntnis der typologischen Denkweise im späten Mittelalter. Die Armenbibel war jedoch nicht, wie oft geglaubt, als Bilderbibel für arme Analphabeten gedacht, sondern für Gelehrte und Kleriker konzipiert. Die Biblia Pauperum setzte einen hohen Grad an theologischer Bildung voraus und diente als Unterrichtsbuch, mit deren Hilfe die Priester dem Volk, den Laien, die Heilsgeschichte der Bibel vermitteln und vor Irrlehren schützen sollten. Die Bezeichnung „Armenbibel" ist eine nachträgliche; ihre Bedeutung ist umstritten. Zunächst glaubte man, dass die so bezeichneten Bücher für arme Geistliche gedacht waren, die sich keine komplette handgeschriebene Bibel leisten konnten. Heute vermutet man eher einen Zusammenhang zu den „Armenbewegungen" des 12. und 13. Jahrhunderts, innerhalb derer sich die Geistlichen mithilfe der Biblia Pauperum als „die wahren Armen Christi" von häretischen Gruppierungen absetzen wollten (LCI 1, 297- 298). Da die typologische Denkweise Kunst und Theologie tief beeinflusst und geprägt hat, werde ich sie in meinen Erklärungen zu Bild und Text immer wieder thematisieren.

Es gibt keinen Sündenbock

Sicherlich wäre es falsch, die typologische Exegese allein zum Sündenbock für die Jahrtausende alte Missachtung der Würde des Ersten Testaments zu machen. Sie ist ein wichtiger Baustein in einer Kette von vielen Ursachen, die dazu geführt haben, dass das Erste Testament bis heute ein Schattendasein führt. Es wird lange dauern, bis der große Berg an Vorurteilen, Missverständnissen und Unkenntnis abgebaut ist. Wollen wir aber den christlich-jüdischen Dialog ernst nehmen und zugleich ein vertieftes Verständnis unserer eigenen christlichen Religion erreichen, müssen wir endlich aufrichtig damit anfangen, unser Erstes Testament als fundamentalen Teil unserer christlichen Identität wahrzunehmen.

Konsequenzen für die religiöse Erziehung

Wir können unsere Bibel als Ganzes nur wirklich verstehen, wenn wir das Erste Testament kennen. Das gilt auch für unsere Kinder. Wenn wir sie schon früh mit der zunächst „fremden" Welt des Ersten Testaments vertraut machen, geben wir ihnen die Möglichkeit, die jüdische Wurzel unseres Glaubens lieben und schätzen zu lernen und Vorurteile gar nicht erst aufkommen zu lassen. Den „älteren Bruder" zu kennen, sollte zur Selbstverständlichkeit werden (vgl. die Rede von Johannes Paul II. in der Großen Synagoge Roms am 13. April 1984, in der er die Juden als unsere „bevorzugten Brüder und, so könnte man gewissermaßen sagen, unsere älteren Brüder" bezeichnet; zitiert nach Zenger 2004, 11).

Die religiöse Erziehung unserer Kinder sollte in Zukunft grundsätzlich nur noch im interreligiösen und ökumenischen Geist geschehen (Taschner 2003, 88). Sie muss sich im christlichen Unterricht intensiv mit dem Judentum und dann auch mit anderen Religionen beschäftigen. Zu bitter sind unsere Erfahrungen mit der Vergangenheit und Gegenwart! Nur im Dialog können wir die immer noch kursierenden stereotypen Vorurteile über die jüdische Religion ausmerzen und zusammen mit unseren Kindern ein Gespür dafür entwickeln, wie kostbar das jüdische Erbe ist, das wir geschenkt bekommen haben. Religion sollte Kindern grundsätzlich vermittelt werden als etwas, das Menschen miteinander verbindet, statt sie zu trennen.

Warum uns die Bibel so kostbar ist: Gotteswort im Menschenwort

Kostbar ist uns unsere Bibel gemeinsam mit den Juden aus einem ganz besonderen, einmaligen Grund, den dieses Buch von allen anderen („profanen") Büchern unterscheidet: Sie erhebt den Anspruch, „Wort Gottes" zu sein. Sie ist dies aber nicht in reiner, purer

Form, so als hätte Gott einmal eine Rede gehalten, die dann aufgeschrieben worden wäre. Vielmehr ist das Wort der Bibel ein vermitteltes Wort, vermittelt durch das Zeugnis der biblischen Schriftsteller, die ihre Erfahrungen mit Gott aufgeschrieben haben. Alles menschliche Reden von Gott ist ein Annäherungsversuch an das Geheimnis Gottes; wer die Texte fundamentalistisch als ungebrochene Aussage Gottes über sich selbst versteht, verkennt den Sinn biblischen Redens. Gott ist in den biblischen Texten nur indirekt „fassbar", seine Gegenwart „scheint" hindurch, ohne konkret dingfest zu sein.

Der Kanon

Diese sehr heterogenen menschlichen Glaubenszeugnisse sind nach vielen Jahrhunderten des Ringens in einer verbindlichen Sammlung zusammengefasst worden, die man „Kanon" nennt. Sie sind zur „Heiligen Schrift" geworden und gelten als „inspiriert", als verfasst unter besonderem göttlichem Einfluss.

Dabei unterscheiden sich die christlichen Konfessionen in dem, was sie als Kanon anerkennen. So hat die katholische Bibel im Ersten Testament insgesamt sieben Bücher mehr als die evangelische. Grund ist, dass die katholische Bibel die Abfolge und Anzahl ihrer Bücher von der „Septuaginta" her erhalten hat, einer altgriechischen jüdischen Übersetzung der Bibel aus dem 3./2. Jahrhundert vor Christus, die heftige Eingriffe in den Urtext vorgenommen hat. Luther hingegen ging auf den hebräischen Urtext zurück und schied daher diese sogenannten „apokryphen" (griech. *apokryphos* = verborgen, so die Bezeichnung im evangelischen Raum) beziehungsweise „deuterokanonischen" (griech. *deuteros* = zweiter [Kanon], so die Bezeichnung im katholischen Raum) Bücher wieder aus. In der Abfolge allerdings blieb er bei dem Schema der Septuaginta.

Die jüdische Bibel – Das Erste Testament

Der große Unterschied zur jüdischen Bibel besteht in der Anordnung der vorhandenen Bücher. Das christliche Erste Testament enthält zwar alle Bücher, die es auch in der jüdischen Bibel gibt, jedoch sind sie nach einem völlig anderen Grundprinzip angeordnet. Hier lässt sich deutlich aufzeigen: Was im Glauben wichtig ist, kann man an der Anordnung und Auswahl der biblischen Bücher erkennen.

Herzstück der dreigeteilten jüdischen Bibel ist die Tora (Die fünf Bücher des Mose). Auf sie hin ist alles andere bezogen, auf sie hin kunstvoll miteinander verwoben. Die Einteilung der jüdischen Bibel lässt sich am besten an dem im Judentum üblich gewordenen Kunstwort „Tanach" ablesen. Dessen drei Konsonanten TNK stehen für die Anfangsbuchstaben der drei Teile der Jüdischen Bibel: T steht für *Tora* = Gesetz, Weisung; N steht für *Nebiim* = Propheten (unterteilt in vordere/frühere und hintere/spätere Propheten); K steht für *Ketubim* = Schriften. Die Abfolge dieser drei programmatischen Blöcke entspricht ihrem unterschiedlichen kanonischen Gewicht. Das Wichtigste, die Tora, ist vorangestellt. Sie ist das Fundament, auf dem die beiden anderen Teile aufbauen. Die Propheten („Kündung" genannt) gelten als Kommentar zur Tora, und die Schriften bieten schließlich konkrete Hilfe zur Einübung des rechten Lebenswegs an. Sie zeigen, wie die Weisungen der Tora im täglichen Leben und in der Liturgie anzuwenden sind. Die Absicht der Erzähler in den letzten beiden Blöcken ist Deutung und Auslegung der Tora, nicht Bericht. Man nimmt an, dass der Umfang des Kanons schon um 100 nach Christus festlag (Zenger 2004, 162–177).

Ganz anders ist die Grundkonzeption in der Anordnung der Schriften des Ersten Testaments in der christlichen Bibel: Hier folgt die Aufteilung keiner theologischen, sondern einer historischen Idee. Die christliche Bibel beginnt wie die jüdische Bibel mit den fünf Büchern des Mose, der Tora, mit der Gründungsgeschichte Israels. Dann folgen drei große Blöcke: „Geschichte des Volkes Israel im Land Israel", „Lebensweisheit" und „Prophetien". Die Grundidee dieser Ordnung ist die des Schemas „Vergangenheit", „Gegenwart" und „Zukunft" (Zenger 2004, 181). Die Geschichtsbücher berichten von Ereignissen der Vergangenheit, der Mittelblock Gegenwart mit den Weisheitsbüchern von der Umsetzung des Glaubens im täglichen Leben, während der letzte Block mit den Propheten den Blick auf die Zukunft eröffnet. Das Erste Testament endet schließlich mit einem Ausblick auf den wiederkehrenden Elija und schlägt somit die Brücke hin zum Neuen Testament, das mit dem Auftreten von Johannes dem Täufer beginnt.

Zwei unterschiedliche Leseweisen

Es gibt also, wie diese unterschiedliche Anordnung der Bücher gezeigt hat, zwei verschiedene Leseweisen des Ersten Testaments: eine jüdische und eine christliche. Die christliche Leseweise im Ersten Testament betont den geschichtlichen Aspekt der Offenbarung Gottes, die als eine fortschreitende Heilsgeschichte interpretiert wird, während die jüdische Leseweise alles von der Tora her versteht.

In der christlichen Bibel ist die Tora, auch wenn sie am Anfang steht, kein zentrales Element der gesamten Bibel. Leicht kann auf diese Weise das Erste Testament nur noch als Vorspiel für das angeblich „eigentliche" Geschehen gelten, das mit dem Christentum beginnt und die Geschichte Gottes mit Israel ersetzt. Vergessen ist dann, dass das Erste Testament ein Erbe ist, dass wir Christen von den Juden übernommen haben und das diese auf ihre Weise bis heute in einer lebendigen Tradition fortsetzen. Es gibt nicht nur *eine* Fortführung des Ersten Testaments, sondern mindestens zwei, die beide gleichberechtigt nebeneinander stehen sollten (Zenger 2000, 12).

Die Bücher des Alten Testaments

In der nun folgenden Aufzählung der Bücher des Alten/Ersten Testament der christlichen Bibel (46 Bücher in der katholischen und 39 Bücher in der evangelischen Bibel) sind die katholischen Zusätze fett markiert. Wenn aus den Büchern zitiert wird, bezieht sich die erste Zahl nach der Abkürzung immer auf das jeweilige Kapitel, und die Zahl dahinter auf den Vers. So würde zum Beispiel Gen 1,2 bedeuten, dass der zweite Vers aus dem ersten Kapitel des Buches Genesis angeführt ist. In der jüdischen Tradition sind die biblischen Bücher häufig nach ihrem ersten Wort (oder Worten) benannt.

Die fünf Bücher des Mose

Das Buch Genesis (Gen)
Das Buch Exodus (Ex)
Das Buch Levitikus (Lev)
Das Buch Numeri (Num)
Das Buch Deuteronomium (Dtn)

Die Bücher der Geschichte des Volkes Gottes

Das Buch Josua (Jos)
Das Buch der Richter (Ri)
Das Buch Rut (Rut)
Das erste Buch Samuel (1Sam)
Das zweite Buch Samuel (2 Sam)
Das erste Buch der Könige (1Kön)
Das zweite Buch der Könige (2Kön)
Das erste Buch der Chronik (1Chr)
Das zweite Buch der Chronik (2 Chr)
Das Buch Esra (Esra)
Das Buch Nehemia (Neh)
Das Buch Tobit (Tob)
Das Buch Judit (Jdt)
Das Buch Ester (Est) **(zus. Abschnitte)**
Das erste Buch der Makkabäer (1Makk)
Das zweite Buch der Makkabäer (2Makk)

Die Bücher der Lehrweisheit und die Psalmen

Das Buch Ijob (Ijob)
Die Psalmen (Ps)
Das Buch der Sprichwörter (Spr)
Das Buch Kohelet (Koh)
Das Hohelied (Hld)
Das Buch der Weisheit (Weish)
Das Buch Jesus Sirach (Sir)

Die Bücher der Propheten

Das Buch Jesaja (Jes)
Das Buch Jeremia (Jer)
Die Klagelieder (Klgl)
Das Buch Baruch (Bar)
Das Buch Ezechiel (Ez)
Das Buch Daniel (Dan) **(zus. Abschnitte)**
Das Buch Hosea (Hos)
Das Buch Joel (Joel)
Das Buch Amos (Am)
Das Buch Obadja (Obd)
Das Buch Jona (Jona)
Das Buch Micha (Mi)
Das Buch Nahum (Nah)
Das Buch Habakuk (Hab)
Das Buch Zefanja (Zef)
Das Buch Haggai (Hag)
Das Buch Sacharja (Sach)
Das Buch Maleachi (Mal)

Die fünf Bücher des Mose

Der Pentateuch

Die Tora

Der erste Band meines dreiteilig ange-
legten Lesebuchs „Reise durch das
Alte Testament" widmet sich der großartigen Eröffnung der Bibel mit den „Fünf Büchern des Mose". Diese Schriften bilden eine
Einheit und enthalten eine so große Fülle an
Erzählungen und grundlegenden Glaubens-
zeugnissen, dass es mehr als geboten schien,
sie umfassend in einem Band für sich zu
würdigen.

Worum geht es nun in diesen ersten fünf
Büchern der Bibel, die im einzelnen Genesis,
Exodus, Levitikus, Numeri und Deuterono-
mium genannt werden? Diese Bücher erzäh-
len in einem großen Bogen die Geschichte
von der Erschaffung der Welt und des Men-
schen bis hin zum Tod des großen Propheten
Mose, der kurz vor dem Einzug Israels in das
Gelobte Land stirbt. Für die Juden sind diese
Schriften die heiligsten Bücher der Bibel. Sie
bilden eine Einheit, die sie „Tora" (Weisung,
Lehre, Gesetz) nennen. Die Tora enthält das
Gesetz, das Mose am Sinai von Gott für Israel empfangen hat. Für gläubige Juden ist die

Torarolle (Foto: Z. Radovan, Jerusalem)

*Ursprünglich hatten alle biblischen Schriften die Gestalt ei-
ner Buchrolle. Eine Buchrolle bestand aus einzelnen Blättern
aus Papyrus oder Pergament, die man aneinander genäht
oder geklebt und dann um einen Stab gewickelt hatte. Der
biblische Text wurde von einem Schreiber in monatelanger
Arbeit mit der Hand abgeschrieben. Noch heute gibt es den
jüdischen Brauch, dass die Texte der Tora im Gottesdienst
nur aus einer Buchrolle vorgetragen werden dürfen.*

Tora das, was für Christen das Evangelium ist: die „Frohe Botschaft", eine riesige Verheißung, die dem Volk Gottes bis in alle Ewigkeit Schutz gewähren wird.

Lange hat man nicht nur im Judentum, sondern auch in der christlichen Tradition geglaubt, dass Mose der Verfasser dieser Bücher war. Man glaubte, dass Mose, der laut biblischem Bericht vierzig Tage auf dem Berg Sinai verbracht hat, dort viel zu viel Zeit hatte, um „nur" das Gesetz von Gott empfangen zu haben, und ging deshalb davon aus, dass er dort die gesamte Tora von Gott „diktiert" bekam. Bis ins letzte Jahrhundert hinein gab es einen regelrechten Kampf unter den Bibelwissenschaftlern um die Frage nach der mosaischen Verfasserschaft der ersten fünf Bücher der Bibel, die auch „Pentateuch" (von griech. *penta* = fünf und *teucho* = Behälter für Schriftrollen) genannt werden, eine Einheit bestehend aus fünf Buchrollen. Immerhin stand die Autorität dieser Schrift auf dem Spiel.

Bis heute ist die Frage nach der genauen Entstehungsgeschichte des Pentateuch nicht gelöst. Im Pentateuch sind die unterschiedlichsten Traditionen zusammengeflossen, die im Laufe der Zeit fortgeschrieben und bearbeitet wurden. Sie können in ihrem Kern grob vom 10. Jahrhundert bis ins 4. Jahrhundert vor Christus reichen, umfassen also eine Zeitspanne, in der alle übrigen Schriften des Ersten Testaments entstanden. Lange Zeit war die sogenannte „Urkundenhypothese" Konsens unter den Exegeten. Dieses klassische Modell ging von vier mit Kunstnamen versehenen Quellen aus – dem Jahwisten (J: 1000–900 v. Chr.), dem Elohisten (E: 800–700 v. Chr.), der deuteronomistischen Literatur (Dtr: 600–500 v. Chr.) und der Priesterschrift (P: 550–500 v. Chr.). Seit etwa zwanzig Jahren gibt es nun eine Vielzahl von Entstehungshypothesen, von denen aber keine breite Anerkennung genießt.

Das Buch Genesis

Bereschit

(Im Anfang)

Einführung

Das Wort Genesis kommt aus dem Griechischen und heißt „Entstehung". Und genau davon handelt nun das allererste biblische Buch: von Schöpfung, Ursprung, Anfang. Das Buch Genesis lässt sich in zwei Hauptteile gliedern. Im ersten Teil (Kapitel 1-11) geht es zunächst um den Beginn von Welt und Mensch, um Paradies, Sünde und Sintflut. Der zweite Teil (Kapitel 12-50) erzählt dann die Geschichte der Patriarchen, der Erzväter des jüdischen Volkes, Abraham, Isaak und Jakob, und die Geschichte von Josef und seinen Brüdern.

Das Buch Genesis ist kein kritisches Geschichtsbuch im modernen Sinn. Die Urerzählungen schöpfen aus mythologischen Quellen und bis heute gibt es keine sicheren Beweise, dass Abraham, Isaak, Jakob oder Josef wirklich existiert haben. Immerhin jedoch hat die moderne Forschung nachweisen können, dass zwar nicht alle Einzelheiten, aber doch große Teile der im zweiten Hauptteil geschilderten politischen, sozialen und religiösen Verhältnisse mit den Zuständen übereinstimmen, wie man sie für Palästina in der Zeit vor Mose, das heißt für die Mittlere und Späte Bronzezeit, erschlossen hat.

Die Theologie des Buches verkleidet sich im Gewand von Erzählungen. Das macht die Lektüre des Buches so kurzweilig: Kein theologischer Traktat, keine strenge philosophische Beweisführung, kein Glaubensbekenntnis hindern den Lesefluss. Die Verfasser wollten an den erzählten Begebenheiten zeigen, dass Gott die Menschen nicht im Stich lässt, auch wenn sie sich immer wieder von ihm abwenden und Schuld auf sich laden. Gott steht treu zu den Menschen und zu der Welt, die er geschaffen hat.

Die Erschaffung
der Welt

Schöpfungskuppel, um 1220, Mosaik, Venedig, Vorhalle des Markusdoms

Erster Schöpfungsbericht

Die Erschaffung der Welt in sieben Tagen

Im Anfang,
als Gott begann Himmel und Erde zu erschaffen,
war die Erde wüst und leer.
Finsternis lag über der Urflut,
und der Geist Gottes schwebte über dem Wasser.

Mit der wüsten und leeren „Erde" zu Beginn ist nicht das „Trockene" gemeint, das erst am dritten Tag entsteht, sondern das ganze Weltall. Gott findet, als er zu seiner Schöpfung anhebt, nur Wasser als chaotisch ungeordnetes Element vor, eine große „Tiefe", einen „Abgrund", wie es in anderen Übersetzungen heißt. Wasser ist der Stoff, aus dem Gott durch sein Wort alles entstehen lässt. Es ist also keine Schöpfung aus dem Nichts (auch *Creatio ex nihilo* genannt). Schöpfung heißt hier vielmehr, das vorhandene Chaos zu bezwingen. Das hebräische Wort für Chaos oder Durcheinander in Gen 1,2 ist *tohu-wa-vohu* (*tohu* = Wüstheit, *wa* = und, *vohu* = Leere); wenn wir also eine Situation als ein „Tohuwabohu" bezeichnen, spielen wir auf diese biblische Ursituation vor aller Schöpfung an.

Das Mosaik, das du hier siehst, kommt aus dem Markusdom in Venedig. Dort sind in der Vorhalle wunderschöne Mosaiken an der Decke. Sie sind wahrscheinlich schon über 800 Jahre alt! Die Mosaiken erzählen Geschichten aus dem Anfang der Bibel. Aber was soll hier die Taube mit Heiligenschein? Weißt du es schon? Sie ist ein Bild für den „Geist Gottes", von dem in den ersten Worten der Bibel gesprochen wird. Ein anderes schönes Bild für den Geist Gottes steht versteckt im Text: In der ursprünglichen Sprache des Ersten Testaments, im Hebräischen, kann nämlich das Wort für „Geist" (hebräisch ruach) auch mit „Wind" übersetzt werden. Wie gefällt dir das? Wenn wir den Geist Gottes mit einem Wind vergleichen, können wir uns vorstellen, wie er überall dort zu spüren ist, wo sich in unserem Leben etwas „bewegt" und wir frische Kraft bekommen. Schade nur, dass man einen Wind so schlecht malen kann. Und in einem Mosaik wie hier wäre es sicher besonders schwierig geworden, oder?

Gottes Geist schwebt über dem Wasser

Da sprach Gott:

„Es werde Licht".
Und so wurde Licht.
Gott sah, dass es gut war.
Er trennte das Licht von der Finsternis.
Das Licht nannte er Tag,
und die Finsternis nannte er Nacht.
Es wurde Abend, und es wurde Morgen: **erster Tag.**

Trennung von Licht und Finsternis am ersten Tag

Dann sprach Gott:

„Eine feste Grenze entstehe mitten im Wasser."
Gott machte eine Grenze
und trennte das Wasser unter der Grenze
vom Wasser über der Grenze.
Die Grenze nannte Gott Himmel.
So geschah es.
Es wurde Abend, und es wurde Morgen: **zweiter Tag.**

Am zweiten Tag teilt Gott das Wasser der Urflut in zwei Hälften und schiebt den Himmel als Grenze dazwischen. Der Himmel soll das Wasser, das von oben fällt (als Regen), vom Wasser, das von unten kommt (unterirdisch als Quelle), trennen. Im Alten Orient stellte man sich den Himmel als riesige Schale vor. Darüber, so glaubte man, befand sich ein großer Himmelsozean, aus dem das Regenwasser kam.

Dann sprach Gott:

„Das Wasser unter dem Himmel sammle sich an einem Ort,
damit man das Trockene sehe."
So geschah es.
Das Trockene nannte Gott Land,
und das angesammelte Wasser nannte er Meer.
Gott sah, dass es gut war.
Dann sprach Gott:
„Das Land lasse grünes Gras und Kraut wachsen,
alle Arten von Pflanzen, die in sich selbst Samen tragen,
und alle Arten von Bäumen, die auf der Erde Früchte bringen."
So geschah es.
Gott sah, dass es gut war.
Es wurde Abend, und es wurde Morgen: **dritter Tag**.

Die Erschaffung des Himmelsgewölbes am zweiten Tag

Dann sprach Gott:

„Lichter sollen am Himmel sein,
um Tag und Nacht zu unterscheiden."
So geschah es.
Gott machte die beiden großen Lichter:
die Sonne, die über den Tag herrscht,
den Mond, der über die Nacht herrscht,
und auch die Sterne.
Gott sah, dass es gut war.
Es wurde Abend, und es wurde Morgen: **vierter Tag**.

Sicherlich ist dir hier und auch schon auf den Bildern vorher aufgefallen, dass Gott anders aussieht als du es erwartet hättest. Vielleicht hast du gedacht, Gott müsse doch alt aussehen und einen grauen, langen Bart haben. Hier aber ist er jung und trägt keinen Bart. Sein Kopf ist von einem Heiligenschein mit Kreuz umrahmt. Warum das alles? Nun ist es ja so, dass keiner je Gott gesehen hat. Also kann auch keiner wissen, wie er aussieht. Und so gibt es in der Bibel auch ein Verbot, sich ein Bild von Gott zu machen. Das haben diese frühen Künstler gewusst und noch respektiert. Sie haben Gott einfach gar nicht gemalt! Stattdessen haben sie Jesus gemalt, seinen Sohn. Denn der war ja auf die Welt gekommen und war Mensch geworden. Man konnte ihn anfassen und sehen. Also auch ein Bild von ihm malen. Und weil Jesus Gottes Sohn war, nahm man an, in dem Sohn etwas vom Vater sehen zu können. Leider war es dann so, dass schon vor über 800 Jahren einige Künstler anfingen, Gott selbst zu malen. Meistens als älteren Mann, als tatterigen, dümmlichen Greis. Das hat ganz vielen Menschen bis heute den Glauben verdorben. Und ich will nicht, dass dir das auch passiert. Deshalb gibt es solche Bilder in diesem Lesebuch erst gar nicht. Von Anfang an will ich klarstellen, dass Gott etwas ganz Großes ist, das unser Denken weit übersteigt. Wir brauchen zwar in uns Bilder, wenn wir an Gott denken und zu ihm sprechen. Aber wir sollten nie vergessen, dass Gott anders ist als unsere Vorstellungen von ihm.

Die Erschaffung der Gestirne am vierten Tag

Dann sprach Gott:

„Das Wasser wimmle von lebendigen Wesen,
und Vögel sollen über dem Land unter dem Himmel dahinfliegen."
So entstanden alle Arten von Fischen,
auch die großen Walfische,
und die vielen verschiedenen Vögel.
Gott sah, dass es gut war.
Gott segnete die Tiere und sprach:
„Seid fruchtbar und vermehrt euch,
und erfüllt das Land und das Wasser im Meer mit eurem Leben."
Es wurde Abend, und es wurde Morgen: **fünfter Tag.**

Hier tummelt sich alles Mögliche im Wasser und in der Luft. Ob der Künstler diese Tiere alle je in echt gesehen hat? Ich finde, die Tiere sehen eher wie Phantasietiere aus. Die Größen stimmen ja auch nicht so richtig im Verhältnis zueinander. Am Auffälligsten ist vorne das Meeresungeheuer. Das sieht mächtig gefährlich aus mit den gefletschten Krokodilszähnen und dem gepanzerten Rücken! Man weiß übrigens, dass die Bilder der Mosaiken aus einer über 1500 Jahre alten Vorlage abgemalt worden sind. Damals gab es ja noch keinen Druck, und da waren alle Texte handgeschrieben und oft mit wunderschönen vergoldeten Bildern geschmückt. Diese alten handgeschriebenen Bücher nennt man „Handschriften", und die Bilder darin nennt man „Miniaturen". Wahrscheinlich war es so, dass die Künstler erst einmal eine Kopie von diesen Miniaturen gemacht haben. Dann haben sie die Umrisse und Einzelheiten auf den Putz aufgemalt. Und schließlich die Mosaiksteinchen aus Glas in den noch feuchten Putz gedrückt. Das muss lange, lange gedauert haben!

Die Erschaffung der Vögel und Fische am fünften Tag

Dann sprach Gott:

„Das Land bringe alle Arten von lebendigen Wesen hervor:
die Tiere des Feldes,
Würmer und andere Kriechtiere
und das Vieh."
So geschah es.
Gott sah, dass es gut war.

Die Erschaffung der Landtiere am sechsten Tag

Dann sprach Gott:

„Lasst uns Menschen machen nach unserem Bilde, uns ähnlich.

Sie sollen herrschen über die Fische des Meeres,

über die Vögel des Himmels, über das Vieh,

über die ganze Erde und

über alle Kriechtiere auf dem Land."

So schuf Gott die Menschen nach seinem Bild,

nach dem Bilde Gottes schuf er sie,

als sein Ebenbild.

Als Mann und Frau schuf er sie.

Gott segnete sie und sprach zu ihnen:

„Seid fruchtbar, vermehrt euch, und macht euch die Erde untertan.

Herrscht über alle Tiere.

Ich übergebe euch auch alle Pflanzen und die Früchte der Bäume.

Sie sollen eure Nahrung sein.

Den Tieren gebe ich das grüne Gras und Kraut zum Fressen."

So geschah es.

Gott sah alles an, was er gemacht hatte:

Es war sehr gut.

Es wurde Abend und es wurde Morgen: **sechster Tag**.

Die Pluralform, in der Gott spricht, als er den Menschen erschafft („Lasst *uns* Menschen machen nach *unserem* Bilde, *uns* ähnlich", Gen 1,26), macht stutzig. Mit wem redet Gott da? Wer ist mit „uns" gemeint? Hier spielen altorientalische Vorstellungen in unseren Text hinein: Im Alten Orient, und manchmal auch in der Bibel (so zum Beispiel in der Erzählung vom „Turmbau zu Babel", Gen 11,7), stellte man sich Gott als den Vorsteher eines himmlischen Hofstaats vor, mit dem Er zusammen über die Dinge auf Erden beratschlagte und entschied. Der Gott Israels wurde als der „Allerhöchste" angesehen, der im Reigen der himmlischen Wesen den obersten Rang einnahm.

Die Erschaffung des Menschen am sechsten Tag

44

Am **siebten Tag** ruhte Gott.

Die Schöpfung war nun vollendet.

Und Gott segnete den siebten Tag und machte ihn heilig.

So sind Himmel und Erde entstanden.

Dieses Schöpfungslied, das am Anfang der Bibel steht und damit den wohl wichtigsten Platz in ihr einnimmt, ist ein äußerst streng komponiertes Gedicht. Ohne dass man es beim Lesen merkt, ist es von einer großen Symmetrie und Ordnung geprägt und lässt so etwas von der erhabenen Größe Gottes erahnen. Die Schöpfungen der ersten drei Tage sind auf die nächsten drei Tage bezogen: Während Gott in den ersten drei Tagen die allgemeinen Elemente erschafft, entstehen in den nächsten drei die entsprechenden Bewohner dieser Elemente und zwar genau in derselben Reihenfolge. So korrespondiert die Erschaffung von Licht am ersten Tag mit der Erschaffung von Sonne/Mond/Sterne am vierten, die Teilung des Wassers am zweiten Tag mit der Erschaffung der Fische/Vögel am fünften, und die Erschaffung von trockenem Land am dritten mit der Erschaffung von Tier/Mensch am sechsten. Der siebte Tag, der Sabbat, fällt aus diesem Schema. Ohne Frage ist hier der Höhepunkt der Schöpfungserzählung erreicht. Die Zahl sieben bedeutet Vollkommenheit. Genau siebenmal heißt es, dass Gott sein Werk ansieht und feststellt, „dass es gut war" (mit Auslassungen am zweiten und siebten Tag, dafür aber zweimal am dritten und sechsten Tag). Zweifellos wollten die Autoren, jüdische Priester im babylonischen Exil, deutlich machen, wie wohl geordnet Gott die Welt geschaffen hat, und wie gut sie ist (Jewish Study Bible 2004, 12).

In der Mitte der Darstellung vom siebten Tag kannst du den Schöpfer sehen. Er ist hier wieder wie vorher als Christus dargestellt. Wie ein König sitzt er auf einem Thron und hält seine Hand auf den Kopf eines Engels, um ihn zu segnen. Hinter ihm stehen sechs andere Engel. Jeder Engel steht, wie schon bei den anderen Bildern, für einen einzelnen Schöpfungstag. Der siebte Schöpfungstag ist ein ganz besonderer Tag. Denn hier hat Gott nicht mehr gearbeitet, sondern sich ausgeruht. Wenn wir in der Woche viel getan haben, tut es uns gut, am Sonntag einfach mal nichts zu tun und zufrieden auf das zu schauen, was wir geschaffen haben. Und dabei auch dankbar zu sein für alles, was wir von Gott geschenkt bekommen haben. Der Sonntag erinnert uns daran, dass Gott immer bei uns ist, egal wo wir gerade sind, ob zu Hause, bei Freunden oder weit weg im Ausland.

Der siebte Tag empfängt den Segen des Herrn

Zweiter Schöpfungsbericht

Die Erschaffung des ersten Menschen

Hebräisch *adám* bedeutet allgemein Mensch und ist hier noch Gattungsbezeichnung; erst einige Kapitel später wird *adám* zum Eigennamen Adam. Zudem liegt hier ein Wortspiel vor zwischen hebr. *adám* (Mensch) und hebr. *adamáh* (Erdboden): Der Mensch ist das vom Erdboden genommene Geschöpf Gottes. Ganz anders als im ersten Schöpfungsbericht ist der Mensch in der zweiten Erzählung nicht nach dem Bild Gottes geschaffen, sondern aus dem Staub der Erde gemacht, also geringeren Ursprungs. Doch das, was zunächst wie eine Geringschätzung aussieht, wird durch den „Atem" Gottes wieder wettgemacht: Gott hat dem Menschen das Leben in seine Seele eingehaucht und ist ihm so physiologisch gesehen sogar näher als durch eine „bloße" Ähnlichkeit.

Es war zu der Zeit, als Gott Himmel und Erde machte. Da gab es noch keine Pflanzen auf der Erde, denn Gott, der HERR, hatte es noch nicht regnen lassen. Und kein Mensch war da, der das Land bebauen könnte. Feuchtigkeit aber stieg aus der Erde auf und durchnässte den Ackerboden.

Da nahm Gott einen Erdkloß vom Ackerboden und formte daraus Adam, den ersten Menschen. Dann beugte er sich über ihn und blies den Lebensatem in seine Nase. So wurde er lebendig.

Dieses Kunstwerk kannst du dir in der Hamburger Kunsthalle anschauen. Ursprünglich war es für eine Kirche gedacht und stand auch dort. Meister Bertram, der Maler, hat je zwölf Tafeln aus Holz in zwei Reihen bemalt und daraus einen sogenannten „Flügelaltar" gemacht. Bei einem Flügelaltar sind an einem feststehenden Mittelteil zwei oder auch mehrere Bilder mit Scharnieren befestigt. Man kann ihn auf- und zuklappen, und er ist dazu da, als Schmuck auf einem Altar zu stehen. Auf unserer Tafel kannst du sehen, wie der Schöpfer (wieder als Christus!) Adam segnet. Adam entsteht gerade aus einem Erdkloß. Genauso erzählt es ja die Bibel. So erklärten sich die Menschen damals, warum der Mensch wieder zu Erde wird, wenn er stirbt. Die niedlichen Engelchen schwingen bei der Schöpfung ihre Weihrauchfässer. Wenn du genau hinschaust, kannst du sehen wie Linien von Gottes Mund zur Stirn Adams führen. Sie sollen den Atem oder auch Hauch Gottes zeigen, mit dem er das Leben in die Seele von Adam einhaucht. Mit der goldenen Farbe als Hintergrund wollte Meister Bertram den Himmel ins Bild holen. Gold war das kostbarste und zugleich haltbarste Metall, das es gab. Es galt deshalb als Zeichen für die himmlische Vollkommenheit und Ewigkeit.

Meister Bertram (ca. 1340–1415), Die Erschaffung Adams, 1383, Hochaltar St. Petri, Hamburg, Hamburger Kunsthalle

47

Der verbotene Paradiesbaum

Nachdem Gott den Menschen geschaffen hatte, legte er für ihn in Eden, im Osten, einen prächtigen Garten an. Er bewässerte ihn mit einem Strom, der im Garten entsprang und sich in vier Flüsse teilte. Dann ließ Gott aus dem Ackerboden wunderschöne Bäume mit köstlichen, verlockenden Früchten wachsen. In der Mitte des Gartens aber standen der Baum des Lebens und der Baum der Erkenntnis von Gut und Böse.

Gott, der HERR, nahm also den Menschen und setzte ihn in den Garten von Eden. Der Mensch sollte den Garten bebauen und pflegen. Eine Einschränkung nur machte Gott dem ersten Menschen. Er sagte zu ihm: „Von allen Bäumen des Gartens darfst du essen, doch vom Baum der Erkenntnis von Gut und Böse darfst du nicht essen; denn sobald du davon isst, musst du sterben, ja sterben."

Alles dreht sich hier um den Baum in der Mitte. Der Schöpfer und Adam reden miteinander. Beide zeigen auf den Baum. Es ist klar: Dieser Baum ist der verbotene. Von seinen Früchten sollen die ersten Menschen nicht essen. Eva ist im Hintergrund dabei und bekommt alles mit. In der Geschichte, die uns die Bibel erzählt, ist das anders: Da ist Eva noch gar nicht geboren, als Gott mit Adam über diesen Baum mit den verbotenen Früchten spricht. Eva steht so in einem noch schlechteren Licht da. Sie hat hier mit eigenen Ohren gehört, dass es verboten ist, die Früchte zu essen und tut es trotzdem. Meister Bertram steigert die negative Auffassung seiner Zeit von der Frau. Sie war, so galt es allgemein, schuld daran, dass die Menschen aus dem Paradies vertrieben wurden. Wie anders war doch die erste Schöpfungserzählung mit der Stellung der Frau umgegangen! Erinnerst du dich? Da war sie gleichberechtigt mit dem Mann erschaffen worden, keine Rede von Versuchung und Ungehorsam. So unterschiedlich können die Texte der Bibel sein! Das solltest du nie vergessen!

Die Mahnrede Gottes

Die beiden Paradiesbäume in der Mitte des Gartens, der *Baum des Lebens* und der *Baum der Erkenntnis von Gut und Böse*, sind zentrale Symbole der Paradieserzählung. Vom Baum des Lebens wird später noch einmal bei der Vertreibung (Gen 3,22) die Rede sein; hier nun richtet sich alle Aufmerksamkeit auf den Baum der Erkenntnis und Gottes Verbot, von ihm zu essen. Doch wie soll man diesen Baum verstehen? Ist er Symbol für den Verlust kindlicher Naivität und damit für den Verlust an ungetrübtem Glück? Sind die, die von der verbotenen Frucht gegessen haben, nun auf immer zur Qual der Wahl zwischen Gut und Böse verdammt? Der Religionsphilosoph Romano Guardini (1885–1968) versteht den Baum der Erkenntnis vor allem im Hinblick auf die Grenze, die er dem Menschen setzt: Der Baum der Erkenntnis ist, so Guardini, Ausdruck von Gottes Macht, die dem Menschen die Rangordnung der Schöpfung vor Augen führen soll. Der Mensch ist nicht Gott und soll sich auch nie an Gottes Stelle setzen (Guardini 1961, 65-66). Aber war es Hybris, ja Sünde, als die Menschen schließlich doch von der Frucht gegessen haben? Wie hätten sie denn Hüter und Bewahrer von Gottes Schöpfung werden können, ohne Verstand zu haben? Die Differenz, die den Menschen vom Schöpfer trennt, so wird sich schließlich zeigen, ist nicht die Erkenntnisfähigkeit, sondern die Unsterblichkeit.

Die Erschaffung der Tiere

Dann sprach Gott, der HERR: „Es ist nicht gut, dass der Mensch allein bleibt. Ich will ihm eine Hilfe machen, die zu ihm passt." Und so formte Gott aus dem Ackerboden alle Tiere des Feldes und alle Vögel des Himmels. Diese brachte er dem Menschen, um zu sehen, wie er sie nennen würde. So, wie der Mensch sie nennen würde, sollte ihr Name sein.

Da gab der Mensch allem Vieh, den Vögeln des Himmels und den Tieren des Feldes Namen. Aber eine Hilfe, die zu ihm passte, fand der Mensch darin nicht.

Eine brauchbare „Hilfe" findet der Mensch in den Tieren nicht. Er braucht etwas anderes, um sich nicht allein zu fühlen. Er braucht seinesgleichen. Romano Guardini konkretisiert in seinen Meditationen, was mit „Hilfe" gemeint sein könnte und welches Bild von menschlicher Partnerschaft dahinter steht: „Wirkliche Gemeinschaft kann der Mensch aber nur mit dem Menschen haben. (...) Und es sagt etwas entscheidend Wichtiges, dass diese Gemeinschaft zuerst als „Hilfe" bezeichnet wird: als ein Zusammenstehen im Dasein; ein Sich-Ergänzen in Leben und Werk. Was also das Wesen dieser Verbundenheit zutiefst bestimmt, ist nicht das Physiologische, sondern das Personale" (Guardini 1961, 43-46).

Auch auf dieser Tafel ist es nicht so, dass Meister Bertram alles genau so darstellt, wie es die Bibel erzählt. Auch hier malt er seine eigene Meinung in das Bild. Wenn du genau hinschaust, merkst du, dass nicht nur reiner Frieden unter den Tieren herrscht. Oh nein, da beißt der Wolf das Lamm blutig (neben der Segenshand des Schöpfers), der Raubfisch rechts unten zeigt seine Zähne und ein Hummer darunter will einen anderen packen. Davon ist nun wirklich nicht die Rede im biblischen Text! Warum aber lässt sich Meister Bertram so etwas einfallen? Meister Bertram war ein christlicher Künstler. Er glaubte, dass schon das Paradies schlecht war und dass alles erst gut werden kann, wenn Jesus Christus kommt, um die Welt von allem Bösem zu erlösen. Aber klingt es nicht in unserer Erzählung viel eher so, als hätte Gott von Anfang an eine gute, heile Welt erschaffen wollen? Eine Welt, die so wirklich geworden wäre, wenn sich der Mensch anders verhalten hätte?

Die Erschaffung der Tiere

51

Die Erschaffung Evas

Der Ausruf „Frau soll heißen, denn vom Mann ist sie genommen" macht in der Übersetzung wenig Sinn und ist nur verständlich, wenn man weiß, dass es sich hier im hebräischen Original um ein Wortspiel handelt: Diese (Frau) soll *ischscha* („Männin", wie es Luther übersetzt) heißen, weil sie vom *isch* (Mann) genommen ist.

Da ließ Gott, der HERR, den Menschen in einen tiefen Schlaf versinken. Und während der Mensch schlief, nahm Gott eine von seinen Rippen heraus und schloss die Stelle mit Fleisch zu. Und Gott machte aus der Rippe, die er vom Menschen genommen hatte, eine Frau. Er brachte sie dem Menschen. Da sagte der Mensch:

„Endlich! Sie ist's!
Bein von meinem Bein,
Fleisch von meinem Fleisch!
Frau soll sie heißen,
denn vom Mann ist sie genommen."

Darum verlässt der Mann seine Mutter und seinen Vater, um mit seiner Frau zusammenzuleben. Beide, der Mensch und seine Frau, waren nackt, aber sie schämten sich nicht voreinander.

Das Bild von der Erschaffung Evas aus der Rippe des Adam hat sich tief in das Gedächtnis der Menschheit eingebrannt. Ja, es gibt sogar heute noch Leute, die glauben, es wäre wirklich so gewesen: Eva, die erste Frau, sei aus der Rippe des Mannes entstanden! Diese Vorstellung hat der Frau jedenfalls, das kann ich dir sagen, viel, viel Kummer gebracht! Über Jahrhunderte wurde so die minderwertige Stellung der Frau biblisch begründet. Sie galt als zweitwichtig und hatte sich unterzuordnen, weil sie aus der Rippe des Adams entstanden war. Sie war eben nur ein Teil, nicht ein Ganzes. Auch hier gilt wieder das, was ich dir vorher schon gesagt habe: Wir müssen uns die Texte der Bibel sehr genau und kritisch anschauen. Wir müssen fragen: Haben die Verfasser wirklich mit ihrer Geschichte begründen wollen, dass Eva, die Frau, weniger wert ist als Adam, ihr Mann? Mit Sicherheit nein, das kann ich dir sagen, da sind sich sozusagen alle Leute heute einig! Die Geschichte will vor allem zeigen, dass die Menschen als Mann und Frau eng zusammengehören, und dass sie zusammen nicht einsam sind. Dass sie sich gegenseitig ergänzen, dass sie einander brauchen und füreinander geschaffen sind! Was getrennt ist, will wieder zusammenkommen.

Die Erschaffung Evas

Gedanken zu den

biblischen Schöpfungsberichten

Zunächst mag es uns ein wenig verwirren, dass es zu Beginn der Bibel gleich zwei Schöpfungsberichte gibt. Hier zeigt sich ein Merkmal, das die Bibel als Ganzes kennzeichnet: Sie stammt nicht etwa von nur einem Verfasser, sondern ist von vielen verschiedenen Menschen zu unterschiedlichen Zeiten der Geschichte geschrieben worden. Jedes Buch der Bibel hat eine lange Bearbeitungsgeschichte hinter sich. Die Verfasser kamen aus den verschiedensten Orten und Kulturen und hatten deshalb auch andere Weltbilder

und andere Vorstellungen von der Verkündigung des Glaubens. Dabei konnte ein Text in verschiedenen Fassungen existieren und immer wieder im Laufe der Zeit umgeschrieben werden. Auch Volksweisheiten und Sprüche, die man sich einfach so erzählte, wurden in die Bibel aufgenommen. So kam es schließlich zu zwei verschiedenen Schöpfungsberichten.

Der erste Schöpfungsbericht (Gen 1–2,4a – die „Priesterschrift") ist in Form eines Liedes oder Gedichts geschrieben. Verfasser waren Priester im babylonischen Exil (6. Jahrhundert vor Christus). Sie wollten den verschleppten Juden in der Fremde neues Vertrauen in Gottes Ordnung („Gott sah, dass es gut war") geben und sie ermutigen, durchzuhalten und auf Gottes Rettung zu vertrauen. Euer Gott ist noch da, ist die Botschaft, auch wenn ihr weit weg von der Heimat seid; er steht auf der Seite der Besiegten und ist der wahre

Herr von Welt und Zeit. Das Heiligtum eures Gottes, der Tempel in Jerusalem, ist zwar zerstört, aber nun gibt es ein anderes Heiligtum, das überall, auch im Exil, dabei ist: der heilige Sabbattag. Der erste Schöpfungsbericht ist eine Art Gegenbekenntnis für die Deportierten, um sich vom Gott Marduk der Siegermacht Babylon abzugrenzen, der sich doch, so sah es aus, als mächtiger erwiesen hatte (Tschirch 2003b, 141, 145).

Der zweite Schöpfungsbericht (Gen 2,4b-25 – die „jahwistische Schrift", so genannt, weil dort der Gottesname „Jahwe" verwendet wird, hier mit HERR wiedergegeben), wurde möglicherweise um 950 v. Chr. verfasst; er könnte aber auch, so die neuere Forschung, aus einer jüngeren Zeit stammen. Dieser Bericht hat die Gestalt einer mythischen, schlichten Erzählung, die sich an altorientalischen Berichten von der Entstehung der Welt anlehnt und eine sehr viel ältere mündliche Überlieferung in sich sammelt. Diese Schöpfungserzählung will wie auch die nachfolgende Paradieserzählung Phänomene der Gegenwart erklären: Warum schämen sich Mann und Frau voreinander? Warum muss die Schlange auf dem Boden kriechen? Warum haben wir eine

Abneigung vor Schlangen? Warum haben die Menschen so viel Last mit der Arbeit auf dem Feld? Warum trägt der Mensch im Unterschied zu den Tieren Kleidung? Warum gibt es Streit zwischen den Menschen? Warum stirbt der Mensch?

In beiden biblischen Schöpfungsberichten kommt eine Ursehnsucht des Menschen zum Ausdruck: Er will sich und die Welt verstehen, will wissen, woher er kommt und wie die Welt entstanden ist. Während der erste Bericht die Schöpfung in sieben Tagen zum Inhalt hat, spricht der zweite vor allem von der Erschaffung des Menschen. Die beiden Berichte sind also verschieden angelegt, in einem aber gleich: Sie haben nichts mit Naturwissenschaft oder Geschichte zu tun. Die Erzählungen haben nicht die Absicht zu erklären, wie die Welt genau entstanden ist. Ihr Sinn ist ganz religiös: Sie wollen begründen, dass alles Leben von Gott kommt, dass am Anfang nur Gott war und dass er die Welt gut gemacht hat.

So bekommen wir hier eine erste Ahnung davon, dass die Texte der Bibel nicht wörtlich („fundamentalistisch") verstanden sein wollen. Die Erzählung selbst ist die Botschaft, man muss sie als solche hören und sich auf sie einlassen, um die in ihr erzählte „Wahrheit" zu entdecken. Da der historische Kern der biblischen Geschichten meist selbst Historikern unklar ist, lohnt es sich viel eher zu fragen: Was will uns die Erzählung eigentlich sagen?

Die Schöpfungsberichte wollen verdeutlichen, dass Gott kein anonymes Wesen ist, sondern wie eine Mutter oder ein Vater für uns sorgt, uns Himmel, Erde, Pflanzen und Tiere schenkt und uns das Vertrauen entgegenbringt, dass wir verantwortungsvoll mit diesen Geschenken umgehen. Dieser Gott hat uns sogar so gern, dass er uns fast wie sich selbst haben wollte. Er will Gemeinschaft mit uns; wir Menschen sind seine Partner. Gott hat die Menschen nach seinem „Bild" geschaffen, gleichzeitig als Frau und Mann, und beiden den gleichen Segen gegeben. Jeder Mensch ist Vertreter Gottes auf Erden, unabhängig von seinem Geschlecht, seiner Hautfarbe, seinem Einkommen oder seinen Fähigkeiten. Nicht allein der König ist nun Repräsentant Gottes auf Erden, wie es altorientalischer Königsideologie entsprochen hätte, sondern jeder einzelne Mensch ist ohne Ausnahme in den Rang dieser königlichen Würde erhoben! Die Menschen sollen als Abbild Gottes („imago dei") daran mitwirken, dass die Schöpfung, die Gott ins Leben gerufen hat, bewahrt bleibt.

Hier wird eine ganz großartige, „demokratische" (alle Menschen sind vor Gott gleich!) Vorstellung vom Menschen entfaltet, über die wir mit unseren Kindern sprechen könnten.

Im Paradies – Die Versuchung

Um welche Frucht es sich beim Baum der Erkenntnis handelt, ist im hebräischen Urtext nicht näher beschrieben. Die Frucht wurde in der frühchristlichen und byzantinischen Kunst meist als Feige dargestellt; dies entsprach der Übersetzung der Septuaginta, der griechischen Fassung der Bibel. Erst die lateinische Übersetzung der Bibel aus dem vierten Jahrhundert spricht von einem Apfelbaum. Im Westen setzte sich so schließlich die Vorstellung vom Apfel durch, wobei die nahezu gleichlautenden lateinischen Begriffe *malus* für Apfel und *malum* für Böses sicher eine Rolle spielten. Der Apfel wurde zum Symbol der Sünde und des Todes, zum Attribut der Eva und der Schlange. Später wird der Apfel auch zum Symbol der Erlösung; als Attribut von Maria kennzeichnet er sie als „Neue Eva", die ohne Sünde ist, und Jesus als den zukünftigen Retter von Sünde und Tod.

Die Schlange war schlauer als alle Tiere des Feldes. Sie sagte listig zu der Frau: „Hat Gott euch wirklich gesagt, dass ihr nicht vom dem Baum in der Mitte des Gartens essen dürft?" Die Frau antwortete: „So ist es. Gott hat uns erlaubt, die Früchte aller anderen Bäume zu pflücken und zu genießen, nur von dem Baum in der Mitte sollen wir nicht essen, sonst müssen wir sterben." „Das stimmt doch nicht", erwiderte die Schlange, „ihr werdet nicht sterben. Etwas anderes wird geschehen, wenn ihr vom dem Baum esst: Ihr werdet dann sein wie Gott, der Gut und Böse unterscheiden kann."

Da schaute sich die Frau den Baum an: Wie verlockend er war! Wie schön anzusehen! Wie gerne sie klug wäre! Und wie köstlich müsste es sein, von diesen wunderbaren Früchten zu essen! Sie pflückte sich eine Frucht, aß davon und gab auch ihrem Mann ein Stück. Und auch er aß.

Hier hast du ein sehr berühmtes Bild vor dir. Ein Bild, das so oder ähnlich millionenfach gemalt worden ist. Gezeigt ist der Moment, wo Eva Adam den Apfel reicht. Über ihr im Baum ist die Schlange, die sie verführt hat und die ihr eingeflüstert hat, dass es doch alles nicht so schlimm ist mit dem Verstoß gegen Gottes Gebot. Die Tiere sind nicht zufällig da. Jedes Tier hatte seine feste Bedeutung und wurde auf den christlichen Glauben bezogen. Damals kannten viele Menschen diese christlichen Deutungen der Tiere. Sie standen in einem beliebten Buch, das „Physiologus" hieß. Siehst du zum Beispiel das weiße Einhorn, das hinten rechts aus den Büschen kommt? Es ist ein Fabeltier und galt als Hinweis auf Jesus Christus und seine Mutter, die Jungfrau Maria. Du merkst, wieder hat der Künstler ganz nebenbei seine Meinung reingeschmuggelt. Er will uns damit sagen: Eva, die Böse, wird zum Glück in Zukunft von einer neuen Eva abgelöst, die Maria heißt und mit der Geburt von Jesus Christus alles wiedergutmacht. Und wieder siehst du: Eva kommt zu Unrecht ganz schlecht weg! Heute sehen wir Eva mit anderen Augen: Eva ist ja hier nicht mehr stummer Teil des Mannes, sondern handelt selbst, diskutiert mit der Schlange, ist neugierig, will die Welt entdecken und lernt, dass die Menschen nicht durch Wissen sterben. Das sind nur gute Eigenschaften! Die Paradiesgeschichte zeigt uns: Der Mensch muss seine Unschuld verlieren, er muss vom Kind zum Erwachsenen werden, wenn er zu sich selbst finden will.

Lucas Cranach, der Ältere (1472–1553), Adam und Eva, 1526, Öl auf Holz, 117 x 80,5 cm, London, Courtauld Institute Galleries

Verlorenes Paradies

Plötzlich war alles ganz anders: Adam und seiner Frau gingen die Augen auf und sie erkannten, dass sie nackt waren. Sie nahmen Feigenblätter, um sich zu bedecken und versteckten sich vor Gott, der im kühlen Abendwind im Garten spazierenging. Gott, der HERR, rief: „Adam, wo bist du?"

Adam sagte: „Ich habe Angst, weil ich nackt bin." Da fragte Gott: „Wer hat dir gesagt, dass du nackt bist? Hast du etwa von dem Baum gegessen, von dem du nicht essen durftest?" Adam antwortete: „Die Frau, die du mir gegeben hast, ist schuld. Sie hat mir vom Baum zu essen gegeben." Da sprach Gott zu der Frau: „Was hast du da getan!" Die Frau antwortete: „Die Schlange war schuld, sie hat mich verführt und da habe ich gegessen."

Da sprach Gott, der HERR, zur Schlange:
„Weil du das getan hast, bist du verflucht. Du musst nun auf dem Bauch kriechen und Staub fressen alle Tage deines Lebens."

Zur Frau sprach er:
„Viel Mühsal bereite ich Dir, wenn du schwanger bist. Unter Schmerzen wirst du deine Kinder bekommen."

Zu Adam sprach er:
„Du hast nun kein leichtes Leben mehr, nein, du wirst hart arbeiten müssen und auf dem Acker voller Disteln mühsam die Früchte anbauen und ernten. Im Schweiße deines Angesichts sollst du dein Brot essen, bis du zurückkehrst zum Ackerboden. Denn Staub bist du, zum Staub musst du zurück."

Dort, wo es im Text heißt, dass Adam und Eva auf einmal merkten, dass sie nackt waren, liegt im hebräischen Ursprungstext ein Wortspiel vor zwischen hebräisch *eirom* (nackt) und *arum* (schlau, listig). Der Leser hätte erwartet, dass der Mensch durch die Frucht schlau wird wie die Schlange, aber er wird stattdessen nackt: ein Wortspiel, das die Ambivalenz der Erkenntnis versinnbildlicht! Zum Erwachsenwerden gehört fundamental die Aufdeckung von Wirklichkeit, das Zerbrechen kindlicher Naivität, die Fähigkeit, Gut und Böse zu unterscheiden. Aber damit auch die Möglichkeit, schuldig zu werden, armselig und unglücklich. Doch wäre der Mensch auf Dauer im Paradies glücklich geblieben? – Romano Guardini meditiert den weiteren Verlauf der Erzählung so: „Was muss da alles zerbrochen sein, wenn Adam so sprechen kann! Als Gott ihm das Weib zuführte, hat er über die vollkommene Gefährtin gejubelt; also müsste er sich doch zu ihr stellen, sie zu schützen suchen ...! Der aber ... lässt seine Gefährtin im Stich, wälzt seine Verantwortung auf sie ab. (...) Auch sie (Eva) weicht aus; auch sie schiebt die Verantwortung von sich ab. Beide versagen." Adam, so Guardini, macht letztlich Gott für sein Tun verantwortlich, wenn er darauf hinweist, dass Gott ihm doch diese Frau überhaupt erst gegeben habe: „ ... und es beginnt der Vorwurf, der von da ab durch die ganze Geschichte gehen wird: Gott sei am Bösen schuld, das die Menschen tun" (Guardini 1961, 77-78).

Adam und Eva weisen die Schuld von sich, um 1220, Mosaik, Venedig, Vorhalle des Markusdoms, Schöpfungskuppel

Die Vertreibung

Adam nannte seine Frau Eva, das heißt „Leben". Denn sie wurde die Mutter aller, die da leben. Und Gott machte Adam und seiner Frau Röcke aus Fellen und zog sie ihnen an. Dann sprach Gott, der HERR: „Seht, der Mensch ist geworden wie wir und weiß, was gut und böse ist. Nun aber, dass er nur nicht seine Hand ausstreckt, und auch noch vom Baum des Lebens isst und ewig lebt!"

Und so erlaubte Gott den ersten Menschen nicht mehr, im Paradies zu bleiben. Er schickte sie weg und vertrieb sie aus dem Garten von Eden. Adam sollte nun den Ackerboden bearbeiten, von dem er genommen war. Östlich des Gartens von Eden stellte Gott, der HERR, Engel auf, damit sie mit dem Flammenschwert den Eingang des Paradieses und den Baum des Lebens bewachten.

Auch hier ist nicht alles so gemalt, wie es in der Geschichte steht. Adam und Eva tragen keine von Gott gemachten Röcke aus Fellen, sondern werden nackt aus dem Paradies vertrieben. Der Maler Ramon de Mur betont, wie hart die Strafe Gottes ist und wie einsam und verzweifelt die Menschen sind. Er zeigt eine strenge Seite von Gott. Er hätte auch beide mit den Fellen malen können. Dann hätte man ein anderes Bild von Gott bekommen. Dann wäre uns eher aufgefallen, dass Gott auch ein beschützender Gott ist. Einer, der seine Menschenkinder nicht allein lässt. Der sie noch fürsorglich mit Fellen einkleidet, ehe er sie aus dem Paradies vertreibt, selbst wenn sie etwas getan haben, was ihm nicht gefällt. Wieder merken wir: In einem Bild können bestimmte Ansichten über Gott versteckt sein. Jeder Künstler malt das ins Bild hinein, was ihm an Gott und der Geschichte wichtig ist. Es hat früher viele Leute gestört, wenn die Maler nicht genau das gemalt haben, was in der Bibel stand. Es wurde den Malern als Fehler angekreidet, so als hätten sie beim Lesen der Geschichte nicht aufgepasst. Es gab sogar Listen, auf denen stand, welcher Maler was wo vergessen oder falsch gemalt hatte! Wichtig war nur der biblische Text, das Bild kam erst an zweiter Stelle. Es sollte wie ein Diener sein, der brav alles das macht, was man ihm sagt. Aber das haben sich die Künstler zu allen Zeiten nicht gefallen lassen!

„Heut schließt er wieder auf die Tür zum schönen Paradeis; der Kerub steht nicht mehr dafür" heißt es in der letzten Strophe des weihnachtlichen Kirchenliedes „Lobt Gott, ihr Christen allzugleich". Das Bild von der verschlossenen Paradiespforte, die von Engeln bewacht wird und am Ende aller Zeiten wieder geöffnet werden wird, bewegt die Menschheit bis heute. Interessant an der biblischen Darstellung des paradiesischen Gartens ist, dass es sich hier um einen äußerlich umgrenzten Raum handelt. Begrenzung ist die Voraussetzung für die Erfahrung von Geborgenheit und absolutem Glück. Unbegrenzte Wünsche finden in einem umgrenzten Raum ihre Erfüllung. In der Apokalypse, der Offenbarung des Johannes (letztes Buch des Neuen Testaments), ist das Paradies als Himmlisches Jerusalem sogar eine Stadt mit großer und hoher Mauer (Apk 21,12)! Jeder paradiesische Raum, ob Garten oder Stadt, hat schützende Grenzen; der Mensch kann nur glücklich sein, wenn er die Grenze akzeptiert. Die Grenze des Menschen ist Gott. Was ihn nunmehr von Gott für immer trennen wird, ist die Unsterblichkeit. Der Mensch ist zwar in seiner Erkenntnisfähigkeit wie Gott geworden, aber der Baum des Lebens, dessen Früchte ewiges Leben gebracht hätten, ist ihm verwehrt geblieben. Die Paradiesgeschichte fragt nicht, wie es am Anfang der Menschheit war, sondern wie es immer ist: Warum stirbt der Mensch?, ist die Frage. Und die Antwort lautet: weil er nicht an den Baum des Lebens gekommen ist!

Ramon de Mur (als Maler aktiv: 1412–35), Retabel von Guimerà: Vertreibung aus dem Paradies, Vic, Museu Episcopal

Kain und Abel – Bruder gegen Bruder

Adam und Eva bekamen zwei Söhne. Der erste Sohn hieß Kain und wurde Ackerbauer. Der zweite Sohn hieß Abel und wurde Schafhirte.

Eines Tages brachten beide etwas von ihrer täglichen Arbeit mit, um es dem HERRN zu opfern: Kain brachte Früchte des Feldes mit, Abel hingegen das Beste von den erstgeborenen Lämmern seiner Herde.

Der HERR nahm das Opfer von Abel an, das Opfer von Kain aber beachtete er nicht. Da überkam es Kain ganz heiß und er senkte den Blick. Wie konnte das sein? Der HERR aber sprach zu Kain:

„Warum überläuft es dich heiß,
und warum senkt sich dein Blick?
Nicht wahr, wenn du Gutes meinst,
darfst du aufblicken.
Wenn du aber nicht Gutes meinst,
wird die Sünde an der Tür Deines Herzens herumlungern.
Auf dich hat sie es abgesehen,
sieh zu, dass sie keinen Einlass bei dir findet!
Du kannst es schaffen, stärker als die Sünde zu sein!"

Warum aber, so fragen wir uns, bevorzugt Gott Abel und nimmt das Opfer von Kain nicht an? Wollte der Erzähler einfach nur die Macht Gottes demonstrieren? Der Text gibt uns keine Antwort. Sollen wir vielleicht folgern, dass Abel Kostbareres opferte („das Beste von den erstgeborenen Lämmern") als Kain, von dem es nur heißt, dass er „Früchte des Feldes" mitbrachte? Oder will die Geschichte ein Zeugnis für die hohe Wertschätzung von pastoralem Leben sein, wie wir sie später bei Josef, Moses und David finden, die allesamt Hirten in ihrer Jugendzeit waren? Auffällig ist auch, dass Gott vorzugsweise die jüngeren Brüder erwählt, um mit ihnen Großes zu vollbringen. So könnte die Geschichte von Kain und Abel ein Thema anschneiden, das sich durch das gesamte Erste Testament zieht, nämlich das Thema des Unterschieds zwischen Gottes Willen und menschlichen Konventionen, wie z.B. dem Erstgeburtsrecht (Jewish Study Bible 2004, 18f). Kain kann sich als Erstgeborener nicht damit abfinden, dass Gott anders reagiert, als er es für richtig hält. Gott, so erwartet Kain, hätte ihn in seiner Rolle des Älteren und Stärkeren bestätigen müssen, anstatt das Opfer seines jüngeren, minderwertigeren Bruders anzunehmen. Er sieht in seinem Bruder nur einen Störenfried und antwortet auf Gottes unverständliche Ablehnung mit rasender Eifersucht und schließlich mit roher Gewalt.

Jan van Eyck (vor 1395–1441), Genter Altar: Das Opfer von Kain und Abel, 1425–29
linker äußerer Flügel (obere Nische), Öl auf Holz, Gent, St. Bavo Kathedrale

Der Genter Altar ist ein mehr-
teiliger Flügelaltar. Was das
ist, weißt du ja jetzt schon
von Meister Bertrams Altar.
Unser Bild befindet sich in
einem Bogenfeld rechts außen, oben in einer Nische,
über einem großen Bild von
Eva. Gegenüber ist das Opfer
der beiden Brüder zu sehen,
über einem großen Bild von
Adam. Beide Geschichten,
nämlich die von Adam und
Eva und die von Kain und
Abel, erzählen sozusagen
dasselbe. Dasselbe? Ja, denn
sie wollen uns zeigen, wie es
am Anfang der Menschheit
war. Zunächst war alles fried-
lich. Doch dann haben die
Menschen Gottes Gebote
missachtet und gesündigt.
Deshalb durften sie nicht
mehr bleiben: Adam und
Eva mussten das Paradies
verlassen, und Kain musste
wegziehen. Die Menschen
damals haben sich beide
Geschichten erzählt, um zu
erklären, warum es Böses in
der Welt gibt.

Der erste Mord

Hierauf sagte Kain zu Abel: „Gehen wir aufs Feld!" Als sie dort waren, stürzte er auf seinen Bruder Abel und schlug ihn tot.

Da sprach der HERR zu Kain: „Wo ist dein Bruder Abel?" „Ich weiß es nicht", antwortete Kain und fuhr fort: „Bin ich der Hüter meines Bruders?" Gott aber sagte: „Weh, was hast du getan? Hörst du nicht, wie das Blut deines Bruders vom Ackerboden zu mir schreit? Und nun – verflucht bist du, verbannt vom Ackerboden, der seinen Mund aufgesperrt hat, um aus deiner Hand das Blut deines Bruders aufzu-nehmen! Wenn du den Ackerboden bebaust, soll er dir keinen Ertrag mehr bringen. Rastlos und ruhelos wirst du auf der Erde sein." Kain antwortete: „Meine Strafe ist zu groß. Ich kann sie nicht ertragen. Du hast mich heute vom Ackerboden vertrieben, und ich muss mich vor dir verbergen und ein rastloser Wanderer auf Erden sein – jeder, der mich findet, könnte mich erschlagen." Da sprach der HERR zu ihm: „Ich verspreche dir, wer immer dich erschlägt, soll siebenfach der Rache verfallen." Und der HERR versah Kain zum Schutz mit ei-nem Zeichen, damit ihn keiner erschlagen würde. So wanderte Kain vom HERRN weg und ließ sich im Land Nod nieder, im Land ohne Ruhe. Das war weit weg vom Leben im Paradies. Er heiratete dort und bekam einen Sohn, der Henoch hieß. Dann gründete er eine Stadt. Diese nannte er nach dem Namen seines Sohnes Henoch.

Adam und Eva waren sehr traurig über das, was geschehen war. Gott aber schenkte ihnen noch viele weitere Kinder. Adam starb schließ-lich im Alter von neunhundertdreißig Jahren.

Der Name Abel bedeutet „Hauch" (hebr. *hevel*) und könnte eine Anspielung auf sein kurzes Le-ben sein ohne Nachkommen; er ist einer, von dem nichts bleibt, der Inbegriff von Nichtigkeit und Vergänglichkeit (vgl. die Bedeutung von *hevel* im Buch Kohelet; dort meist mit „Windhauch" übersetzt).

Jan van Eyck, Kain ermordet Abel

Die Arche Noach wird gebaut

Es kamen nun immer mehr Menschen auf die Welt. Doch Gott sah, dass die Menschen nur Böses im Sinn hatten und so bereute er, den Menschen überhaupt erschaffen zu haben. Es tat ihm im Herzen weh zu sehen, wie schlecht die Menschen geworden waren. So sagte er: „Ich will den Menschen vom Erdboden vertilgen und mit ihm alle Tiere der Schöpfung."

Nur ein Mensch fand Gnade in den Augen des HERRN – und das war Noach.

Denn Noach war ein guter Mensch, gerecht und gottesfürchtig. Die Erde aber war in Gottes Augen verdorben, sie war voller Gewalt. Gott sagte zu Noach: „Bau dir eine Arche aus Zypressenholz!"

Der Maler von diesem Gemälde kam aus einem kleinen ländlichen Ort in Italien in der Nähe von Venedig. Dieser Ort heißt Bassano. Und weil er daher kam, hat er sich mit zweitem Namen einfach „Bassano" genannt. Er muss diesen Ort sehr geliebt haben, denn er hat dort die meiste Zeit seines Lebens verbracht. In seinen Bildern hat er gern das Bauernleben mit allen Einzelheiten gemalt. Er kannte es ja so gut aus seinem täglichen Leben auf dem Land. Auch wenn er eine Geschichte aus der Bibel malte, hat er sich darum bemüht, alles möglichst genau darzustellen. Das kannst du hier sehen. Er hat sich in seiner Phantasie ausgemalt, wie es beim Bau der Arche Noah wohl zugegangen sein muss, mit allem nur erdenklichen Werkzeug, den Handwerkern, Lasttieren, Hühnern, einer Ente und einem Hund im Vordergrund. Er hat sein Bild so gemalt, als wäre wirklich alles einmal genau so passiert. Sein Gemälde sieht fast wie ein Photo aus, obwohl das Bild doch fast 500 Jahre alt ist! Auch auf seinem Gemälde vom Einzug der Tiere in die Arche Noah, das gleich kommt, gibt es viele Einzelheiten zu entdecken!

Jacopo da Ponte Bassano (1517/18–1592), Die Erbauung der Arche, 2. Hälfte 16. Jahrhundert, Öl auf Leinwand
Marseille, Musée des Beaux-Arts, Palais Longchamp

Statte die Arche mit Kammern aus, und dichte sie innen und außen mit Pech ab! Und so sollst du die Arche bauen: Dreihundert Ellen* lang, fünfzig Ellen breit und dreißig Ellen hoch soll sie sein. Mach der Arche ein Dach! Den Eingang der Arche bring an der Seite an! Richte ein unteres, ein zweites und ein drittes Stockwerk ein!"

eine Elle betrug etwa 44 cm

Bevor die Noach-Erzählung anhebt, haben die Verfasser eine kleine mythische Erzählung eingefügt, nur vier Verse lang, die meist kaum beachtet wird (Gen 6,1-4). Sie erklärt die Entstehung von Riesen: „Göttersöhne" (überirdische Wesen, Engel) schauen auf die Erde hinab und sehen, wie schön die „Menschentöchter" sind. Und so kommen sie aus ihren himmlischen Sphären hinab und bekommen mit diesen Frauen Kinder – Kinder, aus denen dann die Riesen und berühmten Helden der Vorzeit werden. Diese kurze Erzählung liest sich als eine knappe Zusammenfassung einer ursprünglich viel längeren Geschichte; es gab, so weiß man heute, in der Spätzeit des Ersten Testaments zahlreiche Texte, die diese Geschichte in immer wieder neuen Variationen erzählten. Besonders ausführlich wird diese Erzählung im spätjüdischen „Henochbuch" ausgeweitet. Dieses Buch ist sogar noch heute in einer der ältesten christlichen Kirchen, der äthiopischen, ein biblisches Buch. Dennoch fragt man sich, warum denn diese kurze Erzählung den Auftakt zur Sintfluterzählung bildet. Denkbar ist, dass diese Geschichte eingefügt wurde, um ein weiteres Beispiel für die Verderbtheit der ganzen Erde, für die menschliche Überschreitung der Grenze zu Gott, zu geben. Viele Grenzen sind schon überschritten worden (Verbot im Paradies, Brudermord, Hass und Rache) und nun geht die Sündenverfallenheit so weit, dass sogar die „Himmlischen" mit hineingezogen werden, selbst die Grenze zwischen „oben" und „unten" wird nicht mehr respektiert. Zudem liefert diese Geschichte eine Erklärung für die vorzeitliche Existenz von Riesen im Land, an die die israelitische Tradition damals durchaus glaubte (vgl. Num 13, 28). Schließlich könnte diese Geschichte auch die Funktion haben zu erläutern, warum die Menschen nach der Sintflut nicht mehr so alt werden wie ihre Urväter (Adam wurde laut biblischem Bericht 930 Jahre alt, Gen 5,5); sie sind so böse, dass Gott die Lebenszeit des Menschen auf „nur" 120 Jahre verkürzt, heißt es.

Jacopo da Ponte Bassano (1517/18–1592), Zug der Tiere zur Arche Noach, um 1570
Öl auf Leinwand, 207 x 265 cm, Madrid, Museo del Prado

Der Einzug in die Arche

Gott sagte: „Ich will nämlich die Flut – eine große Überschwemmung – über die Erde bringen, um alles, was atmet, wegzuwischen. Weder Mensch noch Tier wird überleben. Mit dir, Noach, aber schließe ich einen Bund. Ich verspreche dir: Du sollst gerettet werden! Denn ich habe gesehen, dass du dich als einziger unter allen Menschen vor mir bewährt hast. Geh mit deiner Frau, deinen Kindern und Enkeln in die Arche. Nimm von jedem Tier ein Paar mit, damit sie nicht aussterben. Dazu auch genug zu essen. So können alle überleben. Denn in sieben Tagen werde ich es vierzig Tage und Nächte lang regnen lassen und alles auf dem Erdboden vernichten."

Genau an jenem Tag war also Noach mit seinen Söhnen Sem, Ham und Jafet, mit seiner Frau und mit den drei Frauen seiner Söhne in die Arche gegangen, bevor das Wasser der Flut kam. Dazu hatte er noch ein Paar von allen Tierarten mitgenommen, von den wilden und den zahmen Tieren, von den Tieren, die am Boden kriechen, und von allen Vögeln, die in der Luft fliegen. So gingen von allen Tierarten, von allem, was auf der Erde atmet, je zwei zu Noach in die Arche. Immer ein Männchen und ein Weibchen, wie es Gott befohlen hatte. Dann schloss der HERR hinter ihm zu.

Als die Flut schließlich über die Erde kam, war Noach sechshundert Jahre alt.

Die Erzählung von dem Bau der Arche Noach, der Sintflut und der anschließenden Rettung durch Gott vereinigt zwei Parallelberichte miteinander, einen älteren lebendigeren jahwistischen Bericht und einen jüngeren farbloseren priesterschriftlichen Bericht. Der Endredaktor hat beide Überlieferungen in seinem Text nebeneinander stehen lassen, ohne ihre Verschiedenheiten einzuebnen. Das führt zu allerlei Ungereimtheiten und widersprüchlichen Angaben innerhalb der Geschichte, die ich hier harmonisiert habe. - Der Einzug der Tiere in die Arche ist recht feierlich und genau beschrieben. Er ähnelt fast einer liturgischen Prozession ins Heiligtum. So sieht die jüdische Exegese in der Arche ein Vorbild für ihr Zeltheiligtum (Exodus 19-49) bzw. für ihren Tempel in Jerusalem. Wie in der Arche der Menschheit das Leben erhalten blieb, so blieb im heiligen Zelt bzw. im Tempel das Leben für Israel erhalten. Die christliche Überlieferung sieht in der Arche das Vorbild für die Kirche, die denen, die sich darin bergen, das Leben erhält.

Die Sintflut

Da kam die Flut vierzig Tage lang über die Erde. Es fing an heftig zu regnen und die gewaltigen Quellen der Urflut öffneten sich. Und das Wasser stieg und hob die Arche, so dass sie hoch über dem Wasser schwamm. Und das Wasser schwoll an und stieg gewaltig auf der Erde, und die Arche trieb auf dem Wasser dahin. Das Wasser aber schwoll immer mächtiger an auf der Erde, so dass alle hohen Berge, die unter dem ganzen Himmel sind, bedeckt wurden. Da starben alle Wesen aus Fleisch, die auf der Erde gelebt hatten, alle Vögel, alles Vieh und alle sonstigen Tiere und auch alle Menschen. Es starb alles, wovon die Erde gewimmelt hatte. Gott vernichtete also alles Leben auf dem Erdboden. Übrig blieb nur Noach und was mit ihm in der Arche war.

Viele weitere Tage lang schwoll das Wasser auf der Erde an. Da dachte Gott an Noach und an alle Tiere, die bei ihm in der Arche waren. Er ließ einen Wind über die Erde wehen, und das Wasser sank. Die Quellen der Urflut und die Schleusen des Himmels schlossen sich; der Regen vom Himmel ließ nach, und das Wasser verlief sich allmählich von der Erde. Schließlich setzte die Arche im Gebirge Ararat auf.

Die hier geschilderte Sintflut ist kein geschichtliches Ereignis, sondern verarbeitet einen uralten mythischen Stoff, den es in vielen Kulturen zu unterschiedlichen Zeiten gegeben hat. Seit Urzeiten haben sich die Menschen Geschichten von einer großen Flut erzählt. Denkbar ist, dass Erfahrungen mit tatsächlichen Überflutungen Anschauungsmaterial für die mythischen Erzählungen lieferten. Die biblische Sintfluterzählung schöpft aus altorientalischen Überlieferungen, insbesondere aus Mesopotamien. Eine sumerische Fluterzählung mit dem Helden Ziusudra der ein rechtschaffener König ist, weist besonders große Ähnlichkeit mit der biblischen Erzählung auf: In dem sumerischen Epos strafen und vernichten die Götter die Menschheit durch eine große Flut und lassen nur einen Gottesfürchtigen, König Ziusudra, überleben. Dieser baut ein Boot so groß wie einen Palast und nimmt von jeder Tierart ein Paar mit. Dann kommt ein so großer Regen, dass selbst die Götter sich fürchten; nach sieben Tag lässt der Sturm nach, das große Boot landet auf dem Gipfel eines hohen Berges und ein schwarzer Rabe wird losgelassen, der trockenes Land finden soll. Er kehrt nicht mehr zurück, das Leben kann neu beginnen. Ziusudra dankt dem großen Gott Ea, der nie wieder eine solche Katastrophe auf die Erde kommen lassen wird (Tworuschka 2005, 154-155).

Den Namen Leonardo da Vinci kennst du vielleicht. „Da Vinci" in seinem Namen bedeutet: Aus Vinci. Vinci war ein kleines Dorf in der Nähe von Florenz. Ähnlich wie Bassano hat er sich nach dem Ort benannt, in dem er geboren wurde. Er war nicht nur Maler, sondern auch Bildhauer, Architekt und Ingenieur. Auf seiner Zeichnung siehst du ein einziges Durcheinander an aufgepeitschtem Wasser, Wolken und Regen. Alles wirbelt umher. Leonardos Zeichnung stellt dar, was für uns heute „Sintflut" bedeutet: Sie ist ein Bild für alles Chaotische und Unkontrollierbare. So war es am Anfang vor der Schöpfung. Erinnerst du dich noch? Da wurde erzählt, dass es zuerst nichts als Wasser gab. Gott fängt hier noch einmal von vorne an. Die Flutgeschichte könnte dir sagen: In allen Stürmen des Lebens gibt es Hoffnung auf einen Neuanfang. Gott lässt dich nicht allein, wenn es schwierig wird, sondern sorgt für Hilfe und Schutz.

Leonardo da Vinci (1452–1519), Sintflut, 1514–16
16,2 x 20,3 cm, schwarze Kreide, Windsor, Castle, Royal Library

Jakob Steinhardt (1887–1968), Noach begrüßt die zurückkehrende Taube (Verso von Tanzende Chassidim), 1934
Öl auf Leinwand, 66,8 x 88,5 cm, Berlin, Jüdisches Museum

Die Taube mit dem Olivenzweig

Nach vierzig Tagen öffnete Noach das Fenster der Arche, das er gemacht hatte, und ließ einen Raben hinaus. Der flog aus und ein, bis das Wasser auf der Erde weniger geworden war.

Dann ließ er eine Taube hinaus, um zu sehen, ob das Wasser abgenommen habe. Die Taube aber fand keinen Halt für ihre Füße, weil die Erde noch voller Wasser war, und kehrte zurück.

Nach sieben Tagen ließ er die Taube ein zweites Mal hinaus. Gegen Abend kam die Taube zu ihm zurück, und siehe da: In ihrem Schnabel hatte sie einen frischen Olivenzweig. Jetzt wusste Noach, dass nicht mehr viel Wasser auf der Erde war.

Er wartete weitere sieben Tage und ließ die Taube ein drittes Mal fliegen. Nun kehrte sie nicht mehr zu ihm zurück.

Kaum einer weiß heute, dass Jakob Steinhardt vor dem Krieg ein bedeutender jüdischer Maler in Berlin war. Ursprünglich kam er aus der preußischen Provinz Posen. Zum Glück emigrierte er schon früh genug nach Israel, nämlich 1933, sonst wäre er bestimmt von den Nazis umgebracht worden. Die haben seine Kunst als „entartete Kunst" lächerlich gemacht, da hätte er hier in Deutschland keine Chance gehabt. Weil er aber schon so früh ausgewandert ist, hat man ihn dann hier nach dem Krieg einfach vergessen. In Israel war er hingegen sehr bekannt. Das Gemälde von Noach und der Taube mit dem Ölzweig hat er kurz nach seiner Auswanderung in Israel gemalt. Es zeigt die Arche Noah von innen. Die meisten Maler haben das anders gemacht, sie zeigen die Arche nur von außen. Diese Innensicht gibt uns das Gefühl, selbst im Dunkel der Arche dabei zu sein. Und umso mehr freuen wir uns über die Taube mit dem Ölzweig, die durch die Luke im strahlenden Licht hereinkommt. Sie bringt den Archebewohnern die Hoffnung, dass bald alle Ungewissheit ein Ende hat. Dass sie festes Land gefunden hat und die Sintflut aufgehört hat. Gott hat sich wieder mit den Menschen versöhnt. Wegen dieser Geschichte ist die Taube mit dem Ölzweig bis heute für alle Menschen in der Welt zu einem Zeichen für Frieden geworden! Und was für eine Sehnsucht nach Frieden muss Jakob Steinhardt gehabt haben, als er dieses Bild gemalt hat, wo er doch gerade aus dem Nazi Deutschland geflohen war!

Der Auszug aus der Arche

Da entfernte Noach das Verdeck der Arche, blickte hinaus, und siehe: Die Erdoberfläche war trocken.

Da sprach Gott zu Noach: „Komm heraus aus der Arche und bring deine Familie und alle Tiere mit. Auf der Erde soll es von ihnen wieder wimmeln. Sie sollen fruchtbar sein und sich vermehren."

Noach kam heraus und mit ihm seine Söhne, seine Frau und die Frauen seiner Söhne. Auch alle Tiere kamen, nach Gattungen geordnet, aus der Arche heraus.

Das hebräische Wort *tebah* (wörtlich: Kasten, Kiste) für Arche kommt in der Bibel nur noch ein weiteres Mal vor, nämlich in der Erzählung von der Errettung des Mose (Ex 2,1-10) aus den Wassern des Nil. Dort hat es die Bedeutung „Binsenkörbchen". Noach steht in der direkten Verbindungslinie zu Moses, und Moses, der auch durch Gottes Hilfe dem Wasser entkommen ist, weist auf das Volk Israel, das er sicher durch das Meer führt (Ex 14-15). So versinnbildlicht die Arche (und entsprechend das Binsenkörbchen in der Moseserzählung) die Gnade und den Schutz, mit dem Gott die Menschen selbst in schwierigsten Umständen umgibt.

Die Wiener Genesis ist ein ganz kostbares handgeschriebenes Buch. Es wurde wahrscheinlich vor etwa 1500 Jahren in Syrien hergestellt. Mit Silberstift haben die Schreiber ihre Texte auf purpurrot gefärbtem Pergament aufgetragen. Deshalb nennt man diese Handschrift auch „Purpurhandschrift". In diesem antiken handgeschriebenen Buch, das man auch „Kodex" oder einfach „Handschrift" nennt, ist der Text des Buchs Genesis mit ungewöhnlich vielen Bildern geschmückt. Wahrscheinlich haben viele Schreiber und Maler an diesem Buch gearbeitet. Hier haben wir nun, ganz anders als bei dem Gemälde von Bassano, eine eher unrealistische Darstellung des Ereignisses. Wie sollen die Elefanten in die Arche gepasst haben? Und alle anderen Tiere, die aus der Arche strömen? Die Proportionen stimmen einfach nicht. Auch steht die Arche nicht auf dem Berg, sondern eher daneben. Und gleichzeitig finden mehrere Ereignisse statt. Vorne am rechten Bildrand sehen wir Noach. Er schlachtet gerade ein Opfertier, um es dann auf den schon brennenden Altar (ganz rechts) zu legen. Aber ich finde, dass das alles gar nicht stört. So wird eher klar, dass diese Geschichte eben eine Geschichte ist, die so genau nie passiert ist. Sie ist so erzählt worden, weil die Menschen damals Angst hatten, dass eine Katastrophe das ganze Leben auf der Erde zerstören würde. Die Autoren wollten Mut machen und sagen: Die schlimmste Katastrophe ist schon vorbei. Einen Weltuntergang wird es nicht mehr geben, weil Gott da ist und alle Menschen schützt. Auch dann, wenn sie Fehler machen und schlecht sind.

Wiener Genesis, Der Auszug aus der Arche, Buchmalerei, Miniatur, 6. Jahrhundert Purpurhandschrift auf Pergament, Wien, Österreichische Nationalbibliothek

Ein bisschen rätselhaft bleibt Gott ja doch, findest du auch? Erst vernichtet er fast alles Leben, auch unschuldiges. Dann schließt er Frieden für immer und verspricht, nie mehr alles zu zerstören. Hätte er nicht vorher wissen können, dass seine Menschengeschöpfe auch böse sein können? Gott ist hier jedenfalls nicht leicht zu verstehen. Er ist nahezu gnadenlos und dann doch barmherzig, zornig und versöhnungsbereit, lässt untergehen und befreit. Das wirst du noch öfters sehen: Fast alle Geschichten der Bibel haben keine eindeutige Lösung. Sie bleiben immer ein Stück dunkel und unerklärlich. Vielleicht wollen sie uns warnen: Mach es dir nicht zu leicht mit deiner Vorstellung von Gott! Aber auch nicht zu schwer!

Wiener Genesis, Der Bogen des Friedens

Der Bogen des Friedens

Dann baute Noach dem HERRN einen Altar und brachte ihm ein Brandopfer dar. Da roch der HERR den beruhigenden Duft, und der HERR sprach zu sich selbst: „Zwar sind die Gedanken des Menschenherzens von Jugend an böse. Und doch werde ich nie wieder die Erde wegen des Menschen verwünschen. Und nie wieder werde ich alles Lebendige vernichten, wie ich es getan habe.

Solange die Erde besteht, sollen nicht mehr aufhören:
Aussaat und Ernte,
Frost und Glut,
Sommer und Winter,
Tag und Nacht.“

Gott segnete Noach und seine Söhne und sprach zu ihnen: „Seid fruchtbar, vermehrt euch, und bevölkert die ganze Erde! Als mein Abbild habe ich euch geschaffen, als Abbild Gottes.“

Dann sprach Gott zu Noach: „Hiermit schließe ich meinen Bund mit euch und mit allen Nachkommen und mit allen Tieren, die aus der Arche gekommen sind. Nie wieder sollen alle Lebewesen vom Wasser der Flut ausgerottet werden; nie wieder soll eine Flut kommen und die Erde verderben. Dies ist das Zeichen des Bundes, den ich für immer mit euch und mit allen lebenden Wesen schließe: Meinen Bogen stelle ich in die Wolken. Der soll ein Zeichen des Bundes zwischen mir und der Erde sein. Jedes Mal wenn ich Wolken über der Erde heraufziehen lasse und der Bogen in den Wolken erscheint, will ich an das Versprechen denken, das ich euch gegeben habe. Nie wieder soll das Wasser zur Sintflut werden, die alles Leben vernichtet. Der Bogen wird in den Wolken stehen und wenn ich ihn sehe, wird er mich an den ewigen Bund erinnern, den ich mit allen lebenden Wesen auf der Erde geschlossen habe.“

Dieser „Bund", den Gott hier mit Noach schließt, ist der Vorläufer des Bundes mit Abraham (Gen 17) und schließlich des Bundes, den Gott durch Mose mit seinem Volk Israel am Sinai schließt (Ex 19ff). Das Zeichen des „noachitischen" Bundes ist der Regenbogen. Er wird als Bild für den Kampfbogen Gottes verstanden, den Gott hier nun definitiv an die Wolken hängt, um mit dem abgelegten Bogen das Ende der vernichtenden Auseinandersetzung mit seiner Schöpfung zu signalisieren. Immer wenn Gott angesichts der Gewalt auf der Erde wieder auf die Idee kommen könnte, als kriegerischer Kämpfer das Böse mit einer Sintflut zu vernichten, strahlt der (Regen-) Bogen am Gewitterhimmel auf und erinnert ihn daran, dass er doch mit seiner Schöpfung den Friedensbund geschlossen hat und fortan die ganze Menschheit schützen möchte. So ist der Regenbogen zum universalen Zeichen für Versöhnung und Frieden für die ganze Schöpfung zu allen Zeiten geworden.

Noach trinkt zu viel Wein

Die Söhne Noachs, die mit ihm aus der Arche gekommen waren, hießen Sem, Ham und Jafet. Von ihnen stammen alle Völker der Erde ab. Ham ist der Vater Kanaans.

Noach, der Ackerbauer, begann und pflanzte einen Weinberg. Er trank von dem Wein und wurde betrunken und legte sich nackt in sein Zelt. Da sah Ham seinen Vater unbedeckt im Zelt liegen und erzählte es draußen seinen Brüdern. Sem und Jafet aber nahmen einen Überwurf, legten ihn auf ihre Schultern, gingen rückwärts ins Zelt und deckten ihren Vater damit zu. Dabei hatten sie ihr Gesicht abgewandt, um ihn nicht nackt zu sehen. Als Noach aus seinem Rausch aufwachte und erfuhr, was ihm sein jüngster Sohn Ham angetan hatte, sagte er:

„Verflucht sei Kanaan!
Er soll nun der niedrigste Diener
seiner Brüder werden.“

Und weiter sprach er:

„Gepriesen sei der HERR,
der Gott Sems,
Kanaan aber soll sein Diener sein.
Gott schaffe weiten Raum für Jafet,
in Sems Zelten kann er wohnen,
Kanaan aber soll sein Diener sein.“

Noach lebte nach der Flut noch dreihundertfünfzig Jahre. So betrug seine Lebenszeit neunhundertfünfzig Jahre. Dann starb er.

Die Erzählung von Noachs Trunkenheit will die späteren (historisch belegten) Konflikte, die Israel mit Kanaan hatte, erklären. Die Schamlosigkeit Hams, von dem die Kanaaniter abstammen, ist schuld an aller Feindschaft zwischen den beiden Völkern, so die Begründung. Die Nachkommen Kanaans werden den Nachkommen Sems, dem Stammvater Abrahams und der Israeliten, und auch Jafets unterworfen sein. Die Trunkenheit Noachs dient hier als notwendiges erzählerisches Motiv, um zwischen den Brüdern zu differenzieren. Ob Noach jedoch als allererster Winzer voraussehen konnte, was passiert, wenn man zu viel Alkohol zu sich nimmt, ist strittig! Die Schwächen seiner Helden zu erwähnen, ist ein Charakteristikum des Ersten Testaments; ihre Erwähnung lässt dem Leser umso mehr erkennen, dass nur Gott gut und vollkommen ist (Jewish Study Bible 2004, 25f).

Noachs Trunkenheit, Mosaik, um 1220, Venedig, Vorhalle des Markusdoms

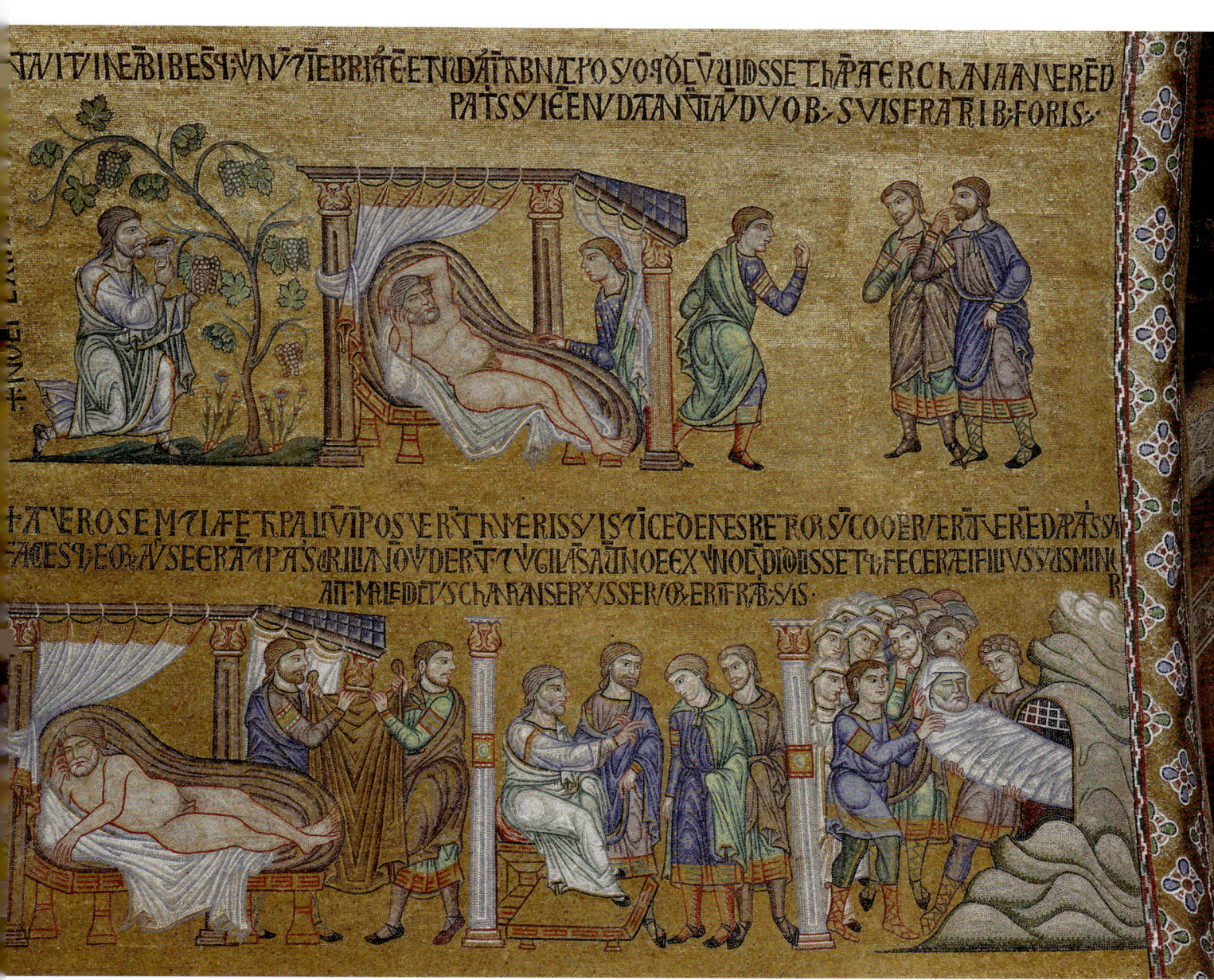

TVITVINEÆBIBES+VN7EBRIÆEETVDÆIÆBNÆOSVOVOLVVIDSSETHÆPÆTERCHÆNAÆVERED
PÆTSVIEENVDÆNTIÆVDVOB·SVISFRÆTR·IB:FORIS·

HÆVEROSEMI7IÆÆETRPÆLÏVÏPOSVERTHVMERISSVISTICEDENESRETROVSCOOPER/ERTÏVEREDÆÆSV
7ÆCESVIEOBVSEERÆ7IPÆSVRILLÆ7OVDERT7VGILÆSÆ7NOEEXVNOLVDIOISSET7vFECERÆFILIVSVISMINC
AIT·MÆLEDETVSCHÆRÆNSERVVSSER/OB·ERTFRÆB·VIS·   R

Nachwort zur Fluterzählung

Diese Erzählung ist ein Testfall für das Gottesbild, das wir unseren Kindern vermitteln. Wie werden die Kinder die Sintflut verstehen? Was für ein Gottesbild wird „hängen bleiben"?

Oberflächlich gelesen sieht es so aus, als sei die Sintflut eine große Strafe des allmächtigen Gottes für das böse Verhalten der sündigen Menschen. Gott bestraft die Bösen und belohnt die Guten. Noach, der einzige Gerechte, wird mit seiner Familie gerettet. Dazu noch je ein Paar von allen Tieren. Die Bösen müssen umkommen. Ist doch auch richtig, oder? Aber, was haben sie denn eigentlich getan, die Menschen, werden die Kinder fragen. Und erst recht: Was können denn die Tiere und Pflanzen dafür? Nun denn, Gott ist eben jemand, der sich nicht alles gefallen lässt, werden wir vielleicht sagen. Wenn wir böse sind, weiß er sich zu wehren.

Die Gefahr liegt auf der Hand: Hier kommt Angst ins Spiel, Angst vor Strafe, Angst vor einem Gott, der auf mich zornig wird und unkontrolliert zuschlägt, wenn ich nicht aufpasse. Ein Gottesbild, das mich ein Leben lang belasten kann, entsteht. Entweder bin ich „lieb" und habe Gott auf meiner Seite, oder aber ich rebelliere und Gott wendet sich von mir ab. Selbständiges Denken wird im Keim erstickt, jedes kritische Gespräch unterdrückt. Gott wird zum belastenden Über-Ich, zum allgegenwärtigen strafenden Vater, zum Aufpasser, der tagtäglich mit erhobenem Zeigefinger neben mir steht. Hätten wir also die Sintflutgeschichte nicht lieber weglassen sollen?

Wer sich die Mühe macht, die Flutgeschichte einmal genauer anzuschauen, wird überrascht sein: Explizit von Strafe ist hier an keiner Stelle die Rede! Gott bereut es, den Menschen gemacht zu haben, heißt es, weil er sieht, wie schlecht die Schöpfung geworden ist, die er

selbst zu verantworten hat. Und er ärgert sich, die Menschen überhaupt erschaffen zu haben. Sein Zorn richtet sich gegen sich selbst; wie konnte er, der einsam war und sich ein Ebenbild schaffen wollte, nur so dumm sein und nicht vorausahnen, dass es so kommen würde? Die Fluterzählung ist eine Erzählung über Gott, nicht über die Boshaftigkeit der Menschen, über einen Gott jedoch, der eine Entwicklung durchmacht, der anders wird, als er einmal war (Klöpper 2003, 125-131).

Gottes Reue zu Beginn, den Menschen überhaupt erschaffen zu haben, wandelt sich zum Schluss in Reue darüber, die große Vernichtung überhaupt herbeigeführt zu haben. Nie mehr, so verspricht er, will er die Menschen auf der Erde durch eine Sintflut umkommen lassen. Er findet sich nun ab mit dem Menschen, wie er eben ist, wie er werden kann. Zugleich aber gibt er ihm Regeln für das Zusammenleben, um Schlimmstes zu verhindern. Grundtenor jedoch ist: Gott nimmt die Menschen an, wie sie sind, er liebt sie trotz all ihrer Fehler und Schwächen. Für die Kinder könnte diese Einsicht zu einem Meilenstein in ihrer Gottesbeziehung werden: Gott, so lernen sie aus dieser Geschichte, weiß um uns, ich darf auch schwach sein, fallen, zweifeln, mich abwenden. Dennoch werde ich von einem Gott aufgefangen, der sich liebevoll um mich kümmert und zugleich realistisch einzuschätzen weiß, was mir möglich ist und was nicht. Das erleichtert, anstatt zu belasten, das befreit und macht froh.

Diese Veränderung Gottes innerhalb der Flutgeschichte sollte man den Kindern unbedingt aufzeigen. Dann kann man ihnen die Geschichte auch guten Gewissens vorlesen. „Verschont" man sie hingegen von dieser bedrohlichen Seite Gottes zu Beginn der Erzählung, um das gängige Bild vom lieben Gott nicht zu gefährden, besteht die Gefahr, dass sich die Kinder später verärgert abwenden, weil man ihnen nicht alles erzählt hat, weil man sie um wesentliche Seiten Gottes betrogen hat und ihnen aus Angst vor Verunsicherung die Ambivalenz Gottes verschwiegen hat.

Im Übrigen könnte man den Kindern schließlich auch sagen, dass natürlich diese Sintflutgeschichte nie tatsächlich so geschehen ist, dass also „in echt" nie ein zorniger Gott eine solch gigantische Katastrophe auf die Erde gebracht hat. Die Erzählung sagt das Gegenteil: Er wird es nie tun, weil sein letztes Wort nicht die richtende Gewalt ist, sondern die Liebe!

Überleitung

Das nun folgende Kapitel 10 berichtet an einer Völkertafel, wie aus den Nachkommen der drei Söhne Noachs alle Völker der Erde entstehen. Während es dort selbstverständlich heißt, dass jedes Volk seine eigene Sprache hatte (Gen 10,5), geht die anschließende Geschichte vom „Turmbau zu Babel" von einer anderen Situation aus: Hier heißt es, dass zunächst alle Menschen eine gemeinsame Sprache hatten, bevor sie in alle Winde zerstreut wurden. Mit vereinten Kräften wollen sie eine Stadt mit einem hohen Turm bauen, um sich einen „Namen" zu machen, um also nicht übersehen zu werden und zeigen zu können, wie mächtig und groß sie doch sind. Wenn Gott unmittelbar im Anschluss an diese Erzählung seinem Auserwählten Abraham verspricht, seinen Namen groß zu machen (Gen 12,2) und dieser dann Gott in Bet-El einen Altar baut und seinen Namen anruft (Gen 12,8), wird deutlich, dass ein Kontrast gesetzt werden soll: Zu einem Namen gelangen Völker nicht durch großartige Bauvorhaben, sondern nur durch Anrufen des Namens des HERRN unabhängig von jeder ethnischen Zugehörigkeit. Da die Erzählung zudem den Sinn hat, zu erklären, wie der Name Babylon (= Babel) entstand, kann das ehrgeizige Anliegen der Menschen, einen himmelhohen Turm zu bauen, auch als Anspielung auf die stolze Angeberei des Königs von Babylon (Jes 14, 13–14) gelesen werden: „Ich ersteige den Himmel; / dort oben stelle ich meinen Thron auf, / über den Sternen Gottes ... um dem Höchsten zu gleichen." Hohe Zivilisation ohne Achtung vor Gott, so zeigt uns die Erzählung, wird letztlich in der Entzweiung enden.

Der Turmbau zu Babel

Alle Menschen hatten anfangs die gleiche Sprache und gebrauchten die gleichen Worte. Sie sagten zueinander:

„Auf, lasst uns Ziegel aus Lehm machen! Wir wollen sie zu Backsteinen brennen. Sie sollen unsere Bausteine sein; den Mörtel wollen wir aus Erdpech machen." Dann sagten sie:

„Auf, lasst uns eine Stadt bauen und einen Turm mit einer Spitze bis zum Himmel! So wird unser Name in aller Welt bekannt, und so zerstreuen wir uns nicht über die ganze Erde."

Der HERR kam vom Himmel herab, um sich den Turm anzuschauen, den seine Menschenkinder bauten. Er sprach: „Seht nur, EIN Volk sind sie und EINE Sprache haben sie alle. Und das ist erst der Anfang ihres Tuns. Jetzt wird ihnen nichts mehr unerreichbar sein. Sie werden alles ausführen, was ihnen in den Sinn kommt." Und er fuhr fort:

„Auf, lasst uns hinabsteigen und dort ihre Sprache verwirren, so dass keiner mehr die Sprache des anderen versteht."

Und der HERR zerstreute sie von dort aus über die ganze Erde und sie hörten auf, an der Stadt zu bauen. Darum nannte man diese Stadt Babel, das heißt Wirrsal; denn dort hat der HERR die Sprache aller Welt verwirrt und von dort aus hat er die Menschen über die ganze Erde zerstreut.

Pieter Bruegel d. Ä.
(1525/30–1569)
Turmbau zu Babel, 1563
Öl auf Holz
114 x 155 cm
Wien
Kunsthistorisches Museum

Hier brauchst du eine Lupe, um alles erkennen zu können! Da merkt man, wie viel besser es wäre, vor dem Original im Museum zu stehen! Denn das Gemälde ist immerhin über ein Meter groß in Länge und Breite. Überall laufen Menschen wie Ameisen auf den Rampen des Bauwerks umher, ziehen Steinplatten mit Kränen empor, klettern auf Leitern herum und bedienen Hebewerke mit Tritträdern. Wie winzig sie doch sind, und wie groß dagegen der Turm! Er hat einen riesigen Durchmesser und wirft einen gewaltigen Schatten auf die Häuser der Stadt, die wie kleine unbedeutende Grasbüschel aussehen. Kannst du den Schatten sehen? Und merkst du, dass sich der Turm nach links neigt? Wie kann ein solches Bauwerk gelingen? In der linken Ecke vorne siehst du einen König, der seine Anweisungen gibt. Diese kleine Szene wird nicht in der Bibel erzählt. Breughel hat die Idee dazu von einem jüdischen Geschichtsschreiber bekommen, der die Turmbauerzählung weiter ausgeschmückt hat.

Ein Segen sollst du sein

Die Geschichte Abrahams

(Genesis 12–25,11)

Mit Kapitel 12 beginnt nun etwas völlig Neues. Die eher allgemein gehaltenen Erzählungen der ersten Kapitel werden abgelöst von der konkreten Geschichte eines einzigen Menschen, nämlich Abram (erst in Kapitel 17 wird aus seinem Namen „Abraham", so wie dann aus Sarai der Name „Sara" wird) und seiner Nachkommen. Gott fängt noch einmal mit den Menschen ganz von vorne an. Von dem Fluch, der nach dem Sündenfall auf den Menschen lastete, der ihn für immer aus dem Paradies ausschloss und ihm harte Arbeit auf unfruchtbarem Ackerboden aufzwang, ist keine Rede mehr. Gott verspricht Abram reiche Nachkommenschaft, Land und seinen Segen. Dieses Geschenk Gottes kommt gänzlich unerwartet an dieser Stelle und ist ein Akt reiner Gnade. Es gibt hier zu Beginn keinen Hinweis, warum Abram diese Auserwählung besonders verdienen sollte. Erstaunen muss jeden Leser jedoch das uneingeschränkte Vertrauen, das Abram in Gott hat. Gott fordert von ihm den Verzicht auf alles, was ihm bisher lieb war. Er zieht aus, ohne wirklich zu wissen warum und wohin. Wichtig sind die Adressaten des Segens, der göttlichen Verheißung von Glück, Fruchtbarkeit, Heil: Gott segnet nicht nur Abram und seine Nachkommen, sondern alle, die mit seinen Erwählten Gemeinschaft haben: „Durch dich sollen alle Geschlechter der Erde Segen erlangen" (Genesis 12,3). So ist die Geschichte Israels von Anfang auch die Geschichte aller Menschen, die offen für Gottes Wirken sind.

Abram bricht auf

Vor langer Zeit lebte ein Mann mit dem Namen Abram. Seine Geburtsstadt war Ur in Chaldäa. Als er noch ein Kind war, zog seine Familie mit ihm nach Haran. Er wurde groß und heiratete. Seine Frau hieß Sarai.

Eines Tages sprach der HERR zu Abram: „Zieh weg aus deinem Land, weg von deiner Verwandtschaft und deinem Vaterhaus in das Land, das ich dir zeigen werde. Ich werde dich zu einem großen Volk machen, dich segnen und deinen Namen groß machen. Durch dich sollen alle Geschlechter der Erde Segen erlangen."

Da zog Abram aus Haran weg. Er war damals 75 Jahre alt. Mit ihm gingen seine Frau Sarai, sein Neffe Lot und seine Knechte und Mägde. Seinen ganzen Besitz nahm er mit. Abram wanderte in das Land Kanaan, in dem damals noch das Volk der Kanaaniter wohnte. Sie durchquerten das Land bis zu dem heiligen Baum bei Sichem. Dort zeigte sich der HERR Abram und sprach: „Deinen Nachkommen will ich dieses Land geben." Da baute Abram dem HERRN an dieser Stelle einen Altar. Dann zog er weiter in das Bergland östlich von Bet-El und baute auch hier dem HERRN einen Altar. Schließlich machte er sich weiter auf, der Wüste Negeb zu.

Abram und Sarai sind mit Sack und Pack unterwegs. Einfach losgezogen sind sie, weil Gott mit Abram gesprochen hat und ihn in ein anderes Land führen will. Er will ihm viele Nachkommen schenken und durch ihn alle Völker der Erde segnen. Es war schon ziemlich mutig, die Heimat zu verlassen und ins Ungewisse zu ziehen. Hättest du das getan? Wer weiß denn, ob das alles so stimmt, was eine Stimme zu Abram gesagt hat? Aber sie haben trotzdem einfach vertraut. Auf unserem Gemälde sehen wir, wie sie gebannt vor einem Baum Halt gemacht haben. Strahlendes Licht fällt auf sie. Abram hat die Hände ergriffen vor seiner Brust überkreuzt. Sarai hält zum Schutz vor dem gleißenden Licht ihre Hand vors Gesicht. Der niederländische Maler Pieter Lastman hat hier den Moment gemalt, als Gott Abram und seiner Familie am heiligen Baum von Sichem erscheint.

Pieter Lastman (1563–1633), Abraham auf dem Weg nach Kanaan, 1614
72 x 122 cm, Öl auf Leinwand, St. Petersburg, Eremitage

Abram und Sarai in Ägypten

In dieser Geschichte deutet sich ein Grundsatz an, der für alles Weitere gilt: So, wie es Abram ergeht, wird es auch seinen Nachkommen in ähnlicher Weise ergehen. Abram muss aufgrund von Hungersnot nach Ägypten auswandern, muss um sein Leben fürchten, diskutiert mit dem Pharao, wird schließlich freigelassen und kehrt mit großem Reichtum zurück, wenngleich tief gedemütigt. Insbesondere die Plagen, die zu Saras Befreiung aus Sklaverei und Unrecht führen (Sarai verkörpert vorab das in ägyptische Knechtschaft geratene Volk Israel), sind Ereignisse, die deutlich das Schicksal des Volkes Israel vorwegnehmen. Paralellen gibt es auch zum vorliegenden Frau / Schwester-Motiv: Geringfügig variiert wiederholt es sich einige Zeit später bei einem Besuch in Gerar, wo Abram seine Frau Sarai vor König Abimelech als seine Schwester ausgibt (Gen 20; die Darstellung gegenüber bezieht sich sicher eher auf diese Episode). Eine Generation danach verleumdet Abrams Sohn Isaak seine Frau Rebekka vor Abimelech (Gen 26, 6-11) und gibt sie ihm preis (Jewish Study Bible 2004, 31).

Als aber über das Land Kanaan eine Hungersnot kam, zog Abram mit seiner Familie nach Ägypten hinab, um dort zu bleiben; denn die Hungersnot lastete schwer auf dem Land. Als er sich Ägypten näherte, sagte er zu seiner Frau Sarai: „Ich weiß, du bist eine schöne Frau. Wenn dich die Ägypter sehen, werden sie sagen: ‚Das ist seine Frau!' und sie werden mich erschlagen, dich aber am Leben lassen. Sag doch, du seiest meine Schwester, damit ich am Leben bleibe."

Als Abram nach Ägypten kam, sahen die Ägypter, dass die Frau sehr schön war. Die Beamten des Pharao rühmten sie vor dem Pharao. Da holte man die Frau in den Palast des Pharao. Abram bekam ihretwegen Schafe und Ziegen, Rinder und Esel, Knechte und Mägde, Eselinnen und Kamele geschenkt.

Da aber ließ der HERR wegen Sarai schwere Plagen auf das Haus des Pharao kommen. Der Pharao ließ Abram rufen und sagte: „Was hast du mir angetan? Warum hast du mir nicht gesagt, dass sie deine Frau ist? Warum hast du mir gesagt, dass sie deine Schwester sei, so dass ich sie mir zur Frau nahm? Nun, da hast du deine Frau wieder, nimm sie und geh!"

So zog Abram also wieder hinauf in den Negeb, er und seine Frau Sarai, mit allem, was ihm gehörte. Er wanderte von einem Lagerplatz zum anderen bis nach Bet-El, wo er früher schon einmal einen Altar gebaut hatte. Hier betete Abram zu Gott.

Abram erhält die weinende Sarai zurück, 12. Jahrhundert
Elfenbeinpaliotto (Altarverkleidung), Salerno (Italien), Kathedrale, Diözesanmuseum San Matteo

Getrennte Wege

Abram und Lot waren ziemlich reich, als sie aus Ägypten zurückkamen. Sie besaßen nun viel Vieh, Silber und Gold. Sie brauchten deshalb aber auch viel mehr Weideplatz für ihre Herden. So kam es eines Tages zum Streit zwischen den Hirten Abrams und den Hirten Lots, weil das Land zu klein war, um sich nebeneinander anzusiedeln. Da sagte Abram zu Lot: „Wir sind doch Verwandte und wollen uns nicht streiten. Das ganze Land liegt vor uns. Wenn wir uns trennen, gibt es keinen Streit mehr. Willst du nach links, so werde ich nach rechts gehen; willst du nach rechts, so werde ich nach links gehen." Lot blickte umher und sah das reich bewässerte Jordanland zu seiner Linken liegen. Diese Gegend sah so verlockend aus wie der Garten des HERRN, wie das Land Ägypten. Das schien ihm eine gute Wahl, und so trennte er sich von Abram und zog gen Osten in die ganze Jordangegend. Hier ließ er sich nieder und schlug seine Zelte bis Sodom auf. Sodom aber war eine Stadt, in der die Menschen sehr böse waren und nicht so lebten, wie es Gott gefiel.

Da sprach Gott zu Abram: „Blick auf! All das Land, das du sehen kannst, will ich für immer dir und deinen Nachkommen schenken. Ich mache deine Nachkommen so zahlreich wie den Staub auf der Erde. Nur wer den Staub zählen kann, wird auch deine Nachkommen zählen können. Mach dich auf und zieh dorthin!" So zog Abram mit seinen Zelten weiter und ließ sich bei den Eichen von Mamre in Hebron nieder. Hier baute er dem HERRN einen Altar.

Wer diesen Text aufmerksam liest, wird merken, wie der biblische Erzähler auf subtile Weise einen Kontrast zwischen Lot und Abram aufbaut, der sich später in den Kapiteln Gen 18 und 19 fortsetzen wird: Abram ist der Edle, der Großzügige, er lässt Lot zuerst wählen, er wartet in aller Demut, bis der HERR ihn ruft, blickt erst dann auf und bekommt schließlich „für immer" das Land Kanaan geschenkt. Lot hingegen wählt kurzsichtig und überhastet; er lässt sich blenden vom Anblick eines Landes, das an das Paradies („Garten des HERRN") erinnert, sich aber doch letztlich für den Menschen als ein Ort des Fluchs und des Ungehorsams herausgestellt hatte. So ist auch die Erwähnung Ägyptens deutlich genug: Ägypten bedeutet Exil und Unterdrückung. Und die räumliche Nähe zu den Sündern in Sodom lässt ahnen, dass Lot nicht lange bleiben wird (Jewish Study Bible 2004, 33).

Der Künstler (oder die Künstlerin?) dieses uralten Mosaiks hat die Geschichte sehr anschaulich illustriert: Fast in der Mitte des Mosaiks könnte man einen senkrechten Strich ziehen, so wörtlich ist die Trennung von Abraham und Lot umgesetzt. Nur ihre Gewandzipfel berühren sich unten noch. Lot setzt seinen Fuß schon in Richtung Sodom. Der Faltenwurf seines Gewandes zeigt die Richtung an. Komisch, dass zwei Frauen neben ihm so klein sind! Früher war es so, dass die Menschen nicht nach ihrer wirklichen Größe, sondern nach ihrer Bedeutung abgebildet wurden. Sind die beiden Frauen vielleicht Sklavinnen? Auch die beiden Hirten, unten rechts und in der Mitte links, sind nicht besonders groß geraten! Dabei hatten sie doch eine wichtige Aufgabe!

Abraham und Lot trennen sich Glasmosaik ca. 432–400 v. Chr. Rom, Santa Maria Maggiore

Abram rettet Lot und begegnet Melchisedek

In Stil und Inhalt unterscheidet sich diese Erzählung sehr vom Rest der Abrahamgeschichte. Ob der Feldzug der vier großen Könige eine historische Basis hat, ist umstritten. Ungewöhnlich ist vor allem die Darstellung von Abram als Krieger. Die Erzählung beruht auf einer alten Vorlage, die überarbeitet wurde, um Abrams Heldenmut und seine Selbstlosigkeit zu rühmen. Vor allem aber die recht unvermittelt eingeschobene, kurze geheimnisvolle Erzählung von der Begegnung Abrams mit Melchisedek, dem sich Abram unterordnet, gibt Rätsel auf: Wer war dieser „Tempelpriester des Höchsten Gottes", der hier auf einmal auftaucht? Sollte gezeigt werden, dass der Höchste Gott, der in Salem (mit Salem war höchstwahrscheinlich Jerusalem gemeint) verehrt wird, auch der Gott Abrams ist, also schon früh die Bindung an Jerusalem als Sitz Gottes gefestigt und legitimiert werden? Das Neue Testament nimmt im Hebräerbrief (Hebr 7,6-10) Bezug auf die Gestalt des Melchisedek als Urtypus des Priesters schlechthin und Vorbild des Messias und der Einsetzung der Eucharistie.

Dieric Bouts (1410/20-1475) Abendmahlsaltar: Abraham und Melchisedek 1464-67 Öl auf Holz, 88 x 71 cm Leuven (Belgien), St. Peter Schatzkammer

Um diese Zeit brach im Land Kanaan ein Krieg aus. Damals zogen vier Großkönige gegen fünf Stadtkönige. Es kam zu einem Kampf im Tal Siddim, das voller Asphaltgruben war. Die Stadtkönige unterlagen. Als sie flohen, fielen die Könige von Sodom und Gomorra in eine der Gruben, während die übrigen ins Gebirge fliehen konnten. So konnten die Großkönige Sodom überfallen. Das war die Stadt, in der inzwischen Lot lebte. Die Feinde raubten alles, was sie nur in Sodom finden konnten und nahmen Lot mitsamt seiner Familie und seines Besitzes gefangen. Ein Flüchtling, der dies alles gesehen hatte, kam zu Abram und berichtete ihm davon. Abram wohnte bei den Eichen des Amoriters Mamre. Sofort nahm Abram mit einer Gruppe von über dreihundert Männern die Verfolgung auf. Mitten in der Nacht überfielen sie die Feinde und befreiten Lot, die Frauen und übrigen Leute. Auch den ganzen Besitz konnten sie retten.

Als Abram nach diesem Sieg zurückkehrte, zog ihm der König von Sodom in das Tal Schawe, das jetzt Königstal heißt, entgegen. Auch Melchisedek, der Priesterkönig von Salem, kam dorthin und brachte ihm Brot und Wein. Er war Tempelpriester des Höchsten Gottes. Er segnete Abram und sprach:

„Gesegnet sei Abram vom Höchsten Gott,
dem Schöpfer des Himmels und der Erde.
Gepriesen sei der Höchste Gott,
der deine Feinde an dich ausgeliefert hat."

Abram gab Melchisedek daraufhin den zehnten Teil von allem. Und dem König von Sodom gab er alles wieder zurück. Abram sagte: „Ich erhebe meine Hand zum HERRN, dem Höchsten Gott, dem Schöpfer des Himmels und der Erde. Keinen Faden und keinen Schuhriemen, nichts von allem, was dir gehört, will ich behalten."

So zahlreich wie die Sterne

Nach diesen Ereignissen hatte Abram eine Vision: Er sah Gott vor sich, der zu ihm sprach:

„Fürchte dich nicht, Abram,
ich beschütze dich.
Dein Lohn wird sehr groß sein."

Da sagte Abram: „HERR, mein HERR, was willst du mir schon geben?"

Er verstand Gott nicht. Was für einen „Lohn" könnte Gott denn meinen? Er war doch schon sehr alt und hatte keine Kinder, die seine Erben werden könnten. Es stand doch schon fest, dass sein Knecht Elieser aus Damaskus seinen ganzen Besitz erben würde.

Gott aber sprach: „Nicht dein Knecht, sondern kein anderer als dein eigener Sohn wird dein Erbe sein!" Und er führte Abram hinaus ins Freie und zeigte ihm den Himmel: „Zähl doch die Sterne am Himmel, wenn du kannst! So zahlreich werden deine Nachkommen sein!"

Abram glaubte Gott. Und Gott rechnete ihm sein Vertrauen sehr hoch als Gerechtigkeit an. Er sprach zu Abram: „Ich bin der HERR, der dich aus Ur in Chaldäa herausgeführt hat, um dir dieses Land zu geben."

Wie kann man an ein Versprechen glauben, fragen wir uns, dessen Erfüllung vollkommen ausgeschlossen scheint und jedem gesunden Menschenverstand widerspricht? Abram ist zwar zuerst zweifelnd, doch glaubt er schließlich trotzdem. Das verblüfft. Wir stoßen hier auf eine Kernaussage der Bibel: Gott meint es gut mit uns; sein Segen kann uns aber nur erreichen, wenn wir uns ihm bedingungslos anvertrauen. Abram, so unsere Erzählung, tut genau das: Er glaubt Gott, obwohl alles dagegen spricht. Er bekommt noch in hohem Alter einen Sohn und in der Folge zahlreiche Nachkommen, einzig und allein, weil er glaubt. Sein spätes Lebensglück ist die Belohnung für seinen unerschütterlichen Glauben an Gottes Güte. Gott, so heißt es, rechnet ihm diesen Glauben als „Gerechtigkeit" an – gerecht ist der Mensch, der durch seine aufrechte und ergebene Haltung Gott wohlgefällig ist. Paulus nimmt im Neuen Testament auf diesen Text Bezug, um zu beweisen, dass die Gerechtigkeit vom Glauben und nicht von den Werken des Gesetzes abhängt (Röm 4,1-15).

Wiener Genesis
Die Verheißung an Abraham

So viel ist gar nicht auf diesem Bild zu sehen: Ein Sternenhimmel mit einem Unterarm samt Hand, ein Mann, ein Weg. Nach rechts fehlt jede Begrenzung. Das Meiste ist freie Fläche. Der Mann ist Abram. Er steht im Freien und sieht empor. Er schaut gespannt und unsicher, ja, fast noch ein wenig skeptisch. Er hätte ja auch allen Grund zur Resignation. Vor vielen Jahren hat ihn Gott aus seiner Heimat geholt und reiche Nachkommenschaft versprochen. Er ist alt geworden. Nichts ist passiert. Nun meldet sich Gott wieder und verspricht dasselbe. Soll er ihm glauben? Seine Hände hat Abram unter sein Obergewand gelegt. Das Verhüllen der Hände war eine alte Geste, um Ehrfurcht vor dem Heiligen zu zeigen. Die Hand im Sternenhimmel, auf die Abraham schaut, zeigt die Anwesenheit Gottes an. Dort, wo sie aus dem „Himmelstuch" kommt, wirft es Falten. Der Arm zeigt nach rechts auf den leeren Weg. Die göttliche Hand ist ausgestreckt, der Mittelfinger ist zum Segnen auf den Daumen gelegt. Die „sprechende" Hand weist Abram den Weg ins Unbestimmte, ins Weite und Offene. Wir sehen hier den entscheidenden Moment, in dem Abram wieder beginnt, an die Verheißung Gottes zu glauben, der Moment, in dem er sich wieder einlässt auf Gottes Zusage, und neu bereit ist den Weg zu gehen, den Gott ihm weist. Übrigens haben die Leute früher gedacht, Abram wäre ein Astronom, weil er so oft aufgrund dieser Bibelstelle als einer gezeigt wurde, der die Sterne zählt. Du weißt es aber nun besser!

Die meisten Menschen haben schon einmal etwas von dem holländischen Maler Rembrandt gehört. Er wird nach seinem Vornamen benannt. Vor über 500 Jahren wurde er geboren. Seine Gemälde hängen in vielen Museen. Kaum einer aber weiß, dass er auch ganz viele Zeichnungen zur Bibel gemacht hat, insgesamt über 700! Diese Zeichnungen werden dir in diesem Buch immer wieder begegnen. Sie sind so packend, weil es Rembrandt um den menschlichen Hintergrund der biblischen Geschichten geht. Und das berührt auch uns. Hier in diesen biblischen Geschichten wird ja von Menschen erzählt, die so sind wie wir alle. Mit allen Fehlern, Zweifeln und Ängsten. In unserem Bild fällt auf, wie gegensätzlich Sarai und Hagar gezeichnet sind. Sarai steht alt, gebeugt und verhärmt vor Abraham. Wir können regelrecht hören, wie sie sich bitter bei Abram beklagt. Hagar hingegen steht aufrecht neben ihr, ruhig abwartend, die Hände demütig verschränkt. Ihre Haarfrisur spiegelt den Federschmuck des Pfaus, der auf einem Mauervorsprung hinter ihr sitzt. Mit wenigen Federstrichen hat Rembrandt gezeigt, worum es in der biblischen Geschichte geht. Versuch mal, es ihm nachzumachen! Ich fürchte, das wird nicht so leicht sein!

Rembrandt Harrmenszoon van Rijn (1606–1669), Sarai beschwert sich über Hagar, um 1643–44
Federzeichnung, 18,9 x 30,3 cm, Bayonne, Museum Bonnat

Sarai und Hagar

Sarai jedoch sah, dass sie keine Kinder bekommen konnte. Da dachte sie an ihre ägyptische Magd Hagar. Könnte diese nicht für sie mit Abram einen Sohn bekommen?

So ging Sarai zu Abram – zehn Jahre nachdem sie sich in Kanaan niedergelassen hatten – und machte ihm diesen Vorschlag: „Der HERR hat mir Kinder versagt", sagte sie, „geh zu meiner Magd Hagar! Vielleicht komme ich durch sie zu einem Sohn." Abram war einverstanden und so kam es, dass Hagar schwanger wurde. Als sie aber merkte, dass sie ein Kind von Abram erwartete, verlor sie die Achtung vor ihrer Herrin Sarai.

Das machte Sarai böse. Sie forderte Abram auf, sich nun zwischen ihr und Hagar zu entscheiden. Da gab er Hagar an Sarai zurück. Er sagte: „Hier ist deine Magd; sie ist in deiner Hand. Tu mit ihr, was du willst." Sarai aber behandelte Hagar von nun an so hart, dass sie davonlief.

Nach altorientalischem Recht konnte eine kinderlose Ehefrau dem Mann ihre Magd zur Konkubine geben. Bekam die Magd dann Kinder, galten diese als Kinder der Herrin. Sarai hatte lange auf Kinder gewartet und war nun ungeduldig: Hatte Gott ihr nicht reichen Kindersegen versprochen? So nimmt sie ihr Schicksal selbst in die Hand. Sie rechnet aber nicht damit, dass Hagar an Selbstbewusstsein gewinnt, als sie Mutter wird, und ihr den Rang streitig macht. Denn Mutterschaft hatte damals in der biblischen Kultur einen hohen Rang. In dem Buch der Sprichwörter heißt es (Spr 30,23): Unter den vier Dingen, unter denen „das Land erzittert", ist „eine Sklavin, wenn sie ihre Herrin verdrängt." Sarai hat sich selbst in eine schwierige Lage gebracht. Abram weicht dem Konflikt aus, indem er Hagar der Willkür von Sarai überlässt. Sie löst den Konflikt mit Härte und Unbarmherzigkeit.

Ein Engel hilft Hagar

Ein Engel fand Hagar an einer Quelle in der Wüste auf dem Weg nach Schur. Er fragte sie: „Magd, woher kommst du und wohin gehst du?" Sie antwortete ihm: „Ich bin vor Sarai davongelaufen. Sie war so hart zu mir." Da sprach der Engel des HERRN zu ihr: „Geh zurück zu deiner Herrin und ertrag ihre harte Behandlung!"

Und der Engel des HERRN sprach zu ihr:

„Deine Nachkommen aber will ich so zahlreich machen,
dass man sie nicht zählen kann."

Zu diesem Gemälde muss ich dir eine rührende Geschichte erzählen. Ich habe sie gehört, als ich in der Londoner Nationalgalerie mit einem Audioguide vor diesem Bild stand. Ein Audioguide ist ein elektronischer Museumsführer, den man sich in den meisten Museen ausleihen kann. Die Geschichte ging so: Dieses Gemälde gehörte vor etwa 200 Jahren einem Mann, der Sir George Beaumont hieß. Damit er das Bild auch auf Reisen immer bei sich haben konnte, ließ er extra eine Kiste dafür zimmern. Wenn er abends ins Bett ging, war dieses Gemälde das Letzte, was er sich ansah, bevor er einschlief, und es war das Erste, worauf sein Blick fiel, als er morgens aufwachte. Eines Tages aber schenkte er dieses Bild der Londoner Nationalgalerie. Aber er hatte nicht mit sich selbst gerechnet! Denn kurze Zeit später fragte er, ob er es nicht wieder zurück haben dürfte. Seine Liebe zu diesem Bild sei so groß, dass er einfach nicht mehr ohne es leben könne! So behielt er es bis zu seinem Tod.

Claude Lorrain (1600–1682), Landschaft mit Hagar und dem Engel, 1646
Öl auf Leinwand, auf Holz geklebt, 52,2 x 42,3 cm, London, National Gallery

Und weiter sprach er:

„Du bist schwanger
und wirst einen Sohn zur Welt bringen.
Ihn sollst du Ismael nennen.
Denn der HERR hat auf dich gehört in deinem Leid.
Dein Sohn aber wird ein Mensch sein wie ein Wildesel.
Seine Hand wird gegen alle sein,
und die Hand aller gegen ihn!
Allen seinen Brüdern setzt er sich vors Gesicht."

Hagar rief: „Habe ich wirklich den gesehen, der mich anschaut?"
Und sie gab dem HERRN, der zu ihr gesprochen hatte, den Namen
„El-Roi", das heißt: „Du bist der Gott, der nach mir schaut."

So brachte Hagar dem Abram einen Sohn zur Welt, und Abram nannte seinen Sohn Ismael. Abram war damals sechsundachtzig Jahre alt.

Ismael gilt als Stammvater der Araber. Abram ist somit als Vater Isaaks (siehe Gen 21) und Ismaels Vater der Religion Israels und des Islam. Abram ist der Schnittpunkt, an dem sich Juden, Christen und Muslime treffen; von allen gemeinsam wird er als „Vater des Glaubens" verehrt. Kein interreligiöser Dialog sollte dies vergessen! Ismael wird als Wüstenbewohner charakterisiert („ein Mensch, wie ein Wildesel"); entsprechend frei und ungebunden sind auch die Nachkommen Ismaels, die Araber der Wüste. Diese Wüstenbewohner konnten durch ihre strategisch günstige Position für ihre Nachbarn eine ständige Provokation sein und ihnen „auf der Nase herumtanzen" („Allen seinen Brüdern setzt er sich vors Gesicht"). Die Flucht der unterdrückten Sklavin in die Wüste nimmt den Exodus des israelitischen Volkes aus Ägypten vorweg, wenngleich mit umgekehrten Vorzeichen: In unserer Geschichte ist die Unterdrückerin eine Israelitin und die Gedemütigte Ägypterin (Jewish Study Bible 2004, 37). Gott hat sich zwar „sein" Volk Israel erwählt, um sein Wirken exemplarisch aufzuzeigen, letztlich aber sind seine Sympathien – so könnten wir diese Erzählung deuten – über jede Völkergrenze hinweg überall dort, wo Menschen unterdrückt sind und leiden.

Rembrandt, Hagar am Brunnen auf dem Weg nach Schur, um 1644–48
Feder, laviert, 19,1 x 22,7 cm, Paris, Museé du Louvre, Cabinet dessins

Diese Miniatur gehört zu einer anderen. Erinnerst du dich an das Bild mit Abraham unter dem Sternenhimmel? Beide Bilder stehen auf einer Miniatur nebeneinander. Das, was du hier siehst, steht links neben dem Bild mit dem Sternenhimmel. Die zweigeteilte Miniatur bezieht sich an sich auf die erste Vision. Denn da ruft Gott Abraham im Schlaf, und dann geht er raus ins Freie. Eine Tür trennt beide Bildteile voneinander. Warum aber habe ich diesen linken Teil der Miniatur trotzdem genommen? Hier in der Geschichte erscheint Gott ja Abraham noch einmal. Und zwar so, als hätte er es vorher nicht getan. Haben sich die biblischen Autoren vielleicht vertan oder gar gedacht: Doppelt hält besser? Vielleicht lachst du jetzt, aber es ist sogar etwas Wahres dran! Denn es war ja oft so, dass es viele verschiedene Versionen von ein und derselben Geschichte gab, die zum Teil schon aufgeschrieben waren, zum Teil aber auch mündlich erzählt wurden. Damit aber nichts verloren ging – jede Geschichte war ja immer ein bisschen anders – haben die Leute, die die endgültige Fassung eines biblischen Buches gemacht haben, versucht, möglichst viel unterzubringen und stehen zu lassen. Denn man kann ja nie wissen, welche Version die bessere ist, das allein weiß nur Gott, aber den kann man ja nicht so direkt fragen! Und bei unserem Doppelbild ist es ganz ähnlich: Da beleuchtet der linke Teil eine andere Seite derselben Begebenheit: Denn hier liegt Abraham auf einem reich ausgestatteten Bett während er ja auf dem rechten Teil recht einsam vor Gott steht. Kostbar wirken die Teppiche, der Baldachin, das Pfostenwerk. Betont wird, wie schwer es doch sein muss, allen üppigen Reichtum hinter sich zu lassen, um Gottes Ruf zu folgen. Könntest du so mir nichts dir nichts alles aufgeben?

Wiener Genesis, Die Verheißung an Abraham

Gott schließt einen Bund mit Abram

Als Abram neunundneunzig Jahre alt war, erschien ihm der HERR, um mit ihm einen festen Bund zu schließen. Er sprach:

„Ich bin Gott, der Allmächtige. Geh auf meinen Wegen und sei gut! Du wirst Stammvater einer Menge von Völkern. Man wird dich nicht mehr Abram nennen. Abraham (Vater der Menge) wirst du heißen. Denn zum Stammvater einer Menge von Völkern habe ich dich bestimmt. Ich schließe einen ewigen Bund mit dir und deinen Nachkommen, Generation um Generation", sagte er. „Ich werde euer Gott sein und euch ganz Kanaan, das Land, in dem du als Fremder wohnst, für immer geben. Zum äußeren Zeichen des Bundes sollen alle Jungen und Männer an ihrer Vorhaut beschnitten werden."

Weiter sprach Gott: „Deine Frau sollst du nicht mehr Sarai nennen, sondern Sara (Herrin) soll sie heißen. Ich will Sara segnen, so dass Völker aus ihr hervorgehen. Sie wird im nächsten Jahr einen Sohn gebären, den du Isaak nennen sollst. Ich werde meinen Bund mit ihm schließen."

Als Abraham das hörte, fiel er auf sein Gesicht nieder und lachte laut. Wie sollte ein Hundertjähriger noch Vater werden können, wie sollte seine Frau Sara als Neunzigjährige noch einen Sohn bekommen?

„Auch Ismael segne ich", fuhr Gott dann fort. „Ich lasse ihn sehr zahlreich werden. Zwölf Fürsten wird er zeugen, und ich mache ihn zu einem großen Volk. Meinen Bund aber schließe ich mit Isaak." Nach diesen Worten verließ Gott Abraham und fuhr zur Höhe auf.

Nichts in diesem Text erinnert an die Vision Abrams einige Kapitel zuvor (Kap 15), in der Gott ihm doch schon reiche Nachkommenschaft versprochen hatte. Beide Texte, so hat man festgestellt, stammen aus unterschiedlichen Verfasserquellen und haben nebeneinander Eingang gefunden in die Endgestalt des Buches Genesis. Anders in der vorliegenden Erzählung ist, dass Gott konkretisiert, wie die Kette der reichen Nachkommenschaft beginnen soll: Er verspricht, dass Sara noch in hohem Alter einen Sohn bekommen wird. Anders ist auch, dass Gott nun ein äußeres Zeichen für seinen Bund verlangt, nämlich die Beschneidung (Jewish Study Bible 2004, 37). Dieses Zeichen ist bis heute von allergrößter Wichtigkeit für das Judentum; die Beschneidung ist religiöse Pflicht aller Juden (am achten Tag nach der Geburt) und ein wichtiges Unterscheidungsmerkmal gegenüber Andersgläubigen.

Gott zu Gast bei Abraham

Abraham saß in der Mittagshitze vor seinem Zelteingang bei den Eichen von Mamre. Plötzlich sah er drei Männer aus der Ferne auf sich zukommen. Er lief ihnen entgegen und warf sich vor ihnen nieder. „Mein Herr, geh doch an deinem Knecht nicht vorbei", sagte er zu einem von den Männern. Und er fuhr fort: „Ich will euch etwas Wasser holen und einen Bissen Brot. So könnt ihr euch hier bei mir im Schatten der Bäume ein wenig ausruhen und nach einer kleinen Stärkung weitergehen."

Die Männer waren einverstanden. Abraham lief ins Zelt zu Sara und sie sorgte dafür, dass das Essen zubereitet wurde. Sie backte schnell Brotfladen und ein Jungknecht schlachtete ein junges Kalb für das Mahl. Abraham brachte den Gästen schließlich das Essen. „Wo ist deine Frau Sara?", fragten sie ihn. Und einer, den Abraham „der Herr" nannte, sprach: „In einem Jahr komme ich wieder zu dir. Dann wird deine Frau einen Sohn haben."

Sara stand am Zelteingang hinter seinem Rücken und hatte alles mit angehört. Sie lachte still in sich hinein. „Abraham und ich sind doch schon sehr, sehr alt. Wie sollen wir denn noch Kinder bekommen?", dachte sie sich. Der HERR hatte bemerkt, wie Sara heimlich dem Gespräch gelauscht hatte und ungläubig dabeistand. Er sagte zu Abraham: „Warum lacht Sara? Weiß sie nicht, dass beim HERRN alles möglich ist?" Sara traute sich nicht zuzugeben, dass sie gelacht hatte. Der HERR jedoch sagte zu ihr: „Doch, du hast gelacht. Dennoch wird es so sein, wie ich es sage: In einem Jahr wirst du einen Sohn zur Welt bringen."

Wer sind die drei Unbekannten, die Abraham besuchen? Sind es Menschen, Engel (so werden sie im nächsten Kapitel genannt, Gen 19,1) oder Gott selbst in Person mit himmlischen Boten? Abraham scheint sich nicht ganz sicher zu sein, ob er nun drei gewöhnliche Männer vor sich hat oder ob diese so etwas wie eine göttliche Erscheinung sind. Die Anrede „mein Herr" lässt vermuten, dass er doch spürt, dass hier ein übernatürlicher Besuch angekommen ist. Seine anfängliche Zurückhaltung – er kündigt ein bescheidenes Mahl an („ich will euch etwas Wasser holen und einen Bissen Brot") – wandelt sich in einen überdimensionalen Aufwand: Er lässt ein prächtiges, zartes Kalb schlachten und zubereiten, frisches Brot backen und Butter und Milch herholen, und so kommt schließlich ein wahrlich fürstliches Mahl auf den Tisch, der Bedeutung des göttlichen Besuchs angemessen. Die christliche Tradition hat dann in späterer Zeit in den drei Männern einen Hinweis auf die Dreifaltigkeit (Trinität) gesehen, weil Gott sich in drei Gestalten (Gottvater, Sohn und Heiliger Geist) zeige.

Ingeborg Psalter, Abraham empfängt die drei Engel und bewirtet sie, um 1195
Nordfrankreich, Tempera und Gold auf Pergament, Chantilly, Musée Condé

Abrah

Rembrandt, Abraham im Gespräch mit dem Engel, um 1636–37
Feder, 10,9 x 11,4 cm, London, ehemals Sammlung C. R. Rudolf

Wird Sodom gerettet?

Dann brachen die Männer auf in Richtung Sodom, und Abraham begleitete sie ein Stück weit. Als sie die Stadt sehen konnten, sagte der HERR zu Abraham: „Ich habe lautes Klagegeschrei über die Menschen von Sodom und Gomorra gehört. Ihre Sünde wiegt schwer. Ich will hinabgehen und sehen, ob die Menschen dort wirklich so schlecht sind." Da trat Abraham näher. „Willst du den Gerechten zusammen mit dem Bösen umbringen?", fragte er. „Was, wenn es fünfzig Gerechte in der Stadt gibt: Wirst du sie alle umbringen? Oder aber nicht doch dem Ort wegen der fünfzig vergeben? Fern sei es von dir, so etwas zu tun: Gerechte zusammen mit Bösen umzubringen! Muss nicht der oberste Richter aller Welt gerecht richten?"

Da sprach der HERR: „Wenn ich in Sodom fünfzig Gerechte finde, werde ich ihretwegen der Stadt vergeben." Abraham antwortete: „Ich habe es nun einmal unternommen, mit meinem HERRN zu reden, obwohl ich Staub und Asche bin. Was aber, wenn von den fünfzig Gerechten fünf fehlen: Wirst du wegen der fünf die ganze Stadt vernichten?" „Nein", sagte er, „ich werde sie nicht vernichten, wenn ich dort fünfundvierzig finde." Abraham aber sprach wieder zum HERRN und fragte: „Was, wenn nur vierzig zu finden wären?" Und der HERR antwortete: „Ich werde sie nicht vernichten, wenn ich dort vierzig finde." „Sei nicht zornig, mein HERR", sagte Abraham, „wenn ich weiter frage: Was, wenn nur dreißig zu finden wären?" Und der HERR antwortete: „Ich werde sie nicht vernichten, wenn ich dort dreißig finde." Und Abraham sagte: „Was, wenn es nur zwanzig sind?" Und der HERR antwortete: „Ich werde sie nicht vernichten, wenn ich dort zwanzig finde." Und Abraham sagte: „Sei nicht zornig, mein HERR, wenn ich ein letztes Mal frage: „Was, wenn es nur zehn sind?" Und der HERR antwortete: „Ich werde sie nicht vernichten, wenn ich dort zehn finde." Nach diesem Gespräch ging der HERR weg und Abraham kehrte nach Hause zurück.

Interessant ist hier, dass Abraham nicht Gott darum bittet, die Schuldigen zu bestrafen, sondern die vielen Schuldigen zu verschonen, weil es noch wenige Gerechte gibt. Die Bösen werden verschont und die Guten sollen nicht wegen der Bösen leiden müssen. Hier ist deutlich zu erkennen, dass im Alten Israel der Sinn für die kollektive Verantwortlichkeit noch sehr hoch war, während der Grundsatz der individuellen Verantwortung erst später aufgestellt wurde. Es deutet sich ein wichtiger theologischer Grundsatz an: Einzelne Gerechte (Abraham belässt es in unserer Geschichte bei mindestens 10 Gerechten) und Heilige können zum Retter für eine große Gemeinschaft von Menschen werden.

Sodom geht in Flammen auf

Inzwischen gingen die zwei Männer, die Engel waren, nach Sodom. Dort fanden sie Lot, der am Stadttor saß. Als er die beiden kommen sah, erhob er sich, fiel vor ihnen nieder und lud sie ein, zu ihm nach Hause zu kommen. Zunächst lehnten sie ab, doch als Lot drängte, kamen sie schließlich mit. Sie waren noch nicht schlafen gegangen, da kamen die Männer von Sodom, alle miteinander, alte und junge, und umstellten das Haus. Sie wollten den Gästen Böses antun. Da trat Lot zu ihnen vor das Haus und schloss die Tür hinter sich zu. Sie fielen über Lot her und versuchten, die Tür aufzubrechen. Da streckten jene beiden Männer die Hände aus, zogen Lot zu sich ins Haus und sperrten die Tür zu. Dann machten sie die Menschen draußen blind, so dass diese den Eingang des Hauses nicht mehr finden konnten. Dann fragten sie Lot: „Hast du noch Verwandte hier in der Stadt? Der HERR hat uns nämlich geschickt, damit wir die ganze Stadt vernichten." So ging Lot zu seinen Schwiegersöhnen, um sie zu warnen. Doch diese glaubten ihm nicht und meinten, er mache nur Spaß.

Als die Morgenröte aufstieg, drängten die Männer Lot zur Eile: „Schnell, mach dich auf, nimm deine Frau und deine beiden Töchter, damit du nicht auch noch wegen der Schuld der Stadt umkommst." Er zögerte noch, doch da fassten die Männer ihn und seine Familie fest bei der Hand. Erst draußen vor der Stadt ließen sie los. Dann bekam Lot die Anweisung: „Bring dich in Sicherheit, es geht um dein Leben! Sieh dich nicht um und bleib in der ganzen Gegend nicht stehen!" So floh Lot in eine kleine Stadt in der Nähe, nach Zoar.

Die Flucht von Lot und seinen Töchtern sieht nicht besonders dramatisch aus. Nur der wehende Mantel von Lot lässt uns ahnen, dass es die Drei vielleicht etwas eilig haben. Ansonsten könnte es sich auch um einen gemächlichen Spaziergang handeln. Wenn da nicht die brennende Stadt im Hintergrund zu sehen wäre! Albrecht Dürer hat sich am meisten für das Feuer interessiert und es sorgfältig gemalt. Wer auf diesem Bild allerdings fehlt, ist Lots Frau. Wo ist sie? Wenn du genau hinschaust, kannst du sie im Hintergrund sehen. Sie ist dort als kleiner Strich auf dem Weg übrig geblieben. Sie war, wie du gleich lesen kannst, zu einer Salzsäule erstarrt, weil sie sich umgeschaut hatte. Mit dieser kuriosen Verwandlung von Lots Frau erklärten sich früher die Menschen die Entstehung bizarrer Felsgebilde in der Nähe des Toten Meeres.

*Albrecht Dürer (1471–1528), Lot und seine Töchter (Verso der „Haller Madonna"), um 1498
Öl auf Holz, 50 x 39 cm, Washington, National Gallery of Art*

Kurz danach, als die Sonne gerade aufgegangen war, ließ der HERR auf Sodom und Gomorra Feuer und Schwefel vom Himmel regnen. Er vernichtete alles von Grund auf – die ganze Gegend, alle Städte, in denen Lot gewohnt hatte, die Einwohner der Städte und alles, was auf den Feldern wuchs. Lots Frau aber blickte zurück und erstarrte zur Salzsäule.

Früh am Morgen ging Abraham an den Ort, an dem er dem HERRN gegenübergestanden hatte. Er schaute auf Sodom und Gomorra und auf das ganze Gebiet im Umkreis und sah: Qualm stieg von der Erde auf, wie der Qualm aus einem Schmelzofen.

Zusammenfassung

Damit ist aber die Geschichte Lots noch nicht zu Ende: Weil Lot Angst hat, in der Stadt zu bleiben, zieht er mit seinen Töchtern ins Gebirge und wohnt dort in einer Höhle. Die Töchter, die meinen, nun sei nach dem Unglück kein Mann übrig geblieben und die Nachkommenschaft nicht gesichert, machen ihren alten Vater betrunken, um sich dann zu ihm zu legen und schwanger zu werden. Sie erreichen ihr Ziel und es heißt, dass ein Sohn Stammvater der Moabiter wird und der andere Stammvater der Ammoniter. Diese Völker waren zeitweise mächtige Feinde Israels; da das Gesetz den Inzest verurteilte, diente diese Geschichte der Verspottung beider Völker.

Rembrandt. f.

Isaaks Geburt

Der HERR hielt, was er versprochen hatte: Sara wurde schwanger und bekam einen Sohn genau zu der Zeit, die Gott angekündigt hatte. Abraham war hundert Jahre alt, als sein Sohn zur Welt kam. Abraham nannte ihn Isaak. Als sein Sohn acht Tage alt war, beschnitt ihn Abraham, wie Gott ihm befohlen hatte.

Sara aber sagte voller Freude: „Ein Lachen hat Gott mir geschenkt; jeder, der davon hört, wird mit mir lachen.

Wer hätte Abraham zu sagen gewagt,
Sara werde noch Kinder stillen?
Und nun habe ich ihm noch in seinem Alter einen Sohn geboren."

Das Kind wuchs heran und sie feierten ein großes Festmahl.

Saras Worte: „Ein Lachen hat Gott mir geschenkt; jeder, der davon hört, wird mit mir lachen" sind nicht nur Ausdruck ihrer Erleichterung und Freude über die Geburt des lange ersehnten Kindes, sondern enthalten zugleich auch einen versteckten Hinweis auf den Namen ihres Sohnes. Isaak ist eine Kurzform von hebr. *Jitzchak-El* und bedeutet: „Gott möge lächeln, gnädig sein" oder: „Gott hat gelächelt, sich gnädig erwiesen." Mit diesem Wissen können wir nun im Rückblick besser verstehen, warum Abraham und Sara jeweils gelacht haben, als Gott ihnen noch in spätem Alter einen Sohn versprach (Gen 17,17 und Gen 18,12). Das Lachen, das zunächst wie ein Mangel an Glaube aussah, war eine wohlüberlegte Anspielung auf den Namen des zu erwartenden Sohnes und eine indirekte Ankündigung seiner sicher zu erwartenden Ankunft. Ob nun letztlich Gott selbst angesichts der Umstände dieser phantastischen Geburt gelacht hat, wie es der Name Isaak sagt, oder vielleicht auch der ungeborene Jitzchak, bleibt unergründliches Geheimnis …

Rembrandt, Abraham liebkost Isaak (oder: Jakob liebkost Benjamin), um 1637
Radierung, 11,6 x 8,9 cm, Berlin, Staatliche Museen zu Berlin, Kupferstichkabinett

Die Verstoßung von Hagar und Ismael

Eines Tages beobachtete Sara, wie Ismael, der Sohn ihrer ägyptischen Magd und Abrahams, fröhlich umhertollte. Sie dachte daran, dass er als Erstgeborener einmal vor ihrem Sohn Erbe werden würde. Das gefiel ihr überhaupt nicht. So sagte sie zu Abraham: „Verstoß diese Magd und ihren Sohn!"

Abraham war sehr traurig über diese Worte, denn es ging doch um seinen eigenen Sohn. Der HERR aber sprach zu ihm: „Sei wegen des Knaben und deiner Magd nicht bekümmert! Hör auf alles, was dir Sara sagt! Denn nach Isaak sollen deine Nachkommen benannt werden. Doch auch Ismael will ich zu einem großen Volk machen, weil auch er dein Nachkomme ist."

Am nächsten Morgen nahm Abraham Brot und einen Schlauch mit Wasser und legte beides Hagar auf die Schulter. Dann übergab er ihr das Kind und schickte sie weg.

Das unbarmherzige Verhalten von Abraham und Sara lässt beide in einem sehr schlechten Licht erscheinen. Was hat sich Abraham dabei gedacht, als er Hagar und Ismael mit nur einer Tagesration Proviant einfach in die Wüste schickte, weg in den fast sicheren Tod? Um dieses belastende Bild etwas aufzuhellen, sind die Verse 11-13 (zweiter Abschnitt der Erzählung) in nachexilischer Zeit eingefügt worden. Abraham zeigt hier nachvollziehbare menschliche Gefühle: Er nimmt Saras Vorschlag nur unwillig auf und ist tief betroffen, denn er liebt seinen Sohn. Und erst als Gott ihm die Zusage macht, dass er sich keine Sorgen zu machen braucht, weil für Ismael eine große Zukunft bereitsteht, kann er Hagar am nächsten Morgen mit ihrem Sohn wegschicken. Diese Tat ist göttlich sanktioniert.

Diese Szene lässt uns sprachlos. Kannst du Abraham verstehen? Leicht fällt das jedenfalls nicht. Abraham verstößt seine Magd Hagar und ihren Sohn, der doch auch sein eigener ist. Überlässt sie mutterseelenallein ihrem Schicksal in der Fremde. Du kannst sehen, wie traurig und verzweifelt Hagar ist. Sie wischt sich mit einem Tuch die Tränen aus dem Gesicht und ist schon halb auf dem Weg. Auch Ismael blickt nach vorn ins Ungewisse. Abraham hebt unsicher seine Hände zum Abschied, fast so, als wolle er die beiden noch segnen. Er steht genau zwischen den beiden Frauen und Kindern. Rembrandt zeigt den inneren Konflikt Abrahams, der doch beide Frauen liebt, sich aber für eine entscheiden muss. Er wirkt niedergeschlagen. Ganz anders Sara hinter ihm: Erleichtert, ja höhnisch schaut sie dem Abschied zu. Isaak lugt aus der Tür hervor. Um ihn und sein Erbe geht der ganze Streit. Und der Hund? Ob er wohl die Verstoßenen begleiten wird? Rembrandt hat keine andere Szene der Bibel so oft gezeichnet wie diese. Insgesamt über hundert Mal hat er die Geschichte von Hagar dargestellt! Wie tief muss ihn diese Erzählung doch innerlich bewegt haben! Schau dir nur mal Hagar auf Rembrandts Zeichnung der nächsten Seite an. Mit wenigen Strichen zu zeigen, wie ein Mensch aus tiefster Verzweiflung gerissen wird und beginnt, sich der göttlichen Stimme zu öffnen, das ist allergrößte Meisterschaft!

Rembrandt, Die Verstoßung der Hagar, 1637
Radierung und Kaltnadel, 12,6 x 9,7 cm, Hamburg, Hamburger Kunsthalle, Kupferstichkabinett

Himmlische Hilfe für Hagar

So zog sie fort und irrte in der Wüste von Beerscheba umher. Als das Wasser im Schlauch zu Ende war, warf sie das Kind unter einen Strauch und setzte sich etwas weiter weg in der Nähe hin, einen Bogenschuss weit entfernt.

Sie sagte: „Ich kann nicht mit ansehen, wie das Kind stirbt."

Dann weinte sie laut.

Gott aber hörte den Knaben vor Durst schreien und ließ seinen Engel vom Himmel zu Hagar rufen: „Was hast du, Hagar? Fürchte dich nicht. Gott hat die Stimme des Jungen gehört. Steh auf, nimm deinen Sohn und halt ihn fest an deiner Hand. Denn zu einem großen Volk will ich ihn machen."

Dann öffnete Gott ihr die Augen. Und vor sich erblickte sie einen Brunnen. Sie ging hin, füllte den Schlauch und gab dem Knaben zu trinken.

Gott war mit dem Jungen. Er wuchs heran, wurde Bogenschütze und ließ sich in der Wüste nieder. Seine Mutter gab ihm eine Ägypterin zur Frau.

Dieses Mal hat sich Hagar nicht wie zuvor (Gen 16,6) aus eigenem Antrieb auf den Weg gemacht. Hier ist sie gewaltsam aus dem Haus verjagt worden. Statt an einen Brunnen zu kommen, gerät sie nun in der Wüste in eine ausweglose Situation. Sie steht kurz vor dem Verdursten, als Gott seinen Engel schickt. Sinn beider Geschichten (Gen 16 und 21) ist es, eine Völkergeschichte zu erzählen. Es geht um die Trennung von zwei Völkern. Ismael ist, so soll hier gezeigt werden, Ahnvater der arabischen Stämme, von Anfang an verwandt mit dem Volk Israel, aber zugleich lange von ihm getrennt.

Rembrandt, Hagar in der Wüste, um 1650, Feder, 18,2 x 25,2 cm, Hamburg, Hamburger Kunsthalle, Kupferstichkabinett

Vorbereitende Anmerkung zu der Erzählung von der „Erprobung Abrahams"

O b die nun folgende Geschichte in eine Bibel, die auch für Kinder konzipiert ist, gehört oder nicht, ist heftig umstritten. Der evangelische Theologe und Publizist Jörg Zink schreibt im Nachwort zu seiner Kinderbibel (Zink 2004, 203):

„Ich glaube, dass unter Eltern und Erziehern noch sorgfältig darüber nachgedacht werden müsste, welche Geschichten der Bibel sich als Geschichten für Kinder wirklich eignen. Denn es gibt eine ganze Reihe von Geschichten, deren Wirkung auf Kinder eine ganz andere ist, als wir meinen. Bei vielen wird das Kind an einer anderen Stelle angerührt, als der Erwachsene annimmt. Man erzählt zum Beispiel Kindern, wie Abraham im Gehorsam gegen Gott bereit ist, seinen Sohn Isaak zu schlachten. Man stellt ihnen den großartigen Glaubensgehorsam Abrahams vor die Seele. Aber kein Kind identifiziert sich mit Abraham, vielmehr wird es das Schicksal des Isaak als das Seine erleben, und das Handeln des Vaters wird nicht beachtenswert sein, sondern grauenhaft. Ich kenne eine ganze Reihe von inzwischen alten Menschen, die die Verwundungen, die ihnen diese Geschichte in ihrer Kindheit beigebracht hat, ihr Leben lang nicht haben ausheilen können. Wohlgemerkt: Diese Geschichte hat einen abgründigen, einen elementaren Sinn, aber sie ist keine Kindergeschichte."

Ohne Zweifel gehört die Erzählung von Abrahams Opfer zu den schwierigsten Texten des Ersten Testaments und man kann mit Fug und Recht begründen, dass sie in einem Lesebuch, das Kinder in die Hand nehmen, fehl am Platz ist. Je nachdem, wie sensibel das Kind ist und wie jung, wird es sich mit Isaak solidarisieren, der ja auch ein

Kind ist, und ein Gefühl des Ausgeliefertseins, der Ohnmacht, ja sogar des Verrats mit Gott in Verbindung bringen. Das Gottesbild des Kindes kann sich negativ aufladen mit der Vorstellung eines willkürlichen Gottes, der herzlos mit dem Vertrauen seiner Geschöpfe spielt, um im letzten Moment dann doch, wenn sie gehorchen, einzulenken. Aber nicht nur der grausame Befehl Gottes, sondern auch das Verhalten Abrahams muss verstörend auf das Kind wirken, wenn es die Geschichte unvorbereitet hört. Es wird sich fragen: Was ist das für ein furchtbarer Vater, der bereit ist, seinen eigenen Sohn zu opfern?

Auch Erwachsene haben Zweifel. Ist Abraham wirklich zu bewundern, wenn er Gottes scheinbar unsinnigem Befehl gehorcht? Wie konnte Abraham wissen, dass es Gottes Stimme war, die von ihm verlangte, seinen Sohn zu schlachten? Kann er sich nicht getäuscht haben? Ist es nicht schlichter Wahnsinn, einer solchen Stimme Glauben zu schenken? Wie konnte er Gott nur zutrauen, eine solche unmenschliche Tat zu fordern? Besteht vielleicht das eigentliche Wunder in dieser Geschichte darin, dass Abraham am Ende von diesem Irrglauben geheilt und von einer schrecklichen Tat zurückgehalten wurde?

Wenn ich nun diese Erzählung trotz all dieser Bedenken hier einfüge, bedarf es einer ausführlicheren Begründung. Was könnte der Sinn dieser Glaubensprobe sein? Hat sie vielleicht doch eine ungeahnt tiefe Bedeutung, die es rechtfertigt, sie trotzdem in eine Kinderbibel aufzunehmen? Einige Interpreten raten, die Prüfung Abrahams nicht so ernst zu nehmen. Denn die Erzählung habe doch ein glückliches Ende und wolle nichts anderes als in dieser hochdramatischen Form erklären, dass eines Tages die bei gewissen Stämmen noch üblichen Kinderopfer durch Tieropfer ersetzt wurden. Die Erzählung solle man also primär als Kritik an Menschenopfern verstehen. Diese

Erklärung klingt zwar zunächst plausibel, doch trifft sie immer noch nicht wirklich den Kern. Immerhin gilt dieser Text als Meisterwerk hebräischer Erzählkunst. Er spielt eine zentrale Rolle in der rabbinischen Theologie und wird jeden Tag in der Liturgie gelesen. Und das deshalb, weil er implizit die Menschenopfer in fernen Zeiten verurteilt?

Zentrale Gestalt in unserem Text ist Abraham. Um ihn geht es. Um seinen Glauben unter äußersten Bedingungen, um die Unerschütterlichkeit, mit der er trotz schwerster Prüfung an Gott festhält und Ihm allein oberste Priorität einräumt. Darum, wie er Gott alles in Seine Hände legt, sogar seinen eigenen Sohn. Der Mensch, der wie Abraham geprüft wird (z.B. in Leid, Krankheit, Unglück) und bereit ist, sein Schicksal anzunehmen, der treu zu Gott steht, wird letztlich von Gott gerettet, verspricht diese Geschichte. Hier geht es um ein Sinnbild, nicht um die vordergründige wörtliche Ebene des Geschehens. Abrahams aufmerksame Bereitschaft für Gott da zu sein, die sich in der refrainartig wiederkehrenden Wendung „Hier bin ich" ausdrückt, soll zum Vorbild für jeden Glaubenden werden. Nichts, aber auch gar nichts Gott vorzuziehen, das lebt uns Abraham vor. Auch dort, wo Gott unbegreiflich scheint, hält er an ihm fest.

Ob jüngere Kinder dies jedoch alles so verstehen können, ist zu bezweifeln, da sie in ihrer kindlichen Naivität meist noch ein grenzenloses Gottvertrauen wie Abraham haben und dieses auch nicht in Frage stellen. Herausstellen könnte man hingegen, dass sich Gott letztlich ja doch in dieser Erzählung als ein Gott erweist, der das Leben mehr liebt als den Tod. Man könnte ihnen zeigen, dass Abraham von Anfang an Zweifel hatte, ob Gott es wirklich ernst meinte; denn er sagt seinen Knechten zu Beginn, dass sie beide zurückkommen werden. Sagt er es nur, um sie nicht zu beunruhigen? Oder rechnet er nicht doch noch mit einer Überraschung und zweifelt leise, ob das herrschende Opfersystem in Ordnung ist? Wenn er konventionell gedacht hätte, hätte er den ersten Auftrag Gottes ausgeführt und hätte die Stimme des Engels als eine Stimme der Versuchung abgetan. Denn Opfer darzubringen (durchaus auch Menschenopfer!) war eine anerkannte Weise, sich bei Gott für seinen Segen zu bedanken. Abraham aber nimmt nicht alles so hin wie es ist. Er hat eine andere Vorstellung von Gott. Er vertraut fest darauf, dass Gott größer ist als herkömmliches Denken ihn macht und dass er sich als ein Freund des Lebens und nicht als ein Freund des Todes erweisen wird. Seine innere Beweglichkeit hat zu der Wende geführt und damit das Gottesbild aller Generationen nach ihm neu definiert (Krause, 2009).

Fruchtbar könnte die Erzählung dort auch für ältere Kinder sein, wo sie zum Gespräch herausfordert. Dass eine biblische Geschichte viele Fragen aufwirft und Protest hervorruft, ist nicht schlecht, sondern kann im Gegenteil einen Prozess der Klärung einleiten und vor allem einer Gleichgültigkeit vorbeugen, die schlimmer als jeder Unglaube ist. Denkbar wäre es, anknüpfend an diese Erzählung zu diskutieren, was es heißen kann, alles „auf eine Karte" zu setzen. Aber auch die Gefahr von totalitärer Vereinnahmung durch religiöse „Wahrheiten" sollte zur Sprache kommen; denn Gottvertrauen zu haben kann und darf nicht bedeuten, den eigenen Verstand auszuschalten!

Nach diesen ausführlichen Vorwarnungen mag jeder selbst entscheiden, ob die Geschichte von Abrahams Opfer für das eigene Kind geeignet ist oder nicht!

Gott prüft Abraham

Nach diesen Ereignissen stellte Gott Abraham auf die Probe. Er sagte zu ihm: „Abraham, Abraham!" Und dieser antwortete: „Hier bin ich." Dann sprach Gott: „Nimm deinen Sohn, den Isaak, den einzigen, den du lieb hast, und geh mit ihm in das Land Morija. Dort bringe ihn mir auf einem der Berge als Brandopfer dar."

Abraham tat, wie ihm der HERR befohlen hatte. Er sattelte seinen Esel und holte seine beiden Knechte und Isaak. Dann spaltete er Holz für das Opfer und machte sich auf den Weg. Am dritten Tag hob er seine Augen auf und sah die Stätte von ferne. Da sagte Abraham zu seinen Knechten: „Bleibt hier! Ich will mit dem Knaben dorthin gehen und beten; dann kommen wir zu euch zurück."

Abraham nahm das Holz für das Brandopfer und lud es seinem Sohn Isaak auf. Er selbst nahm den Feuerkessel und das Messer in die Hand. So gingen beide miteinander. Nach einer Weile sagte Isaak: „Mein Vater!" „Hier bin ich, mein Sohn!", antwortete Abraham. „Wo ist eigentlich das Lamm für das Brandopfer?", fragte Isaak. Abraham entgegnete: „Gott wird sich das Opferlamm aussuchen, mein Sohn." Und beide gingen miteinander weiter.

Als sie ankamen, baute Abraham den Altar und schichtete Holz darauf, fesselte seinen Sohn Isaak und legte ihn auf den Altar. Schon wollte Abraham seinen Sohn auf dem Altar opfern, da rief ihm der Engel des HERRN vom Himmel her zu: „Abraham, Abraham. Strecke deine Hand nicht gegen den Knaben aus! Tu ihm nichts zu leide! Denn jetzt weiß ich, dass du Gott fürchtest."

Johann Heinrich Ferdinand Olivier (1785–1841), Abraham und Isaak, 1817
Öl auf Holz, 21,5 x 30,5 cm, London, National Gallery

Und da sah Abraham, dass sich hinter ihm ein Widder im Gestrüpp verfangen hatte. Er nahm das Tier und opferte es nun anstelle des Sohnes.

Und der Engel sprach noch ein zweites Mal vom Himmel zu Abraham: „Ich schwöre bei mir selbst, sagt der HERR: Weil du auf meine Stimme gehört hast und deinen einzigen Sohn mir nicht vorenthalten hast, will ich dir Segen schenken in Fülle. Deine Nachkommen will ich zahlreich machen wie die Sterne am Himmel und den Sand am Meeresstrand." Darauf kehrte Abraham zu den Knechten zurück. Sie gingen nach Beerscheba. Abraham blieb dort wohnen.

In typologischem Denken gilt Isaak als Präfiguration für Christus. Seine Bereitschaft zum Opfer wird als eine verborgene Ankündigung der Passion Christi gedeutet (vgl. auch die Parallele zu Christus im Tragen des Opferholzes und im Motiv der drei Tage bis zur Rettung bzw. Auferstehung).

Diese Geschichte ist schwer zu verstehen. Alles ist zwar im letzten Moment noch einmal gut gegangen. Du kannst sehen, wie sich Abraham und Isaak erleichtert umarmen. Der Schreck ist ihnen ins Gesicht geschrieben. Noch unsicher und mit Furcht blicken beide zum Himmel. Was ist das für ein Gott, der seine Geschöpfe so einschüchtert? Der von einem liebenden Vater verlangt, seinen Sohn zu töten? Warum diese entsetzliche Prüfung? Über diese Fragen haben sich schon viele Menschen den Kopf zerbrochen! Vielleicht können dir folgende Gedanken helfen: Zunächst einmal war es ja so, dass es früher andere Völker gab, die ihren Göttern nicht nur Tiere, sondern auch Menschen geopfert haben. Das aber, so glaubte das Volk Israel, will ihr Gott auf keinen Fall. So erzählten sie sich die Geschichte von Abraham, der erst am Schluss merkt, was sein Gott will – nämlich keine Menschenopfer! Aber die Geschichte könnte auch noch einen ganz anderen Sinn haben: Immer wieder gibt es Situationen in unserem Leben, wo wir kurz davor sind zu verzweifeln. In einer solchen Krise verlieren wir oft unseren Glauben an Gott. Wir fragen uns: Warum lässt er denn das alles zu? Abraham hat sich nicht gegen sein schweres Schicksal aufgelehnt. Er hat es stillschweigend angenommen. Und er hat bis zum Schluss an ein gutes Ende geglaubt. Zu den Knechten sagt er, dass sie beide zurückkehren werden. Dieses Vertrauen in Gottes Führung, ohne wenn und aber, sollen auch wir haben. Dann wird es uns gut gehen.

Jan Lievens (1607–1674), Das Opfer Abrahams, um 1638
Öl auf Leinwand, 180 x 136 cm, Braunschweig, Herzog Anton Ulrich-Museum

Sara stirbt

Sara wurde hundertsiebenundzwanzig Jahre alt. Dann starb sie in dem Ort, der heute Hebron heißt, im Land Kanaan. Abraham war sehr traurig, weinte und hielt die Totenklage über sie.

Nun musste er einen Ort finden, wo er sie begraben konnte. Er ging zu den Hetitern. Sie waren stolz darauf, Abraham unter sich wohnen zu haben. Sie nannten ihn einen „Gottesfürsten" und boten ihm die vornehmsten Grabstätten an. Abraham verneigte sich tief vor den Bürgern des Landes und bat sie, ihm die Höhle von Machpela zu überlassen, die dem Hetiter Efron gehörte. Efron war einverstanden und Abraham wog ihm den Kaufpreis von vierhundert Silberstücken ab. So ging das Grundstück Efrons in Machpela bei Mamre, das Feld mit der Höhle darauf und mit allen Bäumen, in den Besitz Abrahams über, in Gegenwart der Hetiter. Dann begrub Abraham seine Frau Sara in der Höhle des Grundstücks von Machpela bei Mamre, das jetzt Hebron heißt. So hatte also Abraham das Feld mitsamt der Höhle darauf von den Hetitern abgekauft, als Grabstätte für seine Familie.

Stumm vor Schmerz bedeckt Abraham sein Gesicht. Vor ihm liegt die tote Sara. Das Schwarz-Weiss lässt alles noch trauriger erscheinen. Wenn du schon einmal ein Bild von dem jüdischen Maler Marc Chagall gesehen hast, wirst du dich wundern. Denn eigentlich hat er doch ganz bunte fröhliche Bilder gemalt. Aber auch solche? Von Chagall gibt es ein frühes Buch mit 105 Radierungen zur Bibel. Die sind alle in solchen Grautönen. Viele Radierungen hat Chagall dann später auch in einer bunten Version gefertigt, so auch diese hier. Falls du übrigens nicht weißt, was eine „Radierung" ist: Bei einer Radierung wird das Bild in eine Druckplatte eingeritzt, dann mit Farbe bestrichen und abgezogen. Der Künstler muss also immer seitenverkehrt denken, wenn er eine Radierung macht!

Marc Chagall (1887–1985), Abraham beweint Sara, 1956
Radierung, 29,3 x 24 cm, aus der Folge „Die Bibel – 105 Radierungen zum Alten Testament" (1932–56)
Hannover, Sprengel Museum

Rebekka am Brunnen

Rebekka kannst du ganz gut erkennen. Sie steht im Vordergrund und trägt ein blaues Kleid. Den Krug hat sie schon vor sich abgesetzt. Sie unterhält sich mit dem Knecht im gelben Gewand. Wenn du genau hinschaust, kannst du sehen, dass er Schmuck in seinen Händen hält. Rechts einen Ring und links goldene Ketten. Die anderen Frauen schauen neugierig zu. Vor allem die drei Frauen rechts hinter Rebekka sind interessiert. Könnte es nicht sein, dass sie eifersüchtig sind? Es sieht ein bisschen so aus. Denn welche Frau möchte nicht gerne im Mittelpunkt der Aufmerksamkeit eines vornehmen Fremden stehen und dazu auch noch Schmuck von ihm geschenkt bekommen?

Abraham war nun sehr alt. Der HERR hatte ihn mit allem reich gesegnet. Eines Tages rief er seinen Großknecht Elieser zu sich, der den ganzen Besitz seines Hauses verwaltete. Er sagte zu ihm: „Ich möchte, dass du dich aufmachst, um eine Frau für Isaak zu suchen. Es soll jedoch keine Frau aus dem Land Kanaan sein, in dem wir hier als Fremde wohnen. Vielmehr reise du in meine Heimat zu meiner Verwandtschaft und hole dort eine Frau für ihn." Der Großknecht zögerte. Was sollte er machen, wenn die Frau ihre Heimat nicht verlassen wollte und ihm nicht folgen würde? Sollte er dann Isaak einfach nachkommen lassen? Abraham entgegnete: „Hüte dich, meinen Sohn dorthin zurückzubringen! Der HERR, der mich dort weggeholt hat, hat mir und meinen Nachkommen versprochen, uns Kanaan zu schenken. Er wird einen Engel vor dir hersenden und so wird dein Unternehmen gelingen."

So machte sich der Knecht auf die Reise nach Mesopotamien in die Stadt Nahors, des Bruders von Abraham. Er nahm zehn Kamele und viele kostbare Geschenke mit. Gegen Abend kam er vor den Stadttoren an. Er ließ die Kamele am Brunnen lagern. Um diese Zeit kamen gewöhnlich die Töchter der Stadtbewohner, um Wasser zu schöpfen. „Lass mich doch Glück haben und hilf mir, die richtige Frau auszuwählen", betete der Knecht inständig zu Gott. „Die Mädchen werden jetzt bald herauskommen zur Quelle und ich werde dort stehen. Lass doch das Mädchen, zu dem ich dann sage: ‚Reich mir deinen Krug', und das dann antwortet: ‚Trink nur, auch deine Kamele will ich tränken', die Braut von Isaak werden. Daran will ich erkennen, dass du, mein HERR, mir deine Huld erweist."

Nicolas Poussin (1594–1665), Eliser und Rebekka (Ausschnitt), um 1648, Öl auf Leinwand, 118 x 199 cm Paris, Musée du Louvre

136

Und genau so geschah es. Kaum hatte er aufgehört zu reden, da kam auch schon Rebekka aus der Stadt mit einem Krug auf der Schulter. Das Mädchen war noch nicht verheiratet und sehr schön. Sie ging zum Brunnen, um Wasser zu schöpfen und kam wieder herauf. Da ging der Knecht auf sie zu und bat um Wasser. Da sagte sie zu ihm: „Trink nur, mein HERR!", und ließ geschwind den Krug auf ihre Hand herab. Nachdem er getrunken hatte, sagte sie: „Auch für deine Kamele will ich schöpfen, bis sie sich satt getrunken haben." Flink leerte sie ihren Krug an der Tränke und lief noch einmal zum Brunnen zum Schöpfen. Schweigend schaute der Knecht Rebekka zu. Er fragte sich im Stillen, ob der HERR seine Reise gelingen lassen würde oder nicht.

Als die Kamele mit dem Trinken fertig waren, sprach er zu ihr: „Sag mir doch, wessen Tochter bist du?" So erzählte sie ihm, dass ihr Vater Betuel hieß und dass er der Sohn von Abrahams Bruder Nahor sei. Der Knecht war überglücklich, fiel vor Gott nieder und dankte ihm, dass er ihn geradewegs zu Abrahams Haus geführt hatte. Er schenkte Rebekka einen goldenen Nasenreif und zwei goldene Armspangen.

Dann kehrte Rebekka zu ihrem Elternhaus zurück und berichtete alles, was vorgefallen war. Rebekkas Bruder Laban aber eilte hinaus zur Quelle, um den Knecht einzuladen: „Komm herein zu uns", rief Laban, „du Gesegneter des HERRN! Warum stehst du noch hier draußen, wo ich doch schon das Haus habe herrichten lassen und auch einen Platz für die Kamele?" Da ging der Mann mit ins Haus.

Die Brautwerbung

Laban ließ die Kamele abzäumen und Futter für sie holen. Dem Gast und den Männern in seiner Begleitung brachte man Wasser zum Füßewaschen. Als sie ihm aber etwas zu essen brachten, sagte er: „Ich esse erst, wenn ich erzählt habe, warum ich hier bin!"

So erzählte er seine Geschichte. Als er zu Ende war, sagte er schließlich: „Jetzt aber möchte ich wissen, ob ihr meinem Herrn Wohlwollen und Vertrauen schenkt und seinen Wunsch erfüllen wollt. Wenn nicht, muss ich anderswo suchen!" Laban und seine Familie erwiderten: „Das alles hat der HERR so gefügt. Wir können seine Entscheidung nur annehmen. Hier ist Rebekka. Nimm sie mit! Sie soll den Sohn deines Herrn heiraten, wie es der HERR bestimmt hat."

Als der Knecht Abrahams ihre Antwort hörte, verneigte er sich vor dem HERRN bis zur Erde. Dann holte er silbernen und goldenen Schmuck und Kleider hervor und schenkte sie Rebekka. Auch ihrem Bruder und ihrer Mutter überreichte er kostbare Geschenke. Dann aßen und tranken sie und gingen schlafen.

Wenzelsbibel, Rebekka empfängt die Brautgeschenke (oben), Das gemeinsame Mahl (unten), 14. Jahrhundert
Wien, Österreichische Nationalbibliothek

bittu: Und sie sprach · Batue
les tochter vm ich der do ist na
chors svn den mir hat gepert
die vrowe melcha · Und ich

hieng wan ór ringe zu czieren
ir antlicze vnd achsil gespan
hab ich ir gelegt in ir hant vnd
neigte mich vnd an bette vn
sern herren · vnd gesegente vn

REBECCA·VADIT·CV·SERVO·ABRAHE·

REBECCA

Rebekka auf dem Weg zu Isaak

Am nächsten Morgen riefen sie Rebekka und fragten sie: „Willst du mit diesem Mann reisen?" „Ja, ich will!" antwortete sie. Da ließen sie ihre Schwester Rebekka und ihre Amme mit dem Knecht Abrahams und seinen Leuten ziehen. Sie segneten Rebekka und sagten zu ihr:

„Du, unsere Schwester!
werde Mutter von tausendmal Zehntausend!
Mögen deine Nachkommen
die Stadttore ihrer Feinde besetzen und sie besiegen."

Rebekka brach mit ihren Mägden auf. Sie bestiegen die Kamele und folgten dem Mann. Nach längerer Reise kamen sie schließlich in die Gegend des Brunnens von Lahai-Roi im Negeb. Hier hatte sich Isaak niedergelassen.

Es war gegen Abend, und Isaak war gerade hinausgegangen, um sich auf dem Feld zu beschäftigen. Da blickte er auf und sah Kamele daher kommen. Auch Rebekka blickte auf und sah Isaak. Sie ließ sich vom Kamel herunter und fragte den Knecht: „Wer ist der Mann dort, der uns auf dem Feld entgegenkommt?" Der Knecht antwortete: „Das ist mein Herr." Da nahm sie den Schleier und verhüllte sich.

Der Knecht aber erzählte Isaak alle Dinge, die er getan hatte. Isaak führte Rebekka zu sich in das Zelt und sie wurde seine Frau. Er gewann sie lieb und tröstete sich so über den Verlust seiner Mutter Sara.

Erinnerst du dich noch an die Mosaiken aus dem Markusdom in Venedig vom Anfang? Wenn du Freude an solchen alten Mosaiken hast und noch mehr davon sehen willst, musst du unbedingt nach Sizilien fahren. Im Dom der Stadt Monreale gibt es riesige Wandflächen, die nur mit Mosaiken bedeckt sind. Fast die halbe Bibel ist dort in Bildern erzählt. Auch die Reise Rebekkas zu Isaak, die du hier siehst. Und das alles auf einem Hintergrund aus Gold. Ich glaube, du wärst beeindruckt!

Rebekkas Reise zu Isaak, Mosaik, 12./13. Jahrhundert, Mittelschiff, Nordwand, Monreale (Sizilien), Dom

Abraham stirbt

Einige Zeit später starb Isaaks Vater Abraham. Er wurde hundertfünfundsiebzig Jahre alt. Er starb in hohem Alter, betagt und lebenssatt, und wurde mit seinen Vorfahren vereint. Isaak und sein Bruder Ismael begruben ihn in der Höhle von Machpela bei Mamre, auf dem Grundstück des Hetiters Efron. Dieses Grundstück hatte Abraham von den Hetitern als Grabstätte für seine Frau gekauft. Nun sind dort Sara und Abraham begraben.

Isaak, der Stammvater der Juden wird, und Ismael, auf dessen Nachkommen sich die Araber berufen, begraben gemeinsam neben ihrer Mutter Sara ihren toten Vater Abraham, obwohl sie sich feindlich gesinnt sind. Später werden hier noch Isaak selbst und sein Sohn Jakob mit ihren Frauen Rebekka und Lea begraben werden. Bis heute ist die Höhle von Machpela in Hebron eine heilige Stätte für Juden, Araber und Christen.

Walter Habdank, der in Schweinfurt geboren wurde, war Maler und Grafiker. Neben seinen Gemälden und Aquarellen mit Landschaften, Blumen und Portraits hat er sich vor allem auf den Holzschnitt konzentriert. Bei einem Holzschnitt werden von einem hölzernen Block reliefartig Teile herausgeschnitten (die Teile, die weiß bleiben sollen) und die erhabenen Teile danach eingefärbt und auf Papier gedruckt. Wie bei der Radierung muss der Künstler seitenverkehrt denken, wenn er sein Bild auf dem Holz entwirft. Gar nicht so einfach! Sehr gerne stellt Habdank auf seinen Holzschnitten die Menschen dar, wie sie eben sind, in ihrer Freude, ihrer Armseligkeit, Erwartung und Trauer. Aber nicht so, dass du dann deprimiert wärst, wenn du dir ein solches Bild anschaust! Denn Habdank möchte den Menschen mit seinen Holzschnitten Hoffnung machen. Wenn du dir den toten Abraham hier anschaust, spürst du: Hier liegt ein Mensch, der sich tief geborgen in Gottes Hand weiß. Einer, der Zeit seines Lebens auf dem Weg war und nun sein Ziel erreicht hat. Warum sind aber genau zwölf Sterne über ihm? Für die Antwort musst du weiterlesen. Ich verrate nur so viel: Die Zahl zwölf spielt bei Abrahams Enkelsohn Jakob eine Rolle ...

Walter Habdank (1930–2001), Abrahams Tod, 1977, Holzschnitt

>Abrahams Tod<

Hubbuch 77

143

Die Jakob-Erzählungen

Geburt der Zwillinge Esau und Jakob

Issak und Rebekka konnten fast zwanzig Jahre lang keine Kinder bekommen. Da betete Isaak inständig zum HERRN. Sein Gebet wurde erhört und Rebekka wurde schwanger. Sie spürte, dass zwei Kinder in ihrem Mutterleib aneinander stießen. Da sagte sie: „Wenn das so ist, was soll dann aus mir werden?" Sie ging, um den HERRN zu befragen. Und der HERR sprach zu ihr:

„Zwei Völker sind in deinem Leib Sie trennen sich schon in deinem Schoß. Ein Stamm wird dem anderen überlegen sein. Der Ältere muss dem Jüngeren dienen."

Als die Zeit ihrer Niederkunft gekommen war, zeigte sich, dass sie Zwillinge in ihrem Leib trug. Der erste, der kam, war rötlich und über und über mit Haaren bedeckt, wie mit einem Fell. Sie nannten ihn Esau. Der zweite, der kam, hielt die Ferse seines Bruders fest. Deshalb nannte man ihn Jakob, das heißt „Fersenhalter". Issak war sechzig Jahre alt, als die Zwillinge geboren wurden.

Der Kampf der Kinder im Mutterleib weist voraus auf die zukünftige Rivalität zwischen den beiden Brudervölkern, den Edomitern, die von Esau abstammen, und den Israeliten, die von Jakob abstammen. Das Orakel deutet an, dass das eine Volk eine Vormachtstellung über das andere erlangen wird. In diesem kurzen Abschnitt und einige Verse danach wird von Anfang an ein deutlicher Gegensatz zwischen den beiden Brüdern aufgebaut. Esau ähnelt in seiner Behaartheit einem Tier; er wird kurz darauf als tüchtiger Jäger beschrieben. Jakob hingegen wird als unprätentiöser und gesitteter Mensch vorgestellt, der bei den Zelten bleibt. Der Ältere ist unbeholfen, wild, und grob, während der Jüngere mild, schlicht und häuslich ist. Gott gibt dem Jüngeren den Vorzug vor dem Älteren, wie er es schon bei den Brüderpaaren Kain und Abel und dann bei Ismael und Isaak getan hatte. Die Jüngeren sind in allen Geschichten die Auserwählten und Lieblinge Gottes.

Dieses Bild kommt, wie schon das Bild von Rebekka in der Familie Labans, aus einer ganz alten handgeschriebenen Bibel, die eine der frühesten Bibelübersetzungen ins Deutsche ist. Sie heißt „Wenzelsbibel", weil sie ein böhmischer König mit Namen Wenzel, der vor etwa 650 Jahren lebte, in Auftrag gegeben hatte. Sie ist am Rand wunderschön verziert. Diese Verzierungen bestehen aus Blattranken mit Goldtropfen dazwischen. Die Randverzierungen gehen in der Regel von den Ecken der Miniaturen aus. Sie machen die Miniatur fest und sollen uns das Gefühl geben, dass wir durch den Rahmen wie durch ein Fenster in einen anderen Raum blicken. Oben siehst du Rebekka mit einem der Zwillinge im Bett liegen, angelehnt an der „Hohen Kante" für Geld und Wertsachen. Die Babys sind noch nicht voneinander zu unterscheiden. Darunter in der Szene, die die Familie einige Jahre später bei einem Spaziergang zeigt, fällt die Unterscheidung nicht mehr schwer: Jakob thront wie ein kleiner König hoch auf dem Arm seiner Mutter Rebekka, während Isaaks Lieblingssohn Esau etwas linkisch aussehend an der Hand seines Vaters unten geht. Keine Frage, wie die Geschichte weitergeht, oder?

Wenzelsbibel
Rebekka mit Esau und Jakob am Wochenbett (oben); Die Eltern mit ihren heranwachsenden Zwillingen (unten)

wotte. Sich ich sterbe was frunt
mir das ich zu dem ersten gelorn
bin. Jacob sprach, So swere dor
ymbe mir. Esau swur vnd vor
koufte sein erste gepurt. vnd

allo nam er das brot vnd das
linsen mus vnd as vnd tranck
vnd ginck hin rnge wegende das
er vorkoufet het sein erste ge
purt. XXVI. DII. m
u wart ein hunger auf

Ein Linsengericht für das Erstgeburtsrecht

Esau wird hier zunächst sehr negativ dargestellt als ein Mensch, der impulsiv und leichtfertig handelt. Immerhin verzichtet er ohne Zögern auf sein Recht, als Erstgeborener Haupterbe zu sein und außerdem dem doppelten Anteil des Erbes (vgl. Dtn 21,17) auch noch einen besonderen Segen zu bekommen. Wenig später, als ihn Jakob um den Segen des Vaters betrügt, scheint ihm das Erstgeburtsrecht dann doch nicht gleichgültig zu sein (vgl. Gen 27,30-40). Möglicherweise wurde diese Linsengerichts-Episode eingefügt, um die spätere List Jakobs (Gen 27,18-29) rückblickend zu rechtfertigen. Denn Esau hatte doch auf alle seine Erstgeburtsrechte verzichtet und Jakob wollte nur noch mit der Erschleichung des Segens sicherstellen, was ihm sowieso zustand.

Die Jungen wurden groß. Esau war ein Jäger geworden und streifte auf dem Feld umher. Jakob hingegen war ein gesitteter Mann geworden, der bei den Zelten blieb. Issak hatte Esau lieber, denn er aß gerne Wild. Rebekka aber hatte Jakob lieber.

Eines Tages hatte Jakob ein Linsengericht zubereitet, als Esau erschöpft vom Feld kam. Da sagte Esau zu Jakob: „Gib mir doch etwas von dem Roten da zu essen, denn ich bin müde." Deshalb heißt Esau auch Edom (= Roter). Jakob antwortete: „Nur, wenn du mir jetzt sofort dein Erstgeburtsrecht verkaufst!" „Schau, ich sterbe vor Hunger", erwiderte Esau, „was bedeutet mir da das Erstgeburtsrecht?" Daraufhin sagte Jakob: „Dann schwör mir jetzt sofort!"

Da schwor Esau ihm und verkaufte sein Erstgeburtsrecht an Jakob. Darauf gab Jakob ihm Brot und Linsengemüse zu essen. Esau aß, trank, stand auf und ging davon. Vom Erstgeburtsrecht aber hielt Esau nichts.

Esau muss einen Bärenhunger gehabt haben, als er todmüde vom Jagen mit seinen Hunden nach Hause kam.

Da war ihm alles egal. Jägerhut ab, hinsetzen und schnell etwas essen. Dieses Gefühl kennst du bestimmt auch.

Vielleicht würdest du dann sogar eine Linsensuppe essen? Esau jedenfalls hatte keine Lust, lange zu diskutieren

oder nachzudenken. Er hat einfach das gemacht, was Jakob wollte, damit er an sein Essen kam. So ist er ganz

schnell sein Erstgeburtsrecht losgeworden und damit ganz viele Vorteile, die er gegenüber seinen Geschwistern

als Ältester gehabt hätte. Dazu gehörte damals zum Beispiel auch der doppelte Anteil am Erbe des Vaters. Mit

diesem ungleichen Tausch hat ihn Jakob ziemlich gemein reingelegt, findest du auch? Er hat Esaus Erschöpfung

ausgenutzt. Wenn er ausgeruht gewesen wäre, hätte er bestimmt nicht zugestimmt. Auf Rembrandts Zeichnung

sieht Jakob hinterhältig aus. Esau hingegen schaut ihm arglos und offen entgegen. Jakob wird übrigens, das

kann ich dir jetzt schon verraten, später selber einmal betrogen werden. Geschieht ihm recht!

Rembrandt, Esau verkauft sein Erstgeburtsrecht, um 1648-49
lavierte Federzeichnung, 19 x 26,5 cm, Amsterdam, Rembrandthuis

Isaak und Rebekka in Gerar

Im Land brach wieder eine Hungersnot aus. Isaak zog, wie damals sein Vater Abraham, nach Gerar zu Abimelech, dem König der Philister. Der HERR aber erschien ihm dort und sprach:

„Geh nicht hinunter nach Ägypten. Halte dich hier als Fremder auf, hier in dem Land, das ich dir geben werde. Abraham hat auf meinen Ruf gehört und meine Gebote beachtet. Deshalb will ich auch mit dir sein, dich segnen und zu einem großen Volk machen. Deine Nachkommen sollen so zahlreich sein wie die Sterne am Himmel. Ich gebe ihnen alle diese Länder."

So blieb Isaak in Gerar. Die Leute am Ort aber fragten nach seiner Frau. Er sagte: „Sie ist meine Schwester." Denn er fürchtete, dass ihn die Männer wegen seiner Frau umbringen könnten. Rebekka war nämlich sehr schön.

Eines Tages schaute Abimelech, der König der Philister, durch das Fenster und sah, wie Isaak gerade seine Frau Rebekka liebkoste. Er rief Isaak zu sich und sagte: „Sie ist ja deine Frau! Wie konntest du behaupten, sie sei deine Schwester?" Isaak entgegnete: „Ich wollte ihretwegen nicht sterben." Da sprach Abimelech: „Was hast du uns da angetan? Beinahe hätte jemand vom Volk mit deiner Frau geschlafen. Dann hättest du Schuld über uns gebracht." Und er ordnete für das ganze Volk an: „Wer diesen Mann oder diese Frau anrührt, muss sterben."

Diese Erzählung ist eine Parallelüberlieferung zu der Erzählung von Abraham und Sara in Ägypten (Gen 12,10-20) und Gerar (Gen 20,1-18). Die neuere Forschung nimmt allerdings an, dass bei solchen Dopplungen nicht die Abraham-, sondern die Isaak-Erzählungen die ursprünglicheren waren. Die Abraham-, Isaak- und Jakoberzählungen waren zunächst selbständige Stammesgeschichten verschiedener Völkergruppen gewesen, die mündlich tradiert wurden. Erst als sich das Volk Israel als nationale Einheit zu etablieren begann und die Geschichten allmählich schriftlich fixiert wurden, brachte man diese unterschiedlichen Erzählzyklen in einen genealogischen Zusammenhang und verband die Orte durch Wanderungen miteinander. So konnte man dokumentieren, dass die Einheit des Volkes Israel schon immer keimhaft in den Stämmen angelegt gewesen war. – Von Isaak wird im Vergleich zu seinem Vater Abraham und später zu seinem Sohn Jakob sehr wenig erzählt. Nur dieses Kapitel 26 handelt unmittelbar von ihm, obwohl er doch neben Abraham und Jakob zu den drei großen Patriarchen Israels zählt. Isaak ist ein eher nachgiebiger, friedfertiger Mensch, wenig kämpferisch und wirkt deshalb möglicherweise auch etwas farblos. Die Rolle als Opferlamm, die er bei Abrahams Glaubensprüfung spielt, scheint für seine Wesensart kennzeichnend zu sein.

Wieder eine Betrugsgeschichte! Kommt sie dir bekannt vor? Schon Abraham hatte doch seine Frau Sara als seine Schwester verkauft. Die beiden Geschichten sind sich so ähnlich, dass klar ist: Hier handelt es sich um ein und dieselbe beliebte Geschichte! Man erzählte sie sich gerne und verband sie einmal mit Abraham und ein andermal mit Isaak. Die Isaak- und Abrahamerzählungen waren nämlich ursprünglich völlig unabhängig voneinander in Umlauf und wurden erst später so zusammen gebracht, als hätten sie schon immer zusammen gehört. Unser Bild ist eines von insgesamt 52 Bildern zur Bibel, die der berühmte Maler Raffael mit seinen Schülern auf Wände in der Bogenhalle eines großen Palasts in Rom gemalt hat. Ein solches Gemälde direkt auf der Wand nennt man übrigens „Fresko". Hier kannst du am oberen Rand König Abimelech erkennen. Er beobachtet von einem Fenster aus, wie sich Isaak und Rebekka zärtlich umarmen. Wie überrascht muss er gewesen sein! Dachte er doch, Rebekka wäre die Schwester von Isaak! Hier sind gleich zwei Menschen von Isaak durch seine Lüge äußerst grob verletzt worden. König Abimelech und vor allem aber auch seine Frau Rebekka! Isaak hatte nicht den Mut, zu ihr zu stehen. Das wird sich bald schon negativ auszahlen. Du brauchst nur weiter zu lesen …

Raffael (1483–1520) und Schüler, Abimelech beobachtet Isaak und Rebekka, 1518–19
Fresko, Rom, Vatikan, Loggien des Raffael

150

Isaak will Esau segnen

Als Isaak alt geworden und mit seinen Augen nicht mehr sehen konnte, rief er seinen älteren Sohn Esau und sagte zu ihm: „Mein Sohn!" Er antwortete: „Hier bin ich." Da sagte Isaak: „Du siehst, ich bin alt geworden. Ich weiß nicht, wann ich sterben werde. Nimm jetzt deinen Pfeil und Bogen, geh aufs Feld und jage mir ein Wild! Bereite mir dann ein leckeres Mahl, wie ich es gern mag. Bring es mir zum Essen, damit ich dich segnen kann, bevor ich sterbe."

Esaus Worte „Hier bin ich" erinnern an die gleichen Worte in der Geschichte von Abrahams großer Prüfung, wo sie sich dreimal refrainartig wiederholen (Gen 22,1,7,11); in beiden Geschichten ist ein liebender Vater kurz davor, seinen Sohn zu verlieren.

In den Erfurter Dom musst du unbedingt einmal gehen! Allerdings nur bewappnet mit einem Fernglas! Dann kannst du dir vorne im Chor des Doms die wunderschönen alten Glasfenster in aller Ruhe anschauen, Scheibe für Scheibe. Ein großer Teil dieser Fenster (auch das Jakobfenster) ist in den letzten Jahren restauriert worden und erstrahlt nun in wunderbaren Farben. Am besten wäre es, wenn du an einem sonnigen Tag kämst. Dann leuchten die Farben umso schöner. Auf den einzelnen Scheiben der Fenster sind Geschichten aus der Bibel erzählt. So auch die Geschichte von Jakob und die Geschichte von seinem Sohn Josef. Weitere Beispiele kommen noch, ich verspreche es! Hier, auf unserem Bild ist die Welt scheinbar noch in Ordnung. Isaak gibt Esau den Auftrag, ein Wild für ihn zu jagen. Warum auch nicht. Rebekka hört zu. Aber hört sie wirklich einfach nur so zu? Oder schmiedet sie schon ihre Pläne?

Isaak gibt seinem Sohn Esau den Auftrag, ein Wildbret zu bereiten, nach 1375
Erfurt, Dom, Jakobfenster

Rebekkas List

Rebekka hatte alles mit angehört. Sie sagte zu ihrem Sohn Jakob: „Ich habe gehört, wie dein Vater mit Esau gesprochen hat. Er will ihn segnen, wenn er ihm ein Wild bringt und ein leckeres Mahl zum Essen bereitet. Nun hör du mir genau zu, Jakob, und tu, was ich dir auftrage: Geh zur Herde, und bring mir von dort zwei schöne Ziegenböckchen! Ich will damit ein leckeres Mahl für deinen Vater zubereiten, so wie er es mag. Du bringst es dann deinem Vater zum Essen, damit er dich vor seinem Tod segnet."

Jakob antwortete seiner Mutter Rebekka: „Mein Bruder Esau ist aber behaart und ich habe eine glatte Haut. Vielleicht betastet mich mein Vater. Dann könnte es so aussehen, als ob ich ihn betrügen wollte. So würde über mich ein Fluch kommen und kein Segen." Seine Mutter entgegnete: „Dein Fluch komme auf mich, mein Sohn. Hör auf mich, geh und hol die Böckchen."

Da ging er hin, holte sie und brachte sie seiner Mutter. Sie bereitete daraus ein leckeres Mahl, wie es der Vater gern mochte. Dann holte Rebekka die Festtagskleider ihres älteren Sohnes Esau und zog sie Jakob an. Die Felle der Ziegenböckchen legte sie um seine Hände und um seinen glatten Hals. Sie übergab ihm das Essen und das Brot, das sie zubereitet hatte.

Wieder ist es die Mutter (vorher war es Sara), die in einer moralisch zweifelhaften Weise für die Erfüllung des göttlichen Plans zum Nutzen des zweitgeborenen Sohnes sorgt. Merkwürdig ist, dass sie zu ihrer eigenen Rechtfertigung nicht wenigstens das vorgeburtliche Orakel erwähnt, in dem Gott seine Präferenz für den Jüngeren ausgedrückt hatte. Modernen Lesern scheint die List und Lüge Jakobs und seiner Mutter verwerflich; die orientalische Mentalität sah darin eine notwendige Fügung des von Gott vorausbestimmten Schicksals, die nicht moralisch hinterfragt wurde. Denn Jakob hatte doch mit seiner Listigkeit Gottes geheimem Plan zum Durchbruch verholfen.

Rebekka legt Jakob das Fell an, Erfurt, Dom, Jakobfenster

153

Der gestohlene Segen

Jakob ging zu seinem Vater hinein und sagte: „Mein Vater!" „Hier bin ich", antwortete er, „wer bist du, mein Sohn?" Jakob entgegnete: „Ich bin Esau, dein Erstgeborener. Ich habe getan, wie du mir gesagt hast. Komm nun, setz dich, iss von meinem Wild und dann segne mich!"

Da sagte Isaak zu seinem Sohn: „Wie hast du nur so schnell erfolgreich sein können?" Er antwortete: „Der HERR, dein Gott, hat für mein Gelingen gesorgt."

Da sagte Isaak zu seinem Sohn: „Komm näher heran! Ich will dich anfassen und sehen, ob du wirklich mein Sohn Esau bist oder nicht." Jakob trat zu seinem Vater. Isaak betastete ihn und sagte: „Die Stimme ist zwar Jakobs Stimme, die Hände aber sind Esaus Hände." Er erkannte ihn nicht, denn Jakobs Hände waren behaart wie die seines Bruders Esau. So segnete er ihn.

Dieses nahezu schon 1000 Jahre alte Fresko zeige ich dir hier nur in einem Ausschnitt, weil das ganze Bild ziemlich verblasst ist und die Farbe gerade dort großflächig weg ist, wo Isaak im Bett liegend zu sehen ist. Diese Szene ist ganz oft von den Malern gemalt worden, und dann fast immer so, dass man alle drei Beteiligten sieht, nämlich den kranken, fast erblindeten Isaak, den listigen Jakob und die gerissene Rebekka (siehe nächstes Bild). Hier siehst du nur Rebekka und Jakob, vor allem aber die beiden ungleichen Hände von Isaak und Jakob ab. Der Ausschnitt lenkt den Blick auf die Betrüger und den Betrug. Hättest du als blinder Vater auch nichts gemerkt?

Meister des Isaak (vermutlich Giotto), Isaak segnet Jakob (Ausschnitt), um 1290
Fresko, Assisi, San Francesco, Oberkirche

Isaak fragte: „Bist du es, mein Sohn Esau?" „Ja", erwiderte er. „So bring mir dein Essen her", fuhr Isaak fort, „damit ich dich von Herzen segnen kann." Jakob brachte es ihm, und Isaak aß. Er reichte ihm auch Wein und Isaak trank. Und dann sagte sein Vater Isaak zu ihm: „Komm näher und küss mich, mein Sohn!" Er trat näher und küsste ihn. Isaak roch den Duft seiner Kleider. Er segnete ihn und sagte: „Ja, mein Sohn duftet wie das Feld.

So gebe dir Gott
vom Tau des Himmels, vom Fett der Erde,
und vom Korn und Most in Fülle.
Völker sollen dir dienen,
Stämme sich vor dir niederwerfen.
Herr sollst du über deine Brüder sein.
Verflucht sei, wer dich verflucht,
gesegnet sei, wer dich segnet."

Die spannende Erzählung, die zugleich nicht ohne Humor ist (War Esau wirklich so behaart, dass sich seine Haut wie das Fell einer Ziege anfühlte? Hätte Isaak nicht Verdacht schöpfen müssen?) lebt von ihrer Doppelbödigkeit. Jakob gibt seinem Vater auf seine verwunderte Frage, wie er so schnell ein Wild hat fangen können, die Antwort, der HERR habe für sein Gelingen gesorgt (Gen 27,20); ganz offensichtlich lügt er hier, aber zugleich hat er damit (möglicherweise unabsichtlich), ausgedrückt, was dieser Geschichte eigentlich zugrunde liegt: Jakob hat nur Erfolg, weil Gott auf seiner Seite steht (Jewish Study Bible 2004, 56). Mehrdeutig ist auch Jakobs Name, der nicht nur „Gott möge schützen" heißen kann, sondern auch „betrügen" (hergeleitet von der hebräischen Wurzel áqab; zudem Wortspiel mit hebr. aqeb = Ferse, siehe Gen 25,26). Esau wird nach der Aufdeckung des Verrats auf eine Bedeutung seines Namens anspielen: „Hat man ihn nicht Jakob (Betrüger) genannt" (Gen 27,36)? Der Prophet Hosea sieht in Jakobs unaufrichtigem Verhalten den Prototyp für die ethischen Verfehlungen des jüdischen Volkes, die Gott nicht ungestraft lässt: „Darum geht der HERR mit Israel ins Gericht, er straft Jakob für sein Verhalten und zahlt ihm heim, wie es seine Taten verdienen. Schon im Mutterleib hinterging er seinen Bruder" (Hos 12,3f).

Rembrandt, Isaak segnet Jakob, um 1652, Federzeichnung 12 x 12,5 cm, London, Sammlung Lady Melchett

Segne auch mich, Vater!

Kaum hatte Isaak Jakob gesegnet und war Jakob gegangen, da kam schon sein Bruder Esau von der Jagd. Auch er bereitete ein leckeres Mahl, brachte es zu seinem Vater und wollte von ihm gesegnet werden. Da fragte ihn sein Vater: „Wer bist du?" Er antwortete: „Ich bin Esau, dein Erstgeborener." Da überkam Isaak ein heftiges Zittern und er fragte: „Wer? Wo ist denn der Jäger, der das Wild gejagt und mir gebracht hat? Ich habe von allem gegessen, bevor du gekommen bist und habe ihn gesegnet. Und gesegnet muss er nun bleiben!"

Als Esau diese Worte hörte, schrie er heftig auf. Er war aufs äußerste erbittert und sagte zu seinem Vater: „Segne auch mich, Vater!" Isaak antwortete: „Dein Bruder ist mit List gekommen und hat dir den Segen weggenommen." „Hast du mir keinen Segen aufgehoben?", fragte Esau. Und er sagte: „Hat man ihn nicht Jakob (Betrüger) genannt? Mein Bruder Jakob hat mich nun schon zweimal betrogen. Mein Erstgeburtsrecht hat er mir genommen. Jetzt nimmt er mir auch noch den Segen."

Isaak erwiderte: „Ich habe Jakob zum Herrn über dich gemacht. Auch mit Korn und Most habe ich ihn versorgt. Was kann ich da noch für dich tun, mein Sohn?" Da sagte Esau zu seinem Vater: „Hattest du denn nur einen einzigen Segen? Segne auch mich, Vater!" Und Esau begann laut zu weinen. Sein Vater Isaak aber sprach:

„Siehe, fern vom fruchtbaren Land wird dein Wohnsitz sein
und fern vom Tau des Himmels oben.
Von deinem Schwerte musst du leben,
und deinem Bruder musst du dienen.
Aber eines Tages wird es geschehen,
dass du aufstehst und dich wehrst und sein
Joch von deinen Schultern wirfst."

Möglicherweise wurde dieser letzte Satz nach der Befreiung der Edomiter vom „Joch" Judas (850 vor Christus) hinzugefügt, die dazu führte, dass sie einen selbständigen Staat mit eigenem König gründen konnten (siehe 2 Kön 8,20-22). Esau bekommt wie Ismael dann doch noch einen beträchtlichen Segen, der aber weniger wert ist als der seines Bruders. In dieser Erzählung hat der Leser Mitleid und Sympathie für den unterlegenen Esau; später, in der exilischen und nachexilischen Literatur, wandelt sich das Bild sehr. Schon im syrisch-efraimitischen Krieg (734 vor Christus) hatten die Edomiter eine politisch „unsaubere" Rolle gespielt, als sie vom Südosten kommend in die Negevwüste eingedrungen waren und die judäische Handelsflotte blockiert hatten. Als sie dann schließlich 587 vor Christus beim Fall Jerusalems in die Heilige Stadt einfielen und sie plünderten, gab es keinen Zweifel mehr: Edom, der „Bruder" Judas, war und blieb Erbfeind Jerusalems. Edom und damit Esau verkörperten nunmehr das Böse schlechthin. In der mittelalterlichen jüdischen Literatur wurde Edom zur Chiffre für das Römische Reich und später für das Christentum.

Meister des Isaak, Isaak weist Esau zurück. um 1290, Fresko, Assisi, San Francesco, Oberkirche

JACOB·FUGIO

160

Jakob muss fliehen

Esau war sehr böse auf Jakob. Er sagte: „Es nähern sich die Tage der Trauer um meinen Vater; dann werde ich meinen Bruder Jakob umbringen."

Rebekka erfuhr, was ihr ältester Sohn Esau gesagt hatte. Sie ließ Jakob rufen und sagte zu ihm: „Dein Bruder Esau will sich an dir rächen und dich töten. Nun aber, mein Sohn, hör auf mich! Mach dich auf und flieh zu meinem Bruder Laban nach Haran! Bleib einige Zeit bei ihm, bis sich der Grimm deines Bruders legt und er vergessen hat, was du ihm angetan hast! Ich will euch doch nicht beide an einem Tag verlieren!"

Rebekka sagte zu Isaak: „Das Leben ist mir verleidet wegen der Hetiterinnen. Wenn Jakob so eine Hetiterin, eine Einheimische, zur Frau nimmt, möchte ich lieber gleich sterben!" So rief Isaak seinen Sohn Jakob und segnete ihn. Er sagte: „Du darfst auf keinen Fall eine Frau aus dem Land Kanaan heiraten! Mach dich auf, geh nach Paddan-Aram, zum Haus Betuels! Er ist der Vater deiner Mutter. Hol dir von dort eine Frau, eine von den Töchtern Labans, des Bruders deiner Mutter! Gott, der Allmächtige, wird dich segnen: Zu einer Schar von Völkern wirst du werden. Er wird dir den Segen Abrahams verleihen. So kannst du das Land in Besitz nehmen, in dem du jetzt hier als Fremder lebst. Gott hat es Abraham versprochen."

Isaak verabschiedete Jakob. Und Jakob zog nach Paddan-Aram zu Laban, dem Bruder Rebekkas.

Rebekka rechtfertigt Jakobs Reise nach Mesopotamien zu ihren Verwandten mit der Notwendigkeit, sich eine Frau aus dem eigenen Volk zu suchen und nicht aus einer der verschiedenen Bevölkerungsgruppen der Kanaaniter. Sie knüpft mit ihrer Forderung an einen kurzen Bericht am Ende der Erzählung über den Vertragsabschluß mit den Philistern an, in dem es heißt (Gen 26, 34-35), dass Esau mit 40 Jahren zwei Hetiterinnen (sie werden im Ersten Testament öfters als Teil der Kanaaniter betrachtet) geheiratet und damit seinen Eltern „bitteren Gram" bereitet habe. Im Gegensatz zu Esau, der in ein fremdes Volk hineingeheiratet hatte, das man mit dem Baalskult und mit moralischer Verkommenheit assoziierte, sollte nun Jakob als Stammvater Israels, der den „Segen Abrahams" zu erfüllen hatte, seine Nachkommen aus der eigenen reinen Linie hervorbringen. Die Hervorhebung der Heiratsvorschriften hatte erzähltechnisch möglicherweise die Funktion, von der Betrugsgeschichte abzulenken. Denn der Erzähler wollte verhindern, dass Jakob, der Stammvater Israels, als Betrüger in der Tradition fortleben würde. Aber auch das Bild Esaus als leicht zu übertölpelnder Halbwilder wird „rehabilitiert", denn es heißt im Anschluss an die Verabschiedung Jakobs, dass Esau merkte, dass er seine Eltern gekränkt hatte und zusätzlich nun noch eine Ehe mit einer Verwandten schloss, um den Fehler wieder gutzumachen (Gen 28,8-9).

Jakob flieht, Mosaik, um 1174, Monreale, Dom

Jakobs Traum

Jakob zog aus Beerscheba weg und ging nach Haran. Unterwegs kam er an einen gewissen Platz, wo er übernachtete. Denn die Sonne war schon untergegangen. Er nahm einen von den Steinen dieses Ortes, legte ihn unter seinen Kopf und schlief dort ein. Da hatte er einen Traum: Er sah eine Treppe, die auf der Erde stand und bis zum Himmel reichte. Auf ihr stiegen Engel Gottes auf und nieder. Und siehe, der HERR stand oben und sprach:

„Ich bin der HERR, der Gott deines Vaters Abraham und der Gott Isaaks. Das Land, auf dem du liegst, will ich dir und deinen Nachkommen geben. Deine Nachkommen werden zahlreich sein wie der Staub auf der Erde. Durch dich werden alle Geschlechter der Erde Segen erlangen. Ich bin mit dir, ich behüte dich, wohin du auch gehst und bringe dich zurück in dieses Land. Denn ich verlasse dich nicht, bis ich vollbringe, was ich versprochen habe."

Jakob erwachte aus seinem Schlaf und sagte: „Fürwahr, der HERR ist an diesem Ort und ich wusste es nicht." Und er fürchtete sich und sprach: „Wie heilig ist doch dieser Ort! Hier ist nichts anderes als das Haus Gottes und das Tor zum Himmel."

Jakob stand früh am Morgen auf und nahm den Stein, den er unter seinen Kopf gelegt hatte. Er stellte ihn als Steinmal auf und goss Öl darauf. Dann gab er dem Ort den Namen Bet-El (Haus Gottes). Und Jakob machte das Versprechen: „Wenn Gott mit mir ist und mich auf meinem Weg behütet, wenn er mir Brot zum Essen und Kleider zum Anziehen gibt, wenn ich wohlbehalten heimkehre in das Haus meines Vaters, dann soll der Stein, den ich als Steinmal aufgestellt habe, ein Gotteshaus werden. Von allem, was du mir schenkst, will ich dir den zehnten Teil geben."

Die Vorstellung einer Treppe oder Leiter, die zum Himmel führt, könnte der damaligen Architektur der pyramidenartigen Stufentempel in Mesopotamien (den sogenannten „Zikkurraten") abgeschaut sein. Über eine Mitteltreppe oder auch über seitliche Treppenaufgänge, die sich nach oben verjüngten, konnte man an die Spitze des Turms gelangen. Dort auf diesem „Götterberg" oder „Himmelshügel" war das Allerheiligste, die „Cella" zu finden, dort, so stellte man sich vor, erschien Gott dem gläubigen Menschen und redete mit ihm. Die Bedeutung des Heiligtums Bet-El, das 20 km nördlich von Jerusalem liegt, war in der Geschichte Israels heftig umstritten. Für die einen war es ein legitimes Jahwe-Heiligtum, (so z.B. belegt in verschiedenen Texten des Richterbuches und beim Propheten Amos), während andere darin ein illegitimes Götzenheiligtum sahen (vgl. 1 Kön 12,25ff), insbesondere nachdem es der erste Nordreichkönig Jerobeam I. als Konkurrenzheiligtum zu Jerusalem errichtet und mit einem Goldenen Kalb versehen hatte. König Joschija von Juda soll Bet-El um 620 vor Christus als Opferstätte zerstört haben (2 Kön 23,15).

Ziemlich still liegt er da, der Jakob, und schläft. Seinen Kopf hat er auf den linken Arm gestützt. Hinter ihm ein knorriger Baum. So richtig bequem sieht das nicht aus. Unter ihm die harte schwere Erde. Aber das scheint ihm nichts auszumachen. Jakobs Gesicht ist in helles Licht getaucht. Hinter ihm ein luftiges hellgelbes Wolkengespinst. Ganz anders als die braun-dunklen Farben darunter. Wenn du genau hinschaust, siehst du in den Wolken Engel. Jakob träumt. Er träumt, Gott ganz oben auf einer Treppe zu sehen. Wie er mit ihm spricht. Das muss ein wunderbarer Traum sein! Jakob ist auf diesem Bild ganz erfüllt von diesem Traum. Die Ruhe, die er ausstrahlt, zeigt uns: Hier ist Gott ihm sicher ganz nah. Da kann die Erde noch so widerspenstig sein. Wer Gott in sich spürt, wird innerlich leicht. Er kann alles Schwere abschütteln und bei sich sein. So wie Jakob hier.

José de Ribera (1591–1652), Jakobs Traum, 1639, Öl auf Leinwand, 179 x 233 cm, Madrid, Museo del Prado

Dieses Gemälde des schottischen Malers William Dyce, das er so ähnlich mehrere Male gemalt hat, drückt sehr bewegend Jakobs „Liebe auf den ersten Blick" aus. Zutiefst berührt geht er auf Rahel zu. Seine Liebe gibt ihm ungewöhnliche Kräfte. Er schafft es sogar, den schweren Stein allein von der Brunnenöffnung zu schieben! Wenn du die beiden auf diesem Bild siehst, merkst du sofort: Hier bahnt sich eine große Liebe an, die alles Gewöhnliche sprengen wird. Kein Wunder also, dass ihr ältestes gemeinsames Kind mit dem Namen Josef später Jakobs Lieblingssohn ist! Das aber wird fatale Folgen für die Familie haben, warte es ab ...

Jakob trifft Rahel am Brunnen

Jakob machte sich auf und zog weiter in Richtung Osten. Eines Tages sah er einen Brunnen auf freiem Feld. Dort lagerten drei Herden von Schafen und Ziegen. Ein großer Stein lag über der Brunnenöffnung. Wenn sich dort alle Herden eingefunden hatten, schoben gewöhnlich die Hirten den Stein mit vereinten Kräften von der Brunnenöffnung, um das Vieh zu tränken. Dann schoben sie den Stein wieder zurück.

Jakob fragte die Leute dort: „Meine Brüder, woher seid ihr?" „Aus Haran", antworteten sie. Da sagte er zu ihnen: „Kennt ihr Laban, den Sohn Nahors?" Sie antworteten: „Ja, wir kennen ihn. Es geht ihm gut." Laban war Jakobs Onkel, der Bruder seiner Mutter. Während er sich noch mit ihnen unterhielt, kam Rahel, die Tocher von Laban, mit der Herde ihres Vaters heran. Sie war Hirtin. Jakob sah Rahel, und da schob er den Stein von der Brunnenöffnung und tränkte das Vieh Labans. Dann küsste er Rahel und begann laut zu weinen. Jakob sagte zu Rahel, dass er mit ihrem Vater verwandt wäre.

Da lief sie weg und berichtete es ihrem Vater. Als Laban das hörte, lief er Jakob entgegen. Er umarmte und küsste ihn. Dann führte er ihn in sein Haus. Jakob erzählte ihm die ganze Geschichte. Da erwiderte ihm Laban: „Fürwahr, du bist wirklich mein Bein und Fleisch!"

Mit diesem Abschnitt beginnt nun ein neuer Zyklus an Geschichten, die sich die nächsten zwanzig Jahre lang im Ausland bei Jakobs Onkel Laban in Haran abspielen werden. Die hier geschilderte Szene erinnert an eine frühere Brunnen-Erzählung (Gen 24). Auch Abraham hatte damals seinen Diener in seine alte Heimat Haran nach Mesopotamien geschickt, damit er dort für Isaak eine passende Braut unter seinen Verwandten finde. Beide Männer begegnen der Braut an einem Brunnen in der Nähe der Stadt, beide erhalten dort im Gespräch weitere Auskünfte über das Ziel ihrer Reise.

William Dyce (1806–1864), Jakob und Rahel, 1850
Öl auf Leinwand, 70,5 x 91 cm, Leicester, New Walk Museum and Art Gallery

Die beiden Schwestern Rahel und Lea

Jakob blieb bei seinem Onkel. Nach einem Monat sagte Laban zu ihm: „Sollst du mir umsonst dienen, weil du mein Verwandter bist? Sag mir, welchen Lohn du haben willst." Laban hatte zwei Töchter: Die ältere hieß Lea, die jüngere Rahel. Die Augen Leas waren matt, Rahel aber war wohlgestaltet und schön. Jakob hatte Rahel sehr lieb. So antwortete Jakob: „Ich will dir für Rahel sieben Jahre lang dienen." Jakob diente also für Rahel sieben Jahre. Und es kam ihm vor, als wären es nur wenige Tage – so lieb hatte er sie.

Nach sieben Jahren feierten sie ein großes Festmahl zusammen mit allen Männern des Ortes. Am Abend aber nahm Laban seine Tochter Lea und führte sie zu Jakob. Am Morgen stellte sich heraus: Es war Lea. Da sagte Jakob zu Laban: „Was hast du mir angetan? Habe ich dir nicht um Rahel gedient? Warum hast du mich betrogen?" Laban erwiderte: Es ist hierzulande nicht üblich, die Jüngere vor der Älteren zur Ehe zu geben. Verbring mit Lea noch die Brautwoche, dann soll dir auch die andere gehören, wenn du mir weitere sieben Jahre lang dienst." Jakob ging darauf ein. Er verbrachte mit Lea die Brautwoche, dann gab ihm Laban seine Tochter Rahel zur Frau. Jakob liebte Rahel mehr als Lea. Danach blieb er noch wie versprochen weitere sieben Jahre bei Laban im Dienst.

Jakobs Anklage, betrogen worden zu sein, entbehrt nicht einer gewissen Ironie. Er, der Betrüger, wird hier selbst zum Betrogenen. Er, der sich mit List und Tücke an die erste Stelle vor seinen Bruder gesetzt hatte und für eine Verwechslung der Geschwister gesorgt hat, muss nun machtlos zusehen, wie ihm umgekehrt dasselbe geschieht. Statt der geliebten jüngeren Tochter bekommt er die ältere Unattraktivere zur Frau. Laban konnte Jakob täuschen, weil es damals und auch heute noch die Sitte gibt, die Braut bis zur Hochzeitsnacht verschleiert zu halten. Wie schnell und einfach war es, sich das Erstgeburtsrecht gegen eine kleine Schüssel Linsensuppe zu erhandeln, wie hart und wie lange muss Jakob dagegen nun arbeiten, um die Frau zu bekommen, die er liebt. Doch wie im Märchen geht alles gut aus. Dass Laban und Jakob aus einem „Fleisch und Bein" sind (Gen 29,14), hat seinen feinen Hintersinn. Beide sind in der Tat „aus demselben Holz geschnitzt", beide haben es „faustdick hinter den Ohren" und schrecken vor krummen Wegen nicht zurück. Dennoch wird sich zeigen, dass Gott seinen Erwählten gewogen bleibt, auch wenn sie oft Wege gehen, die moralisch nicht zu rechtfertigen sind, weil er seinen Heilsplan unbeirrt weiterverfolgt.

Dieses Fresko von Raffael ist Teil seiner „Bilderbibel" in Rom, die du schon von der Geschichte der geheimen Beobachtung von Isaak und Rebekka durch Abimelech kennst. Dieses Fresko zeigt die beiden ungleichen Schwestern noch innig miteinander vereint. So, wie eben Schwestern sein können (aber natürlich nicht immer sind!). Leider wird alles ganz anders werden. Beide werden denselben Mann, nämlich Jakob, heiraten. Und das geht nicht gut. Rahel wird eifersüchtig sein, weil Lea viele Kinder bekommt und sie keine. Und Lea wird es nicht verwinden, dass Jakob ihre Schwester Rahel viel mehr liebt als sie selbst. Die Bäume hinter den Schwestern zeigen an, wie gegensätzlich die beiden sind: Hinter Lea, der Fruchtbaren, wächst üppiges Grün, während hinter Rahel, der Unfruchtbaren, totes Geäst steht. Keine hat das vollkommene Glück auf Erden. Vielleicht auch, weil es das gar nicht geben kann.

Raffael, Jakob begegnet Rahel am Brunnen, 1518–19
Rom, Vatikan, Loggien des Raffael

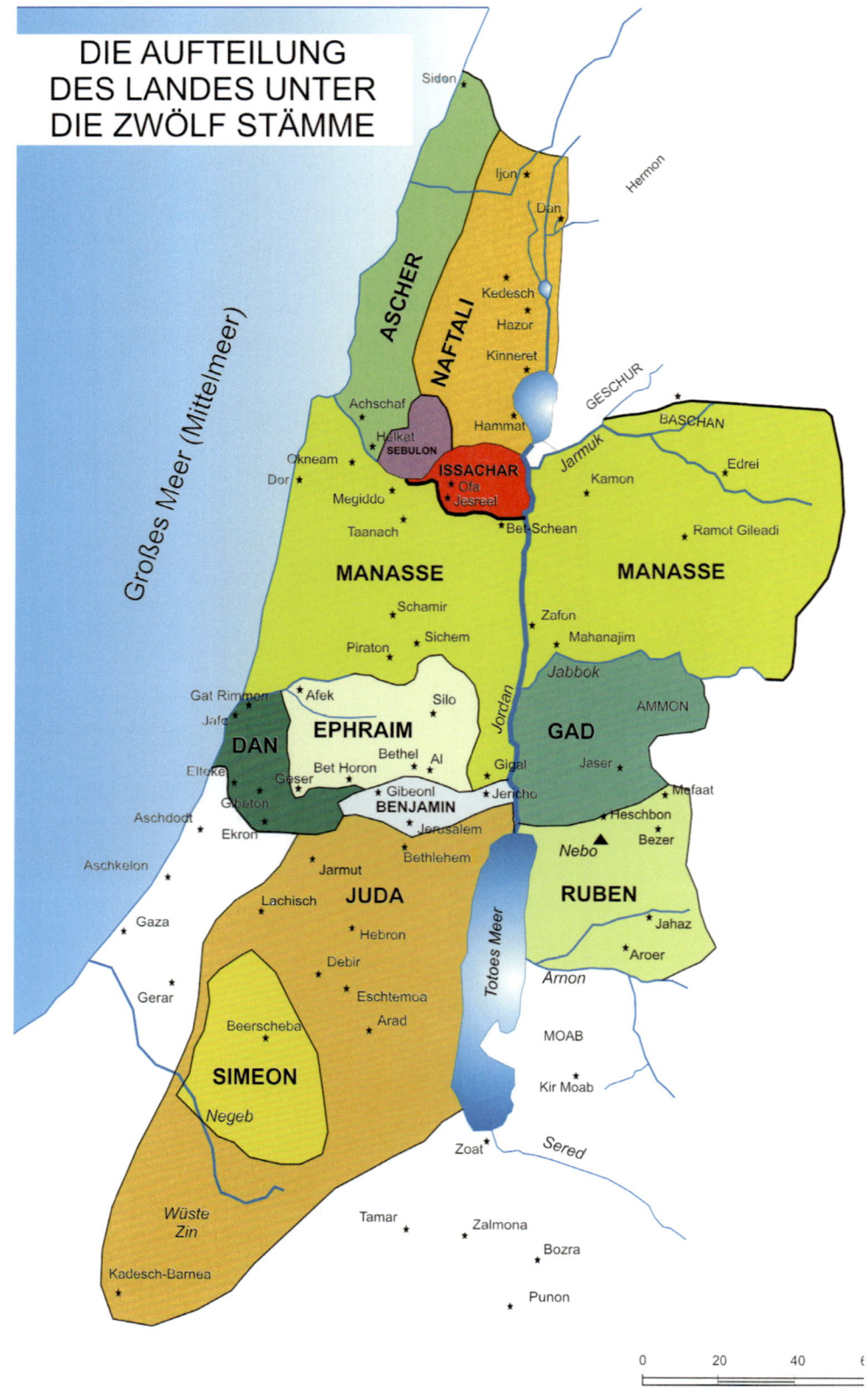

DIE AUFTEILUNG
DES LANDES UNTER
DIE ZWÖLF STÄMME

Großes Meer (Mittelmeer)

Sidon

Ijon

Hermon

Dan

ASCHER

NAFTALI

Kedesch

Hazor

Kinneret

GESCHUR

Achschaf

Helkat
SEBULON

Hammat

Jarmuk

BASCHAN

Okneam

ISSACHAR

Edrei

Dor

Ofa
Jesreel

Kamon

Megiddo

Bet-Schean

Ramot Gileadi

Taanach

MANASSE

MANASSE

Schamir

Zafon

Piraton

Sichem

Mahanajim

Jabbok

Gat Rimmon

Afek

Silo

AMMON

Jafo

Jordan

GAD

DAN

EPHRAIM

Bethel

Al

Jaser

Elteke

Bet Horon

Gidal

Mefaat

Geser

Gibeonl

Jericho

Heschbon

Gibeton

BENJAMIN

Bezer

Aschdoot

Jerusalem

Nebo

Ekron

Bethlehem

RUBEN

Aschkelon

Jarmut

Lachisch

JUDA

Gaza

Hebron

Jahaz

Debir

Aroer

Gerar

Eschtemoa

Arnon

Beerscheba

Arad

MOAB

SIMEON

Kir Moab

Totoes Meer

Negeb

Zoat

Sered

Wüste
Zin

Tamar

Zalmona

Bozra

Kadesch-Barnea

Punon

0   20   40   6

Die zwölf Stämme Israels

In den Versen auf dieser und der nächsten Seite wird der Ursprung der zwölf Stämme Israels erklärt, die aus den Söhnen Jakobs hervorgegangen sind. Genau schildert hier der Erzähler, welche Mütter welche Kinder Jakobs zur Welt gebracht haben; insgesamt sind es elf Söhne und eine Tochter. Nur ein Sohn, nämlich Benjamin, wird erst später nach der Rückkehr in das Land Kanaan geboren werden. In der Liste der zwölf Stämme Israels fehlt manchmal der Stamm Levi (als Priesterstamm); dafür ist dann der Stamm Josef aufgeteilt in die beiden Stämme Efraim und Manasse, die Kinder Josefs, also Enkel Jakobs waren. Gott zeigt in dieser Aufzählung der Reihenfolge der Kinder Jakobs sein Mitleid für die benachteiligten Frauen, wie schon davor im Fall von Hagar. Lea ist die Erste, die Kinder bekommt. In der Namensgebung der ersten drei Söhne drückt sie ihren tiefen Kummer darüber aus, nicht die bevorzugte Frau Jakobs zu sein.

Als der HERR aber sah, dass Lea ungeliebt war, machte er sie fruchtbar. Rahel jedoch blieb unfruchtbar. Lea wurde schwanger und bekam einen Sohn. Sie sagte: „Der HERR hat mein Elend gesehen. Jetzt wird mein Mann mich lieben." Sie nannte ihn Ruben (das heißt: Seht ein Sohn!). Wieder wurde sie schwanger und bekam einen Sohn. Da sagte sie: „Der HERR hat gehört, dass ich zurückgesetzt bin und hat mir auch noch diesen geschenkt." Sie nannte ihn Simeon (Hörer). Sie wurde noch einmal schwanger und bekam einen Sohn. Da sagte sie: „Jetzt endlich wird mein Mann an mir hängen, denn ich habe ihm drei Söhne geboren." Darum nannte sie ihn Levi (Anhang). Abermals wurde sie schwanger und bekam einen Sohn. Da sagte sie: „Diesmal will ich dem HERRN danken." Darum nannte sie ihn Juda (Dank). Dann bekam sie keine Kinder mehr.

Als Rahel sah, dass sie keine Kinder bekommen konnte, wurde sie eifersüchtig auf ihre Schwester. Sie sagte zu Jakob: „Verschaff mir Söhne! Wenn nicht, sterbe ich." Da wurde Jakob zornig auf Rahel und sagte: „Bin ich etwa Gott, der dir kein Kind geben will?" Rahel antwortete: „Da ist meine Magd Bilha. Geh zur ihr! Dann komme ich durch sie zu Kindern." Sie gab ihm ihre Magd zur Frau. Bilha wurde schwanger und bekam einen Sohn. Rahel sagte: „Gott hat mir Recht verschafft, er hat auch meine Stimme gehört und mir einen Sohn geschenkt." Sie nannte ihn Dan (Richter). Bilha, Rahels Magd, wurde abermals schwanger und bekam einen zweiten Sohn. Da sagte Rahel: „Einen unglückseligen Kampf hatte ich mit meiner Schwester auszufechten, ja, ich habe gesiegt." So nannte sie ihn Naftali (Kämpfer).

Lea sah, dass sie keine Kinder mehr bekam. So nahm auch sie ihre Magd und gab sie Jakob zur Frau. Leas Magd, die Silpa hieß, bekam zwei Söhne. Sie hießen Gad (Glück) und Ascher (Glückskind).

Geheimnisvolle Zauberwurzeln

Einst ging Ruben zur Zeit der Weizenernte weg und fand auf dem Weg Alraunen. Er brachte sie seiner Mutter Lea mit. Da sagte Rahel zu Lea: „Gib mir doch ein paar von den Alraunen deines Sohnes!" Sie aber erwiderte ihr: „Ist es dir nicht genug, mir meinen Mann wegzunehmen? Nun willst du mir auch noch die Alraunen meines Sohnes nehmen?" Da entgegnete Rahel: „Gut, dann soll Jakob für die Alraunen deines Sohnes bei dir schlafen." Und so geschah es. Jakob schlief in jener Nacht bei ihr. Gott erhörte Lea. Sie wurde schwanger und bekam einen fünften Sohn. Da sagte Lea: „Gott hat mich dafür belohnt, dass ich meine Magd meinem Mann gegeben habe." Sie nannte ihn Issachar (Lohn). Noch einmal wurde Lea schwanger und bekam einen sechsten Sohn. Da sagte Lea: „Gott hat mich mit einem schönen Geschenk bedacht. Jetzt endlich wird mein Mann mich ehren, da ich ihm sechs Söhne geboren habe." Sie nannte ihn also Sebulon (er wird mich ehren). Schließlich bekam sie eine Tochter und nannte sie Dina.

Nun erinnerte sich Gott an Rahel. Gott erhörte sie und öffnete ihren Mutterschoß. Sie wurde schwanger und bekam einen Sohn. Da sagte sie: „Gott hat die Schande von mir genommen." Sie nannte ihn Josef (Gott fügt hinzu) und sagte: „Möge mir der HERR noch einen anderen Sohn hinzugeben."

Die Alraune ist eine Heilpflanze, die vor allem im östlichen Mittelmeergebiet beheimatet ist. Sie wurde schon vor 4000 Jahren von den Ägyptern als Liebestrank und Schlaf- sowie Schmerzmittel verwendet. Man schrieb ihr Zauberkräfte zu; zahlreiche Sagen sind mit ihr verknüpft. Die fleischige Alraunenwurzel wächst bis zu 50 cm tief in die Erde und ähnelt einer menschlichen Gestalt. Deshalb wurde sie auch „Erdmännchen" genannt. Rahel versprach sich von dem Besitz dieser Wurzel endlich fruchtbar zu werden. Denn eine Alraune zu besitzen, so meinte man damals, bedeutete eine Garantie auf Glück und Gesundheit. Dennoch stellt unser Erzähler klar, dass es nicht das Zaubermittel war, das Rahel schließlich zu ihrem späten Mutterglück verholfen hat, sondern Gott, der sich an sie erinnert und sie erhört hat.

Diese Geschichte kommt dir vielleicht etwas merkwürdig vor. Sie scheint fast wie aus einem Märchen zu kommen. Und wirklich ist es so, dass die Geschichte ein Motiv verarbeitet, das manchmal in Märchen vorkommt: Eine unglückliche, verlassene Frau wünscht sich den Geliebten zurück und verkauft für eine Nacht mit ihm einen als magisch angesehenen Schatz. Du merkst, wer hier gemeint ist: Lea, die alles hatte, nur nicht die ausschließliche Liebe ihres Mannes! Eine weitere Erklärung hilft dir vielleicht, diese Geschichte zu verstehen: Unfruchtbar zu sein, war die schlimmste Katastrophe für Frauen damals. Rahel tut alles, um noch ein Kind kriegen zu können. Die Alraune galt als Wundermittel und sie denkt, mit Hilfe dieser Heilpflanze fruchtbar werden zu können. Letztlich aber ist es nicht die Alraune, sondern nur Gott, der ihr Schicksal wenden kann.

Wenzelsbibel, Disput zwischen Lea und Rahel um die Alraunen, Beischlaf Jakobs mit Lea

geperte den fünften sun · vnd
sprach · Got hat mir das lon
gegeben · wenne mein mait
hab ich gegeben meinē man
ne · Vnd nante seinen namē
y sathar · Aber enpfienc ypa ·

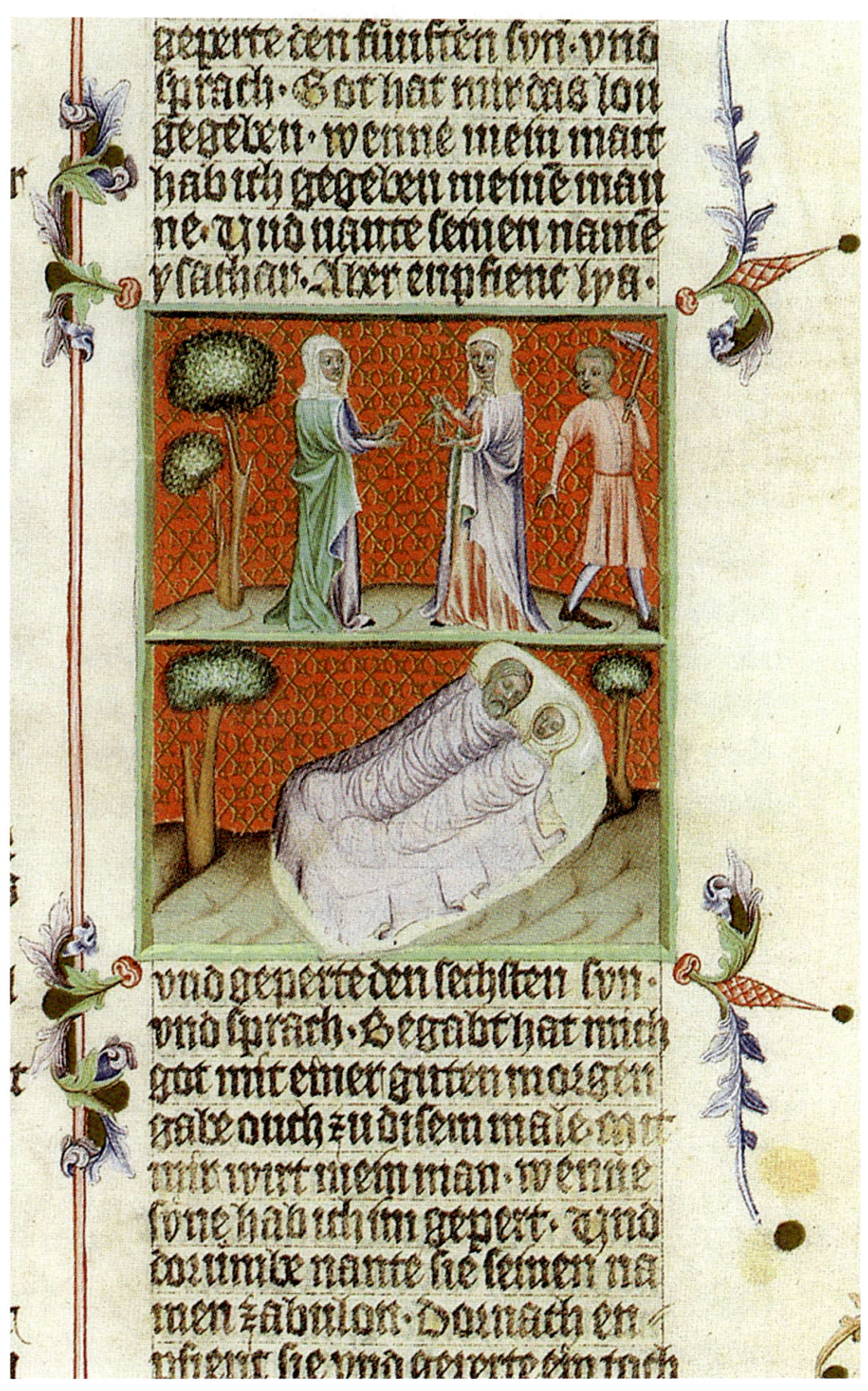

vnd geperte den sechsten sun ·
vnd sprach · Begabt hat mich
got mit einer gutten morgen
gabe ouch zu disem male mit
mir wirt mein man · wenne
sune hab ich im gepert · Vnd
dorumbe nante sie seinen na
men zabulon · Darnach en
pfienc sie vnd geperte ein tach

Ganz links unten kannst du die halb geschälten Stöcke sehen. Die schauen sich die Schafe an und dann bekommen sie gestreifte Junge. Das ist schon komisch. Wie findest du das? Klingt eher wieder wie im Märchen. Stöcke mit magischer Wirkung, kann das wahr sein? Wer weiß, vielleicht standen ja alte Erfahrungen und Weisheiten der Menschen dahinter, die wir nicht mehr verstehen können! Auf jeden Fall wollte uns der Erzähler so klarmachen, dass Jakob ein ziemlich durchtriebener Mensch war, der es „faustdick" hinter den Ohren hatte. Er hat mit allen Tricks gearbeitet!

Jusepe de Ribera (1591–1652), Jakob mit der Herde Labans, 1632
El Escorial (ca. 50 Kilometer nordwestlich von Madrid), Königliche Schloss- und Klosteranlage San Lorenzo
Gemäldesammlung im Sommerpalast Philipps II.

Jakob wird reich

Nachdem Rahel Josef geboren hatte, sagte Jakob zu Laban: „Entlass mich! Ich will in meine Heimat ziehen. Gib mir meine Frauen und Kinder, um die ich dir gedient habe!" Laban antwortete: „Lass mich Gnade vor deinen Augen finden! Ich spüre, dass mich der HERR um deinetwillen segnet. Bestimm selbst deinen Lohn, den ich dir geben soll!" Da sagte Jakob zu ihm: „Du weißt um meinen Dienst und um dein Vieh, das mir anvertraut war. Das Wenige, das du hattest, bevor ich kam, hat sich gewaltig vermehrt. Der HERR hat dich gesegnet für jeden meiner Schritte. Du brauchst mir weiter nichts zu geben, wenn du mit folgendem Vorschlag einverstanden bist: Ich will dein Vieh weiterhin weiden und hüten. Ich will umhergehen und dort alle schwarz gefleckten und dunklen Schafe aussondern, ebenso die weißscheckigen Ziegen. Das soll mein Lohn sein."

„Gut", sagte Laban, „wie du gesagt hast, soll es geschehen." Und Laban sonderte die gesprenkelten Ziegen und Schafe aus und übergab sie den Söhnen Jakobs. Dann entfernte er sich drei Tagesmärsche weit weg. Jakob aber weidete das übrige Vieh Labans.

Nun nahm sich Jakob frische Zweige von Silberpappeln, Mandelbäumen und Platanen und schälte Streifen von der Rinde ab. Diese weiß gestreiften Stöcke legte er in die Rinne der Tränke. Dorthin kamen die Tiere, um zu trinken und um sich zu paaren. Und weil sich die Tiere beim Anblick der Stöcke paarten, warfen sie gestreifte und scheckige Junge. Er legte die Stöcke aber nur dann in die Tränke, wenn sich die kräftigen Tiere paarten. Bei den schwächlichen Tieren legte er sie nicht hinein. So bekam Jakob die kräftigen Jungtiere und Laban die schwachen. Daher wurde Jakob überaus reich: Er besaß eine Menge Schafe und Ziegen, Mägde und Knechte, Kamele und Esel.

Jakobs List beruht auf einem Volksglauben: Was immer die Tiere beim Paaren sehen, so dachte man, bestimmt das Aussehen der Jungen. Wenn sie also im Augenblick der Empfängnis auf Gestreiftes blicken, wird auch das entstehende Junge gestreift werden. So konnte Jakob, der sich von Laban als Lohn nur die schwarzgestreiften und dunklen Schafe und die hellgefleckten Ziegen erbeten hatte, seinen Reichtum in den verbleibenden Jahren seines Aufenthaltes bei Laban beträchtlich vermehren. Laban, der ursprünglich dachte, einen guten Handel gemacht zu haben, da doch in den orientalischen Herden damals scheckige Abweichungen selten vorkamen und die Schafe gewöhnlich weiß und die Ziegen schwarz waren, hatte nun die „Quittung" für seinen unaufrichtigen Umgang mit seinem Schwiegersohn bekommen. Schwer zu sagen, wer von beiden der Gerissenere war!

Kehr in deine Heimat zurück!

Jakob hatte erfahren, dass die Söhne Labans schlecht über ihn redeten. Sie sagten: „Jakobs ganzer Reichtum gehört eigentlich unserem Vater. Er hat alles, was unserem Vater gehört, weggenommen." Jakob sah Laban ins Gesicht und er merkte: Auch Laban war ihm nicht mehr so zugetan wie früher. Da sagte der HERR zu Jakob: „Kehr zurück in das Land deiner Väter und zu deiner Verwandtschaft! Ich will mit dir sein."

Da ließ Jakob Rahel und Lea zu sich aufs Feld zu seiner Herde rufen und sagte zu ihnen: „Ich sehe am Gesicht eures Vaters, dass er mir nicht mehr so gut ist wie früher. Aber ich bin nur so reich geworden, weil der Gott meines Vaters Isaak mir geholfen hat. Ihr wisst, dass ich mit meiner ganzen Kraft für euren Vater gearbeitet habe. Doch euer Vater hat mich getäuscht und zehnmal meinen Lohn geändert. Gott freilich hat ihn daran gehindert, mich zu schädigen. Ein Engel Gottes sprach im Traum zu mir: ‚Jakob! Ich habe alles gesehen, was dir Laban antut. Jetzt auf, zieh fort aus diesem Land, und kehr in deine Heimat zurück!'" Rahel und Lea antworteten ihm: „Gelten wir unserem Vater nicht wie Fremde? Denn er hat uns ja verkauft und sogar unser Geld aufgebraucht. Tu alles, was Gott dir gesagt hat!"

Da machte sich Jakob auf. Er lud seine Kinder und Frauen auf die Kamele und nahm sein ganzes Vieh und all seinen Besitz mit, um zu seinem Vater Isaak nach Kanaan zurückzukehren.

Noch bevor sie loszogen, war Laban gegangen, um seine Schafe zu scheren. Da stahl Rahel die Götterbilder ihres Vaters. Und Jakob täuschte Laban: Er verriet ihm nicht, dass er sich davonmachen wollte. So floh er mit allem, was ihm gehörte. Er überquerte den Strom Euphrat und zog zum Gebirge Gilead.

Der Vorwurf der beiden Schwestern, die hier ausnahmsweise Einigkeit zeigen, ist hart: Ihr Vater habe sie enteignet und wie Fremde behandelt. Der Grund für ihren schweren Vorwurf könnte in einer Sitte damaliger Zeit liegen: Es war üblich, dass der Schwiegervater das Brautgeld, das er bei der Hochzeit vom Bräutigam bekommen hatte, nicht selbst aufbrauchte, sondern wenigstens teilweise für seine Töchter zurücklegte, sollte der Mann später die Frau entlassen. Da nun Jakobs Arbeit der Ersatz für das Brautgeld gewesen war, das er nicht entrichten konnte, hatte allein Laban daraus Nutzen gezogen So hätte den Töchtern Labans zumindest ein Teil des Viehbestandes ihrer Vaters rechtmäßig zugestanden.

Schon wieder ein großer Umzug! Mit Kind und Kegel ziehen sie los, wie damals Abraham. Erinnerst du dich?

Das war mutig, vor allem von den Frauen Lea und Rahel! Denn sie wussten nun wirklich nicht, was sie in Kana-

an erwarten würde. Für Jakob war es einfacher: Er kehrte dorthin zurück, wo er geboren war. Für Lea und Ra-

hel war Kanaan hingegen ein fremdes Land. Außerdem hatten sie eine anstrengende Reise mit ihren Kindern

vor sich, monatelang sicherlich, und das nicht bequem im ICE, sondern auf Kamelen und Eseln! Viel ist in der

Bibel nicht die Rede von den Frauen. Das ist sehr schade. Du muss dir selbst in deiner Phantasie ausmalen,

wie es ihnen ging und zwischen den Zeilen lesen, was sie doch alles geleistet haben. Das Fresko von Raffael

zeigt eindrucksvoll, wie die Frauen auf einer solchen Reise die größte Last zu tragen hatten. Sie hatten ihre

Kinder „am Hals" (hier wörtlich so gezeigt!) und mussten sehen, wie sie sie „durchkriegten".

Raffael und Schüler, Jakobs Flucht, 1518–19, Rom, Vatikan, Loggien des Raffael

Wo sind die Götterbilder?

Nach drei Tagen meldete man Laban, dass Jakob geflohen war. Da jagte ihm Laban mit allen Männern aus seiner Familie sieben Tage lang nach. Im Gebirge von Gilead war er ihm schon ganz nahe. Gott aber kam in einem nächtlichen Traum zu Laban und sprach: „Hüte dich, Jakob auch nur das Geringste vorzuwerfen."

Laban holte Jakob ein. Jakob hatte gerade im Gebirge die Zelte aufgeschlagen. Da schlug auch Laban mit seinen Männern im Gebirge von Gilead seine Zelte auf. Laban sagte nun zu Jakob: „Was hast du getan? Warum bist du heimlich geflohen und hast mir nichts gesagt? Ich hätte dich gerne mit Gesang, Pauken und Harfen verabschiedet. Du hast mir nicht einmal erlaubt, meine Enkel und Töchter zum Abschied zu küssen. Da hast du töricht gehandelt! Ich könnte euch Schlimmes antun, doch der Gott eures Vaters hat mich gestern gewarnt. Aber warum hast du meine Götterbilder gestohlen?" Jakob erwiderte: „Ich hatte Angst, du würdest nicht zulassen, dass deine Töchter mitkommen. Bei wem du aber deine Götterbilder findest, der sterbe! Durchsuche was ich habe, und nimm was dein ist!" Jakob wusste aber nicht, dass Rahel die Götterbilder gestohlen hatte.

Die Götterbilder, die der Erzähler auch „Hausgötter" (hebr. *teraphim*) nennt, waren kleine häusliche Kultgegenstände. Die Erzählung ist eine Satire gegen die „Hausgötter", die nur nicht entdeckt werden, weil Rachel auf ihnen sitzt und vorgibt, ihre Menstruation zu haben. Nach Levitikus 15,22 wird alles unrein, worauf sich eine Menstruierende setzt. Aber auch der Geizkragen Laban wird verspottet, der allzu übereifrig die Zelte seiner eigenen Töchter nach nutzlosen Gegenständen durchsucht.

Da ging Jakob in die Zelte Jakobs, Leas und der beiden Mägde. Doch er fand nichts. Dann ging er in das Zelt Rahels. Rahel hatte die Götterbilder genommen, sie in die Satteltasche des Kamels gelegt und sich darauf gesetzt. Laban aber durchstöberte das ganze Zelt und fand nichts. Da sagte Rahel zu ihrem Vater: „Sei nicht böse, mein Herr! Ich kann vor dir nicht aufstehen. Es geht mir gerade, wie es eben Frauen ergeht." Er suchte weiter, die Götterbilder aber fand er nicht.

Giambattista Tiepolo (1696–1770), Laban sucht die von Rahel verborgenen Götterbilder, 1726–29
Fresko, Wandmitte, 400 x 500 cm, Udine, Palazzo Patriarcale

Da wurde Jakob zornig und begann mit Laban zu streiten. Er sagte: „Was habe ich verbrochen, dass du so hitzig hinter mir her bist? Was hast du gefunden an Sachen, die zu deinem Haus gehören? Schon zwanzig Jahre diene ich in deinem Haus. Du hättest mich mit leeren Händen weggeschickt, wenn nicht Gott für mich eingetreten wäre." Laban antwortete: „Meine Töchter gehören mir, ja alles, was du siehst, gehört mir. Aber was kann ich jetzt noch für meine Töchter tun? Komm, wir wollen einen Vertrag schließen, ich und du."

Sie bauten einen Steinhügel. Laban sagte: „Dieser Hügel ist Zeuge für unsere Abmachung. Möge der HERR auf uns aufpassen, wenn wir auseinandergegangen sind. Behandle meine Töchter nicht schlecht und nimm dir keine anderen Frauen! Gott ist unser Zeuge." Da leisteten sie einen Eid, schlachteten ein Opfertier, aßen und verbrachten die Nacht auf dem Berg. Am nächsten Morgen küsste Laban seine Töchter und Enkel zum Abschied, segnete sie und kehrte nach Hause zurück.

Das Leben geht weiter. Auch auf der Reise. Im Zelt spielt sich ein buntes Kindertreiben ab. Tiepolo hatte sichtlich Freude daran, die Kinderschar und ihren Unsinn zu malen. Sie haben den Ernst der Lage gar nicht begriffen. Ernst? Na ja, jedenfalls ist Laban nicht besonders erfreut darüber, dass seine kleinen Hausgötter gestohlen sind. Du kannst sehen, wie erregt er mit seiner vornehm gekleideten Tochter spricht. Der kleine Josef, der an ihr Knie gekuschelt ist, scheint zu träumen und sich nicht besonders für den Streit zu interessieren. Aber Rahel ist gerissen, ganz wie ihr Vater Laban. Sie bleibt einfach auf dem gestohlenen Gut sitzen und tut unschuldig. Warum sind denn diese kleinen Götter Statuetten so wichtig? Ursprünglich waren sie dazu da, die Familie vor Unheil zu schützen. Sie wurden von Generation zu Generation weitervererbt. Wenn nun Rahel sie gestohlen hatte, konnten sie ihre Schutzfunktion für die Familie nicht mehr ausüben. Vielleicht merkt ihr, dass der Erzähler selber seinen Spaß an dieser Geschichte hatte. Denn deutlich ist doch, dass er uns sagen will: Nur der Gott Israels kann schützen, nicht aber irgendwelche toten Kultgegenstände! Hast du übrigens schon bemerkt, dass Jakob (er steht neben Laban) aus dem Bild schaut und uns, die Betrachter, direkt fixiert? So, als wolle er uns zu sich auf die Bühne holen, mitten ins Geschehen hinein? Die Kunsthistoriker sind sich fast sicher: Hier hat sich Tiepolo, der Künstler unseres Freskos, selbst gemalt, als Jakob „verkleidet"!

Jakob kämpft mit Gott

Jakob zog seines Weges. Er sandte Boten vor sich her zu seinem Bruder Esau. Sie kamen zurück und berichteten: „Dein Bruder Esau ist schon unterwegs zu dir. Er hat vierhundert Mann bei sich." Jakob wurde angst und bange. Er betete:

„Gott meines Vaters Abraham und Gott meines Vaters Isaak, der du zu mir gesagt hast: ‚Kehre zurück in dein Land, zu deiner Verwandtschaft! Ich will es dir wohlergehen lassen.' Ich bin es nicht wert, dass du mir, deinem Knecht, so viel Gutes getan hast. Rette mich doch vor meinem Bruder Esau! Denn ich fürchte mich so vor ihm! Er könnte kommen und mich erschlagen, auch die Frauen samt Kindern."

Er stellte aus allem, was er hatte – Ziegen, Böcke, Mutterschafe, Widder, Kamele, Kühe, Stiere und Esel – ein Geschenk für seinen Bruder zusammen. Er ließ seine Knechte mit diesen Herden vorausziehen. Denn Jakob sagte sich: „Ich will Esau mit der geschenkten Herde, die vor mir herzieht, beschwichtigen und ihm dann erst unter die Augen treten. Vielleicht nimmt er mich freundlich auf."

In derselben Nacht stand er auf, nahm seine beiden Frauen, seine beiden Mägde sowie seine elf Söhne und ließ sie den Fluss Jabbok an einer seichten Stelle durchqueren. Er aber blieb allein zurück.

Da kämpfte ein Mann mit ihm, bis die Morgenröte anbrach.

Odilon Redon (1840–1916), Jakobs Kampf mit dem Engel (Ausschnitt, ganzes Bild folgt), vor 1909
Ölgemälde, 143,5 x 62 cm, New York, Brooklyn Museum of Art

182

Als der Mann sah, dass sich Jakob nicht niederringen ließ, schlug er ihn aufs Hüftgelenk. Und das Hüftgelenk Jakobs renkte sich aus. Der Mann sagte: „Lass mich gehen, denn die Morgenröte bricht an!" Jakob aber entgegnete: „Ich lasse dich nicht los, wenn du mich nicht segnest." Jener fragte: „Wie heißt du?" Er antwortete: „Jakob". Da sprach er: „Du sollst nicht mehr Jakob heißen, sondern Israel (Gottesstreiter); denn mit Gott und Menschen hast du gekämpft und gewonnen." Und Jakob fragte ihn: „Sage doch, wie heißt du?" Jener entgegnete: „Warum fragst du, wie ich heiße?" Dann segnete er ihn dort.

Jakob gab dem Ort den Namen Penuel (Angesicht Gottes) und sagte: „Ich habe Gott von Angesicht zu Angesicht gesehen und bin mit dem Leben davongekommen." Die Sonne schien bereits, als er durch Penuel zog. Er hinkte an seiner Hüfte.

Zum Kampf Jakobs mit dem Engel gibt es unzählig viele Bilder. Dieses hier gefällt mir besonders gut, weil es die wunderbare Stimmung einfängt, die von diesem Kampf ausgeht. Den meisten Raum im Gemälde nimmt der anbrechende Morgen ein. Nicht der Kampf. Der ist nur ganz klein unten zu sehen. Der geheimnisvolle Zauber eines neuen Tages legt sich auf uns wie morgendlicher Tau, wenn wir das Bild anschauen. Dafür sorgen auch die herrlich weichen Pastelltöne. Gefallen sie dir auch so gut? Dieser Kampf ist etwas ganz Rätselhaftes. Vielleicht hat Jakob auch nur geträumt. Aber ganz wichtig ist, dass nun etwas Neues beginnt. Jakob heißt nicht mehr „Jakob", sondern „Israel". Von nun an soll Jakob Vorkämpfer für eine neue Beziehung seines Volkes zu Gott sein. Die Menschen sollen wie Jakob die Auseinandersetzung mit Gott nicht scheuen und den Mut haben, Gott zu suchen. Sie sollen keine Angst vor Veränderung haben. Dann wird Gott sie mit neuem Leben belohnen.

Wer ist dieser geheimnisvolle „Mann"? Warum greift er Jakob an? In der jüdischen Tradition wurde dieser nächtliche Mann mit dem offiziellen Gott Jahwe gleichgesetzt, der in menschlicher Gestalt zu den Menschen kommen konnte, um ihnen Wichtiges mitzuteilen. Der Text enthält Elemente aus Sagen über Nachtdämonen, die den Menschen in der Dunkelheit quälen, aber weichen müssen, wenn die Sonne aufgeht. Diese alte Erzählung sollte ursprünglich den Ortsnamen Petu-El und die Herkunft des Namens Israel erklären. Hier nun dient sie vor allem zur Charakterisierung Jakobs. Zugleich aber enthält sie einen tiefen symbolischen Gehalt. Jakob, der andere vorausschickt und sich die Versöhnung mit einer „Prozession von Geschenken" erkaufen will, muss lernen, dass er sich Gott selbst „stellen" muss und sich nicht von anderen vertreten lassen kann. Der Kampf mit Gott bereitet Jakob auf die Konfrontation mit Esau vor, dem er auch von „Angesicht zu Angesicht" begegnen wird. Doch wer Gott einmal „gesehen" hat und von ihm gesegnet wurde, braucht keine Furcht mehr zu haben. Auf der symbolischen Ebene könnte der Kampf Jakobs mit Gott für den „geistlichen Kampf" des Menschen mit Gott stehen, für sein ständiges Ringen im Gebet um eine möglichst tiefe Beziehung zu Gott. Wer wie Jakob kämpft, kann trotz Enttäuschungen („Verletzungen") bestehen und vielleicht sogar eine neue Identität bekommen (Fischer 2006, 28).

Die Versöhnung der beiden verfeindeten Brüder ist bewegend ins Bild gebracht. Erinnerst du dich? Esau war so böse am Anfang, dass er fest vorhatte Jakob umzubringen. Und nun steht er da und empfängt Jakob mit offenen Armen! Jakob hat große Angst vor ihm. Er weiß nicht, ob Esaus Zorn schon abgeklungen ist. So hat er seine Lieblingsfrau Rahel zu ihrem Schutz ganz hinten postiert. Du siehst sie am linken Rand mit Josef auf dem Arm. Wer weiß schon, ob Esau nicht zum Angriff übergehen wird?! Vor Rahel steht Lea mit ihrer großen Kinderschar. Sie und die Mägde hätten zuerst den Zorn Esaus abbekommen. Die Armen! Die älteren Kinder aber haben Spaß daran, oben auf dem Kamel herumzuturnen. Das hättest du sicher auch! Alles ist wieder im Lot zwischen den Brüdern. Nach vielen, vielen Jahren.

Francesco Hayez (1791–1882), Versöhnung von Jakob und Esau, 1844
Öl auf Leinwand, 208 x 300cm, Brescia, Pinacoteca Tosio Martinengo

Die Versöhnung Jakobs mit Esau

Jakob blickte auf und sah: Esau kam, und mit ihm vierhundert Mann. Da verteilte er die Kinder auf Lea und Rahel und auf die beiden Mägde. Die Mägde und ihre Kinder stellte er vorn hin, dahinter Lea und ihre Kinder und zuletzt Rahel und Josef. Und er ging vor ihnen her und warf sich siebenmal zur Erde nieder, bis er vor seinem Bruder stand. Esau lief ihm entgegen, umarmte ihn und fiel ihm um den Hals. Er küsste ihn und sie weinten.

Esau blickte auf und sah die Frauen mit den Kindern. Er fragte: „Wer sind die dort bei dir?" Jakob erwiderte: „Die Kinder, die Gott deinem Knecht aus Gnade geschenkt hat." Die Mägde und ihre Kinder kamen näher und warfen sich nieder. Dann kamen auch Lea und ihre Kinder und warfen sich nieder und zuletzt kamen Josef und Rahel und warfen sich nieder. Da fragte Esau: „Was willst du mit all den Herden, denen ich begegnet bin?" Er antwortete: „Ich wollte die Gnade meines Herrn finden." Darauf sagte Esau: „Ich habe selber genug, Bruder. Behalte, was dir gehört." „Ach nein!", entgegnete Jakob, „hab ich Gnade gefunden vor dir, so nimm das Geschenk aus meiner Hand an. Denn ich sah dein Angesicht, als sähe ich Gottes Angesicht, und du hast mich freundlich angesehen." Er drängte ihn, bis er annahm.

Und Esau sprach: „Lass uns aufbrechen und fortziehen. Ich will mit dir ziehen." Jakob aber sprach zu ihm: „Mein Herr weiß, dass ich zarte Kinder bei mir habe, dazu säugende Schafe und Kühe. Überanstrengt man sie nur einen einzigen Tag, so würde die ganze Herde sterben. Ziehe mir doch voraus! Ich aber will mich dem gemächlichen Gang der Viehherden und dem Schritt der Kinder anpassen." So machte sich Esau auf den Rückweg nach Seïr und Jakob zog weiter nach Sukkot. Dort baute er sich ein Haus für das Vieh. Schließlich gelangte Jakob wohlbehalten in Sichem in Kanaan an. Er schlug vor der Stadt sein Lager auf und errichtete dort einen Altar.

In dieser Szene wird das Bild, das der Leser bisher von Esau hatte, in ein anderes Licht gerückt: Allen Befürchtungen Jakobs zum Trotz hat er seinen mörderischen Zorn begraben und ist nun zur Versöhnung bereit. Anstatt sich zu rächen, empfängt er seinen Bruder mit offenen Armen. Die Verhältnisse haben sich einen Moment lang ins Gegenteil verkehrt: Nun ist nicht mehr Jakob der Überlegene, sondern sein Bruder Esau, der ihm großzügig verzeiht und sogar vorschlägt, ab nun wieder gemeinsame Wege zu gehen. Schließlich werden die beiden sogar zusammen ihren Vater begraben (Gen 35). Hier wird indirekt vor einem allzu magischen Verständnis des Segens gewarnt: Obwohl Esau von seinem Vater nur einen „minderwertigen" Segen bekommen hatte, konnte er ein erfolgreicher und wohlhabender Mann werden, der nicht auf die Geschenke Jakobs angewiesen ist. Und Jakob war durch den erschlichenen Segen andererseits nicht selbstverständlich vor Bedrohung und Unglück geschützt.

Überleitung

Es folgt nun im 34. Kapitel die Erzählung von einem Konflikt zwischen der ansässigen Bevölkerung und den israelitischen Neuankömmlingen, der in einer großen Gewalttat endet. Dina, die einzige Tochter Jakobs, wird auf ihrem Weg zu den Landesbewohnern von Sichem, dem Sohn des führenden Mannes der Gegend, vergewaltigt. Er verliebt sich und will sie heiraten. Sichems Vater Hamor bietet Jakob und seinen Söhnen Simeon und Levi ein Heiratsbündnis an; er akzeptiert ihre Bedingung, dass sich alle Männer seiner Stadt beschneiden lassen sollen und lässt sie ausführen. Doch Simeon und Levi sind überzeugt, Blutrache üben zu müssen, weil ihre Schwester vergewaltigt wurde. Sie ignorieren die Abmachung, überfallen heimtückisch die Stadt, holen Dina heraus und töten alle Männer. Ihr Blutrausch, der in krassem Gegensatz zu dem sonst so friedfertigen Verhalten der Erzväter steht, wird von Jakob später scharf verurteilt (Gen 49,5ff.).

Der Tod Rahels und Isaaks

Nach einer Zeit sagte Gott zu Jakob: „Mach dich auf und zieh nach Bet-El. Errichte mir dort einen Altar! Denn dort bin ich dir auf der Flucht vor deinem Bruder Esau erschienen." So zog Jakob mit allem Volk nach Bet-El. Dort baute er Gott einen Altar. Dann brachen sie von Bet-El wieder auf. Als es nur noch ein kleines Stück Weg bis Efrata war, brachte Rahel einen Sohn zur Welt. Sie hatte eine schwere Geburt. Während ihr das Leben entfloh – sie musste nämlich sterben –, gab sie ihm den Namen Ben-Oni (Unheilskind). Sein Vater aber nannte ihn Benjamin (Erfolgskind). Als Rahel gestorben war, begrub man sie an der Straße nach Efrata, das jetzt Bethlehem heißt. Jakob errichtete ein Steinmal über ihrem Grab. Dieser Stein steht noch heute da als Grabmal Rahels.

Dann zogen sie weiter. Jakob hatte nun zwölf Söhne. Zuletzt kam Jakob zu seinem Vater Isaak nach Mamre bei Hebron. Isaak wurde hundertachtzig Jahre alt. Dann starb er, gesättigt von einem langen und erfüllten Leben und wurde mit seinen Vorfahren vereint. Seine Söhne Esau und Jakob begruben ihn.

Die biblische Lebenszeit der Patriarchen folgt einem rechnerischen Muster: Abraham, so heißt es, wurde 175 Jahre ($175 = 7 \times 5^2$) und Isaak 180 Jahre ($180 = 5 \times 6^2$) alt. Nach demselben Schema müsste Jakob nun 147 Jahre ($147 = 3 \times 7^2$) alt werden und so wird es „tatsächlich" sein!

Ein Bild allergrößten Schmerzes. Rahel stirbt viel zu früh. Du kannst sehen, wie schrecklich das für ihre Fami-

lie ist, wie unerträglich für Jakob, der sie doch so geliebt hat! Wer seine Mutter schon als Kind verloren hat,

spürt diese Wunde ein Leben lang tief in sich. Benjamin, bei dessen qualvoller Geburt Rahel stirbt, wird seine

Mutter nie kennenlernen. Du siehst ihn vorne auf dem Schoß der Hebamme. Früher starben viele Frauen bei

der Geburt eines ihrer Kinder. Die Medizin war noch nicht so weit, die Hygiene noch nicht so fortgeschritten.

Der italienische Maler Giambettino Cignaroli aus Verona malt hier aus, was die Bibel nur knapp erzählt.

Giambettino Cignaroli (1706–1770), Der Tod Rahels, 1769 , Öl auf Leinwand, 202 x 254 cm, Venedig, Gallerie dell' Accademia

Die Josefsgeschichte

Josefs Träume

Jakob ließ sich in Kanaan nieder. In diesem Land hatte schon sein Vater Isaak als Fremder gelebt.

Dies ist die Geschichte von Jakobs Söhnen:

Josef war siebzehn Jahre alt und war ein Hirte bei den Schafen mit seinen Brüdern. Wenn etwas Schlechtes über seine Brüder geredet wurde, erzählte er es seinem Vater. Jakob hatte Josef von allen seinen Söhnen am liebsten, weil er ihm noch in hohem Alter geboren worden war. Er ließ ihm ein prächtiges Gewand machen. Als seine Brüder sahen, dass ihr Vater Josef mehr liebte als sie alle, begannen sie ihn zu hassen und grüßten ihn nicht mehr.

Einst hatte Josef einen Traum. Als er ihn seinen Brüdern erzählte, hassten sie ihn noch mehr. Er sagte zu ihnen: „Hört, was ich geträumt habe. Wir waren miteinander auf dem Feld, schnitten Getreide und banden es in Garben. Meine Garbe richtete sich auf und blieb stehen. Eure Garben aber umringten sie und neigten sich tief vor meiner Garbe."

Da sagten seine Brüder zu ihm: „Willst du etwa unser König werden und über uns herrschen?" Und sie hassten ihn noch mehr wegen seiner Träume und seiner Worte.

Emil Nolde (1867–1956), Josef erzählt seine Träume, 1910
Öl auf Leinwand, 86 x 106,5 cm, Wien, Österreichische Galerie Belvedere

Und er hatte noch einen zweiten Traum. Er erzählte ihn seinen Brüdern und sagte: „Ich träumte noch einmal: Die Sonne, der Mond und elf Sterne verneigten sich tief vor mir."

Als er das seinem Vater und seinen Brüdern erzählte, fuhr ihn sein Vater an und sagte: „Was soll das, was du da geträumt hast? Sollen vielleicht ich, deine Mutter und deine Brüder kommen und uns vor dir zur Erde niederwerfen?"

Seine Brüder waren eifersüchtig auf ihn. Sein Vater aber vergaß die Sache nicht.

Da ist er ja. Josef. Der Kleine. Der Träumer. Papas Liebling. Mit dem tollen Hemd vom Schneider. Spielt sich auf. Will König über uns werden. Da kann man ja nur lachen! – Du siehst, wie höhnisch und überlegen sich die Brüdergruppe um Josef schart. Breit ihre Gesichter, breit ihre Grimassen. Der rechte Bruder hält seinen Daumen nach oben. Das ist auf den Bildern von Emil Nolde immer ein Zeichen für Spott. Schau dir dagegen Josef an: Seine zarte Gestalt hebt sich deutlich von den groben Figuren seiner Brüder ab. Ganz anders seine feingliedrige rechte Hand. Sie passt dreimal in die klobigen Hände der Brüder. Sein Blick ist gesenkt, nach innen gerichtet. Er berichtet von seinen Träumen. Wahrscheinlich gerade von seinem ersten Traum: Von seiner Garbe, die sich aufrichtet, so aufrecht wie der Stock, auf den sich einer seiner Brüder stützt. Josef zeigt darauf. Die Verachtung steht den Brüdern ins Gesicht geschrieben. Was bildet der sich ein: Wir sollen uns vor ihm verneigen? Das kann ja wohl nicht wahr sein! Du siehst, wie isoliert Josef ist. Ein Außenseiter unter seinen Geschwistern. Und das sicher nicht nur, weil sein Vater ihn bevorzugt. Er ist anders, träumt, ist sensibel, blickt tiefer. Ist aufrichtig. Zu aufrichtig vielleicht. Es hätte klüger sein können, seine Träume nicht zu erzählen, oder? Josef wird es jedenfalls anfangs sehr schwer in der Welt haben. Aber Gott ist auf seiner Seite. Auch wenn es erst nicht so aussieht ...

Hier beginnt eine große zusammenhängende Familiengeschichte mit stark literarischem Charakter, in der Josef, der jüngste von Jakobs Söhnen, der „Held" ist. Die Erzählung kreist um das Thema „Versöhnung". Berichtet wird, wie eine zerbrochene Familiengemeinschaft schrittweise wieder zusammenwächst und lernt, solidarisch füreinander einzustehen. Aber hier geht es nicht nur um die vordergründige private Ebene. Die Josefsgeschichte ist zugleich ein eminent politisches Buch und kann als nachexilische Diasporageschichte gelesen werden (Berges 2011). Jakobs Familie steht stellvertretend für das Volk Israel mit seinen zwölf Stämmen (Brüdern!). Um als Volk zu überleben, ist Versöhnung zwischen den Stämmen unabdingbar. Auch eine zeitweilige Emigration nach Ägypten, ja sogar eine Vermischung mit den fremden Völkern ist gottgewollt, „um ein großes Volk am Leben zu erhalten" (50,20). Josef wird eine Ägypterin heiraten! Anders als die vorausgehenden Texte über die Patriarchen Abraham, Isaak und Jakob, die sich in kleinere, voneinander losgelöste Textabschnitte gliedern ließen, ist die Josefsgeschichte eine Erzählung mit einem einzigen Spannungsbogen. Sie ähnelt in ihrer Form einer kleinen kunstvoll gestalteten Novelle. Viele der besonderen Charakteristika der Josefsgeschichte lassen sich in der späteren Weisheitsliteratur der Bibel nachweisen, wie Gerhard von Rad, einer der bedeutendsten Bibelwissenschaftler der Nachkriegszeit, aufgezeigt hat (von Rad 1954, 15).

Das ist wieder mal ein Bild, zu dem ich dir nicht viel sagen möchte. Es spricht so ganz für sich selbst. Nur zu dem Maler Lesser Ury würde ich dir gerne ein wenig erzählen. Er war ein bedeutender jüdischer Künstler aus Berlin. Ähnlich wie Jakob Steinhardt ist er leider fast ganz in Vergessenheit geraten. Meistens hat er Städte oder Landschaften gemalt. Trotzdem waren für ihn seine wenigen Bilder zur Bibel die wichtigsten. Er fand, dass sie die einzigen guten Bilder waren, die er gemalt hatte! Für ihn war die Bibel „einfach das schönste Buch, das je geschaffen wurde".

Lesser Ury (1861–1931), Josef bei den Ismaelitern, 1919
Öl auf Leinwand, 70,4 x 100,5 cm, Berlin, Jüdisches Museum

Meine Brüder suche ich

Eines Tages schickte Jakob seinen Sohn Josef zu seinen Brüdern nach Sichem, wo sie das Vieh weideten. „Geh doch hin und sieh, wie es deinen Brüdern und dem Vieh geht, und berichte mir!", sagte er zu ihm. Josef sagte: „Ich bin bereit." Da schickte er ihn aus dem Tal von Hebron fort, und Josef kam nach Sichem. Als er dort auf den Feldern umherirrte, traf ihn ein Mann, und der Mann fragte ihn: „Was suchst du?" Josef antwortete: „Meine Brüder suche ich. Kannst du mir sagen, wo sie das Vieh weiden?" Der Mann sagte: „Sie sind weiter gezogen. Ich habe nämlich gehört, wie sie sagten: ‚Wir wollen nach Dotan gehen.'" Da ging Josef seinen Brüdern nach und fand sie bei Dotan.

Sie sahen ihn von weitem. Bevor er jedoch nahe an sie herangekommen war, fassten sie den Plan, ihn umzubringen. Sie sagten zueinander: „Da kommt ja dieser Träumer! Jetzt aber auf, erschlagen wir ihn und werfen wir ihn in eine der Zisternen. Sagen wir, ein wildes Tier habe ihn gefressen. Dann werden wir ja sehen, was aus seinen Träumen wird!" Ruben, der Älteste unter den Brüdern, hörte das. Er wollte Josef retten und sagte: „Begehen wir doch keinen Mord! Vergießen wir doch kein Blut! Werft ihn in die Zisterne, aber tut ihm nichts an!" Er hatte vor, ihn zu retten und zu seinem Vater zurückzubringen.

Als Josef bei seinen Brüdern angekommen war, zogen sie ihm sein Gewand aus, packten ihn und warfen ihn in die Zisterne. Die Zisterne war leer. Es war kein Wasser darin. Dann setzten sie sich hin, um zu essen. Als sie aufblickten, sahen sie eine Karawane von Ismaelitern aus Gilead kommen. Sie waren unterwegs nach Ägypten. Da schlug Juda seinen Brüdern vor: „Was haben wir davon, wenn wir unseren Bruder umbringen? Kommt, lassen wir ihn leben und verkaufen ihn den Ismaelitern! Er ist doch unser Bruder und Verwandter." Seine Brüder waren einverstanden. Sie zogen Josef aus der Zisterne und verkauften ihn für zwanzig Silberstücke an die Ismaeliter. Diese brachten Josef nach Ägypten.

Josefs Worte „Meine Brüder suche ich" fassen zusammen, was sein Leben bis ans Ende bestimmen wird: Es ist die Suche nach Versöhnung mit seinen Geschwistern, die er teils aus eigener Schuld „verliert", weil er sie bei ihrem Vater denunziert (37,2) und teils aus Dummheit, weil er ihnen seine Träume erzählt. Auch der Vater hat mit seiner unverhohlenen Bevorzugung Josefs großen Anteil an dem Neid und der Eifersucht, die zwischen den Geschwistern entstanden sind. Jakob zeigt zudem wenig Weitsicht und Klugheit, wenn er seinen Lieblingssohn auf diese gefährliche, weite Reise schickt, um für ihn auszukundschaften, was seine Söhne so treiben. Josef hatte sich schon den Hass seiner Brüder zugezogen, als er unbekümmert von seinen Träumen erzählt hatte; ihn nun in die „Höhle des Löwen" zu schicken, beschwört das Unglück geradezu herauf.

Das blutige Gewand

Als Ruben zur Zisterne zurückkam, war Josef nicht mehr dort. Er zerriss seine Kleider, ging wieder zu seinen Brüdern und sagte: „Der Kleine ist ja nicht mehr da! Was soll jetzt aus mir werden?" Da nahmen sie Josefs Gewand, schlachteten einen Ziegenbock und tauchten das Gewand in das Blut. Dann schickten sie das Gewand zu ihrem Vater und ließen ihm sagen: „Das haben wir gefunden. Sieh doch, ob das der Rock deines Sohnes ist oder nicht."

Jakob aber erkannte das Gewand und rief: „Der Rock meines Sohnes! Ein wildes Tier hat ihn gefressen! Zerrissen, zerrissen ist Josef!" Und Jakob zerriss seine Kleider, legte Trauerkleider an und trauerte um seinen Sohn lange Zeit. Alle seine Söhne und Töchter machten sich auf, um ihn zu trösten. Er aber wollte sich nicht trösten lassen und sprach: „Ich will zu den Toten hinunter gehen, zu meinem Sohn." So beweinte ihn sein Vater.

Die Kaufleute aber brachten Josef nach Ägypten und verkauften ihn an Potifar, einen Hofbeamten des Pharao, den Obersten der Leibwache.

Es fühlt sich wie ausgleichende Gerechtigkeit an, wenn die Brüder ihren Vater Jakob auf diese heimtückische Weise anlügen, da er doch selbst seinen Vater Isaak mithilfe der falschen Kleidungsstücke reingelegt hatte. Der Versuch, ein Kleidungsstück als Beweisstück vorzuführen, das Austauschen von Kleidern und der Gebrauch einer „Verkleidung", um ein bestimmtes Ziel zu erreichen, werden im Verlauf der Novelle öfter wiederkehren. Sie bilden ein charakteristisches Motiv, das insbesondere an Wendepunkten in der Handlung und Entwicklung des Protagonisten Josef steht.

Das hat er jetzt davon: Erst andere betrügen und nun wird er selbst betrogen! Erinnerst du dich? Jakob hatte seinen fast blinden Vater Isaak getäuscht, um seinen Segen zu bekommen. Nun ist er dran. Ich hatte es dir angekündigt. Die Szene spielt auf Rembrandts Zeichnung draußen vor dem Haus von Jakob. Links kannst du ein Tor sehen, durch das die Boten gekommen sind. Jakob sitzt etwas erhöht und reißt in großem Schmerz beide Arme empor. Die kniende Figur neben ihm könnte sein jüngster Sohn Benjamin sein. Eine Frau lehnt sich über die Türbrüstung. Wollte Rembrandt Josefs Mutter Rahel zeichnen, auch wenn sie in der Erzählung schon tot ist? Diese Frau zeigt allerdings wenig Betroffenheit. Wir wissen nicht, wen Rembrandt gemeint hat. Hast du eine Idee?

*Rembrandt, Jakob erblickt den blutigen Rock, um 1655
Rohrfederzeichnung, 16,2 x 24,1 cm, Amsterdam, Rijksmuseum (Prentenkabinet)*

Zusammenfassung

Nun folgt im 38. Kapitel eine Unterbrechung der Josefsnovelle, um den Ursprung des Stammes Juda zu erklären. Juda, der vierte Sohn Jakobs, der den Verkauf Josefs angeregt hatte, verlässt seine Brüder und geht zu den fremden Kanaanitern. Dort heiratet er und bekommt drei Söhne. Dann jedoch muss er zusehen, wie auch seine eigene Familie zerbricht. Der erste Sohn ist böse, und Gott lässt ihn sterben. Der zweite Sohn weigert sich mit Tamar, der Frau des ältesten Bruders, Kinder zu zeugen. Als Schwager musste er nach geltendem Eherecht die Frau seines verstorbenen Bruders heiraten. Er stirbt selbst. Nun hat Juda Angst auch noch seinen dritten Sohn zu verlieren und gibt ihn unter einem Vorwand nicht her. Stattdessen schickt er Tamar als kinderlose Witwe in ihr Elternhaus zurück. Doch Tamar findet sich mit ihrer Situation nicht ab, sondern greift zu einer List: Sie verkleidet sich als Prostituierte und setzt sich an den Wegrand. Da kommt Juda vorbei und schläft mit ihr, nicht ohne zwei Pfänder, seinen Siegelring und seinen Hirtenstab, hinterlassen zu haben, mit denen der versprochene Lohn dann ausgelöst werden soll. Am nächsten Tag ist die Prostituierte nicht mehr auffindbar und so lässt Juda die Sache in Vergessenheit geraten. Tamar ist schwanger geworden, geht zurück und zieht wieder ihre Witwenkleider an. Als auffällt, dass sie ein Kind erwartet, soll sie auf Befehl Judas verbrannt werden, weil man davon ausgeht, dass sie „Hurerei" betrieben hat. Tamar jedoch deckt die Geschichte mithilfe der beiden Pfänder auf, und da nun klar ist, dass sie sich nur „geholt" hat, was ihr rechtmäßig zustand, wird sie entschuldigt und darf nun im Haus Judas wohnen. Schließlich bekommt sie Zwillinge, deren Geburtsgeschichte sehr an die von Jakob und Esau erinnert. Sie heißen Perez und Serach; Perez ist der Ahne des David. So hat Tamar mit ihrem mutigen Einsatz für die Gründung des Stammes Juda gesorgt.

Josef im Haus des Potifar

So kam Josef nach Ägypten. Potifar, ein Hofbeamter des Pharao, kaufte ihn den Ismaelitern ab. Deshalb wohnte Josef nun als Sklave im Haus des Ägypters Potifar. Der HERR war mit Josef und so glückte ihm alles. So fand Josef das Wohlwollen von Potifar und er durfte sein persönlicher Diener werden. Er bestellte ihn zum Verwalter des Hauses und vertraute ihm alles an, was er besaß. Seit Potifar ihm sein Haus anvertraut hatte, segnete der HERR das Haus des Ägypters um Josefs willen. Der Segen des HERRN ruhte auf allem, was ihm gehörte, im Haus und auf dem Feld. Potifar ließ seinen ganzen Besitz in Josefs Hand und musste sich um nichts mehr kümmern, außer noch um sein Essen. Josef war schön von Gestalt und Aussehen.

Josef bekommt die Schlüsselgewalt, um 1250, Mosaik, Venedig, Vorhalle des Markusdoms

Josef wird zu Unrecht beschuldigt

So kam es, dass Potifars Frau nach einiger Zeit ein Auge auf ihn warf. Sie sagte: „Schlaf mit mir!" Er weigerte sich und sagte: „Mein Herr hat mir alles anvertraut, was ihm gehört. Nur dich, seine Frau, hat er mir nicht gegeben. Wie könnte ich so ein großes Unrecht begehen und gegen Gott sündigen?" Obwohl sie ihn Tag für Tag bedrängte, hörte er nicht auf sie. Eines Tages kam er ins Haus, um seine Arbeit zu tun. Niemand von den Dienern war anwesend. Da packte sie ihn an seinem Gewand und sagte: „Schlaf mit mir!" Er aber ließ sein Gewand in ihrer Hand und lief hinaus.

Als sie sah, dass er sein Gewand in ihrer Hand zurückgelassen hatte und hinausgelaufen war, rief sie ihre Diener und sagte: „Seht nur! Mein Mann hat uns diesen Hebräer ins Haus gebracht, der seinen Mutwillen mit uns treibt. Er ist zu mir gekommen und wollte mit mir schlafen. Da habe ich laut geschrieen. Da ließ er sein Gewand bei mir liegen und floh ins Freie." Sie wartete bis Potifar nach Hause kam. Dann erzählte sie ihm die gleiche Geschichte. Als er hörte, wie sie sagte: „So hat es dein Sklave mit mir getrieben!", packte ihn der Zorn. Er ließ Josef ergreifen und in den Kerker bringen. Dort wurden die Gefangenen des Königs in Haft gehalten.

Die meisten Maler zeigen den Moment, in dem Josef gerade versucht, sich aus der Umklammerung von Potifars Frau zu befreien und dabei sein Gewand verliert. Rembrandt macht es anders. Er schildert den Moment nach dem vermeintlichen Ehebruch nicht ganz so wie im Text. Siehst du den Unterschied? Auf Potifars namenlose Frau fällt unser erster Blick, insbesondere auf ihre rechte Hand, die auf das Bett und auf Josef zeigt. Sie ist zusammen mit dem Bett in helles Licht getaucht und tischt ihrem Mann mit ausdrucksstarker Gestik ihre Lügengeschichte auf. Im Hintergrund beteuert der zugeknöpfte Josef wortlos mit einer abwehrenden Handbewegung seine Unschuld. Glaubt Potifar seiner Frau? Einen zornigen Eindruck macht er jedenfalls nicht. Die Erzählung gibt Rembrandt Recht: Die milde Strafe Potifars für Josef lässt eher vermuten, dass er seine Frau durchschaut. Eigentlich war es in Ägypten üblich, Ehebruch mit Tod oder Verbannung zu bestrafen und nicht „nur" mit einem Aussitzen des Vergehens in einem Gefängnis mit hohen Beamten des Königs. Du kannst sehen: Vieles passiert in den biblischen Geschichten ungesagt zwischen den Zeilen. Wir müssen wie die Maler immer versuchen, diese Zwischentöne mitzuhören.

Remdrandt, Josef und die Frau des Potifar, 1655, Öl auf Leinwand, 113 x 90 cm, Berlin, Gemäldegalerie

Josef deutet Träume im Gefängnis

Josef blieb im Gefängnis. Aber der HERR war mit Josef. Der Gefängnisleiter wurde ihm wohl gesonnen. Er vertraute Josef alle Gefangenen im Kerker an und brauchte sich selbst um nichts mehr zu kümmern. Der HERR gab Glück zu allem, was Josef tat. Einige Zeit später mussten der königliche Mundschenk und der Hofbäcker des Pharao ins Gefängnis. Sie waren längere Zeit in Haft. Da hatte jeder von ihnen einen Traum, der von besonderer Bedeutung für sie sein sollte.

Am Morgen kam Josef zu ihnen und sah ihnen an, dass sie missmutig waren. Da fragte er sie: „Warum schaut ihr heute so böse drein?" Sie antworteten ihm: „Wir hatten einen Traum, aber keiner ist da, der ihn auslegen kann." Josef sagte zu ihnen: „Ist nicht das Deuten von Träumen Sache Gottes? Doch erzählt mir!"

Darauf erzählte der Obermundschenk seinen Traum: „Im Traum sah ich vor mir einen Weinstock mit drei Ranken. Der Weinstock grünte, wuchs und blühte, und seine Trauben wurden reif. Ich hatte den Becher des Pharao in meiner Hand. Ich nahm die Beeren, drückte sie in den Becher aus und gab dem Pharao den Becher in die Hand."

Da sprach Josef zu ihm: „Das ist die Deutung: Die drei Ranken sind drei Tage. Noch drei Tage und dann wird dich der Pharao wieder in dein Amt einsetzen. Du wirst dem Pharao den Becher reichen, wie es früher deine Aufgabe war. Doch denk an mich, wenn es dir gut geht. Tu mir dann einen Gefallen: Erzähl dem Pharao von mir und hol mich hier heraus! Denn entführt hat man mich aus dem Land der Hebräer und auch hier habe ich nichts Unrechtes getan. Ich bin ohne Schuld im Gefängnis."

202

Als der Oberbäcker merkte, dass Josef eine günstige Deutung gegeben hatte, sagte er zu ihm: „Auch ich hatte einen Traum. Ich hatte drei Körbe Feingebäck auf meinem Kopf. Im obersten Korb war allerlei Backwerk für die Tafel des Pharao. Aber die Vögel fraßen es aus dem Korb auf meinem Kopf."

Josef antwortete: „Das ist die Deutung. Die drei Körbe sind drei Tage. Noch drei Tage, dann wird der Pharao dich vorladen und an einem Baum aufhängen. Dann werden die Vögel dein Fleisch fressen."

Drei Tage später hatte der König Geburtstag. Er gab ein Gastmahl für alle seine Diener. Den Obermundschenk setzte er wieder in sein Amt ein. Den Oberbäcker aber ließ er erhängen. So geschah alles, wie Josef es ihnen gedeutet hatte. Der Obermundschenk aber dachte nicht mehr an Josef. Er vergaß ihn.

Die drei Männer sehen nun wirklich nicht wie Gefangene aus! Abgesehen davon, dass zwei mit Fußketten an einen schweren Steinblock gekettet sind, scheint es ihnen gar nicht so schlecht zu gehen. Vertieft ins Gespräch sitzen sie da, rechts der Obermundschenk, angelehnt an Kissen (!), links der Oberbäcker, in der Mitte Josef. Sie sind vornehm gekleidet und tragen ihrer Zeit entsprechend modische Kopfbedeckung: Josef und der Mundschenk einen Federhut und der Oberbäcker ein Barett. In den „Sprechblasen" sind die Träume dargestellt: Links trägt der Bäcker einen Korb mit Gebäck auf dem Kopf, aus dem ein Vogel frisst, und rechts schüttet der Mundschenk den Wein in ein Gefäß; neben ihm steht angedeutet die Weinrebe. Josef spricht gerade zum Bäcker. Es könnte der Moment kurz vor der negativen Deutung sein. Denn der Bäcker scheint noch wohlgemut anzunehmen, dass auch er eine gute Deutung seines Traums bekommt. Oder ist ihm unbewusst schon klar, dass seine Unachtsamkeit im Traum (das Gebäck für den Pharao in den obersten Korb getan zu haben) seinen Tod voraussagt?

Lucas van Leyden (1494–1533), Joseph im Gefängnis, Träume deutend, 1512
Kupferstich, Amsterdam, Rijksmuseum (Prentenkabinet)

Die Träume des Pharao

Zwei Jahre später hatte der Pharao einen Traum: Er stand am Nil. Aus dem Nil stiegen sieben schöne, fette Kühe und weideten im Gras am Ufer. Nach ihnen stiegen sieben andere Kühe aus dem Nil. Sie sahen sehr hässlich aus und waren mager. Sie stellten sich neben die schönen Kühe ans Ufer des Nils.

Die hässlichen, mageren Kühe fraßen die sieben fetten Kühe auf. Sie verschwanden in ihrem Bauch, aber man merkte nicht, dass sie darin waren; sie sahen genauso elend aus wie vorher.

Dann erwachte der Pharao.

Im ersten Teil der Josefsgeschichte bis Kapitel 42 spielen Träume eine große Rolle. Sie treten immer als „Doppelpack" auf. Die insgesamt drei Traum-Paare der Novelle markieren Höhepunkte in der Erzählung. Der Traum ist das Medium göttlicher Vorsehung; im Traum offenbart Gott seine Pläne mit den Menschen. Allerdings sind die meisten der Träume nicht sofort verständlich, sondern symbolisch verschlüsselt und bedürfen eines Traumdeuters. Den ersten Doppeltraum hat Josef selbst; er ist aus sich verständlich und wird von seinen Brüdern (37,8) und von seinem Vater (37,10) sofort richtig erkannt und durch den Fortgang der Erzählung als echte Weissagung bestätigt. Auch die Träume des Mundschenks und des Bäckers, die Josef mit seinem gottgegebenem Talent, Träume zu deuten, erklärt, werden sich durch das Schicksal der beiden als wahr erweisen. Die Träume des Pharaos geben nun so große Rätsel auf, dass selbst die besten Weisheitslehrer und Wahrsager des Landes versagen. Allein Josef vermag es schließlich, die Träume des Pharaos zu deuten. Er führt seine Fähigkeit, Träume zu deuten, auf Gott zurück, der die Träume auch gesandt hat (41,32). Alles wird sich schließlich so erfüllen, wie es Josef voraussagt.

Die Träume des Pharaos, Glasmalerei, nach 1375, Erfurt, Dom, Josephfenster

Er schlief aber wieder ein und träumte ein zweites Mal:

An einem einzigen Halm wuchsen sieben Ähren, prall und schön. Nach ihnen wuchsen sieben kümmerliche, vom Ostwind ausgedörrte Ähren. Die kümmerlichen Ähren verschlangen die sieben prallen, vollen Ähren.

Der Pharao wachte auf: Es war ein Traum.

Von der leuchtenden Pracht der kostbaren Erfurter Glasfenster aus dem Mittelalter hatte ich dir in der Jakobsgeschichte schon erzählt. Die ganze Josefsgeschichte wird in Erfurt auf insgesamt 49 (!) Scheiben erzählt. Einige der schönsten habe ich für dich ausgewählt. Auf der vorherigen Seite hast du den träumenden Pharao in seinem Bett gesehen. Hier nun die Darstellung beider Träume: Nicht sieben, dafür aber je fünf kuhähnliche Tiere stehen sich gegenüber. Die fetten und mageren sind nicht so deutlich voneinander zu unterscheiden. Bei den Ähren scheint es schon eher klar. Aber wir wissen ja, was gemeint ist. Das sind jedenfalls merkwürdige Träume! Hättest du dir einen Reim darauf machen können? Die besten Wahrsager des Landes werden nicht die leiseste Ahnung haben, was sie bedeuten. Aber der König will unbedingt wissen, was sie bedeuten, lies nur weiter ...

Josef deutet die Träume des Pharao

Als es Morgen wurde, war der Pharao sehr bekümmert. Er ließ alle Wahrsager und Weisen Ägyptens rufen. Er erzählte ihnen seine Träume, doch keiner war da, der sie ihm deuten konnte. Da sagte der Mundschenk zum Pharao: „Heute muss ich mich an meine Verfehlung erinnern. Ich war zusammen mit dem Bäcker im Gefängnis. Wir hatten in derselben Nacht einen Traum. Ein junger Hebräer war mit uns in Haft. Er deutete uns unsere Träume. Alles ist so gekommen, wie er es uns sagte." Da ließ der Pharao Josef rufen. Man holte ihn schnell aus dem Gefängnis und schnitt ihm die Haare. Er zog andere Kleider an und kam zum Pharao. Der Pharao sagte zu Josef: „Ich hatte einen Traum, doch keiner kann ihn deuten. Von dir aber habe ich gehört, du brauchst einen Traum nur zu hören, dann kannst du ihn deuten." Josef antwortete: „Nicht ich, sondern Gott wird zum Wohl des Pharao eine Antwort geben."

Der Pharao erzählte ihm seine Träume. Da sagte Josef: „Es ist ein und derselbe Traum. Gott sagt dem Pharao, was er vorhat. Die sieben schönen Kühe und Ähren sind sieben Jahre. Die sieben mageren Kühe und Ähren sind weitere sieben Jahre. Sieben Jahre kommen, da wird großer Überfluss in ganz Ägypten sein. Nach ihnen aber werden sieben Jahre Hungersnot heraufziehen. Da wird der ganze Überfluss im Land vergessen sein und Hunger wird das Land auszehren. Der Hunger wird sehr drückend sein. Dass der Pharao aber gleich zweimal träumte, bedeutet: Die Sache steht bei Gott fest und Gott wird sie eilends tun. Darum rate ich dem Pharao, einen klugen, weisen Mann zu suchen und ihn über ganz Ägypten zu stellen. Der Pharao sollte in den sieben Jahren des Überflusses den fünften Teil der Ernte als Abgabe erheben. Er sollte Beamte einsetzen, die das Getreide in den Städten sammeln und speichern. Dieser Vorrat soll dem Land als Rücklage dienen für die sieben Jahre der Hungersnot. Dann wird das Land nicht an Hunger zugrunde gehen."

Ägypten war das Land der Zauberer und Weisen. Doch hinkt das Wissen der weltlichen Gelehrten, wie uns diese Episode zeigen will, weit hinter dem Wissen derer her, die sich wie Josef Gott anvertraut haben. Gott gibt es den „Seinen" im Schlaf, heißt es in Psalm 127, ohne Gottes Hilfe ist alles Mühen letztlich umsonst und kann es keine Wahrheit geben. Die Unfähigkeit der Wahrsager, Träume zu deuten und Zukunft vorauszusagen, wird in größerer epischer Breite in einem späteren biblischen Buch, dem Buch Daniel, aufgegriffen, in einem Buch, das deutlich von der Josefsgeschichte beeinflusst ist.

Josef erklärt die Träume des Pharao Erfurt, Dom, Josephfenster

Jacopo Amigoni (1682–1752), Josef im Palast des Pharao
Öl auf Leinwand, 83 x 325 cm, Madrid, Museo Nacional del Prado

Josef wird Stellvertreter des Pharaos

Die Rede gefiel dem Pharao und allen seinen Hofleuten. Der Pharao sagte zu ihnen: „Wie können wir einen Mann finden, in dem der Geist Gottes so wohnt wie in diesem?" Und dann sagte er zu Josef: „Weil Gott dir dies alles eingegeben hat, ist keiner so klug und weise wie du. Du sollst über meinem Hause stehen. Deinem Wort soll mein ganzes Volk gehorchen. Nur um den Thron will ich höher sein als du. Hiermit stelle ich dich über ganz Ägypten."

Der Pharao nahm den Siegelring von seiner Hand und steckte ihn Josef an die Hand. Er bekleidete ihn mit einem kostbaren Gewand und legte ihm eine goldene Kette um den Hals. Dann ließ er ihn in den Wagen steigen und vor ihm her ausrufen: „Achtung!" So stellte er ihn über ganz Ägypten. Der Pharao sagte zu Josef: „Ich bin der Pharao. Aber ohne dich soll niemand in ganz Ägypten seine Hand oder seinen Fuß regen."

Er gab Josef den Namen Zafenat-Paneach (das heißt: Gott spricht und er lebt) und gab ihm Asenat, die Tochter des Priesters Potifera von On, zur Frau. So wurde Josef Herr über ganz Ägypten. Er war nun 30 Jahre alt.

Dem gelingt aber auch alles! Erst überträgt ihm Potifar die Verantwortung für sein ganzes Haus, dann wird er zum Aufseher über alle Gefangenen, und schließlich steigt er zum zweitwichtigsten Mann von ganz Ägypten auf! Du kannst sehen, wie ihm der Pharao auf dem Gemälde als Zeichen seiner neuen Macht einen Siegelring ansteckt und die goldene Amtskette umhängt. Mag das Loch noch so tief sein, in das er fällt, Josef kommt wieder heraus und glänzt umso mehr. Wie kommt das? Die Antwort der Bibel ist eindeutig: Weil Gott mit ihm ist. Weil Gott ihm aus jeder Patsche hilft und alles zum Guten lenkt! Josef ist so etwas wie ein Liebling Gottes. Und das nicht „nur", weil er gerecht und gut ist. Sondern einfach, weil er ein von Gott Auserwählter ist. Warum wählt Gott bestimmte Menschen aus und andere nicht? Das bleibt sein Geheimnis. Die Bibel macht es uns nicht immer leicht mit Gott.

Hier nun erfüllt sich, was Josefs Brüder nicht hatten wahrhaben wollen: Josef ist als Großwesir zum zweitwichtigsten Mann Ägyptens aufgestiegen und wird damit mehr Macht über sie haben, als sie es sich in ihren eigenen schlimmsten Träumen je hätten vorstellen mögen, allerdings mit einem kleinen, aber entscheidenden Unterschied: Josefs Herrschaft wird nicht in reiner Willkür gründen, sondern sich der Barmherzigkeit gegenüber den Armen des Landes verpflichtet wissen. Dies entspricht einem Ideal von Herrschertum, das im Alten Orient weit verbreitet war, und im König den Retter und Diener seines Volkes sah. Die Verleihung eines neuen (ägyptischen) Namens soll vergessen lassen, dass Josef aus dem geächteten Stand eines Sklaven und aus der verachteten Gesellschaftsschicht eines Hebräers kommt. Er erhält als höchster Beamter Ägyptens auch eine Frau aus vornehmstem Stand. Ihr Vater gehörte als Priester von On (einem alten Namen für „Heliopolis"; hier wurde der ägyptische Sonnengott Ra verehrt) zu den höchsten Kultfunktionären Ägyptens. Da das jüdische Gesetz eine Ehe zwischen einem Juden und einer Nichtjüdin nicht anerkennt, wurde Asenat in der jüdischen Tradition zum Prototyp der Konvertitin zum Judentum. Ihre eindrucksvolle Geschichte wird in aller Länge in der jüdisch-hellenistischen Novelle "Joseph und Aseneth" erzählt.

Josef lässt Korn sammeln

So ging Josef vom Pharao weg und zog durch ganz Ägypten. Das Land brachte in den sieben Jahren des Überflusses überreichen Ertrag. Josef ließ während dieser sieben Jahre in Ägypten alles Getreide der Felder rings um jede Stadt sammeln und in die Städte schaffen. So speicherte Josef Getreide in sehr großer Menge auf, wie Sand am Meer. Man musste aufhören, es zu messen, weil man es nicht mehr messen konnte.

Ein Jahr bevor die Hungersnot kam, wurden Josef zwei Söhne geboren. „Gott hat mich all meinen Kummer und mein ganzes Vaterhaus vergessen lassen", sagte Josef und nannte den Erstgeborenen Manasse (Vergessling). Den zweiten Sohn nannte er Efraim (Fruchtbringer), denn er sagte: „Gott hat mich fruchtbar werden lassen im Lande meines Elends."

Schließlich gingen die sieben Jahre des Überflusses in Ägypten zu Ende. Es begannen die sieben Jahre der Hungersnot, wie es Josef vorausgesagt hatte. Eine Hungersnot brach über alle Länder hinein. In ganz Ägypten aber gab es Brot. Da ganz Ägypten Hunger hatte, schrie das Volk zum Pharao nach Brot. Der Pharao aber sagte zu den Ägyptern: „Geht zu Josef! Tut, was er euch sagt."

Als nun im ganzen Lande Hungersnot war, öffnete Josef alle Kornspeicher und verkaufte Getreide an die Ägypter. Auch alle Welt kam nach Ägypten, um bei Josef Getreide zu kaufen. Denn der Hunger wurde immer drückender auf der ganzen Erde.

Josef gibt seinem Erstgeborenen einen (hebräischen) Namen, der die Vergesslichkeit als wünschenswerte Eigenschaft hervorhebt. Was ist damit gemeint? Hier geht es nicht um Verdrängung oder um ein Wegschieben von etwas, das eigentlich erinnert werden sollte. Josef drückt mit der Namensgebung vielmehr aus, dass er glücklich und dankbar darüber ist, dass er nun seine ganze tragische Familiengeschichte loslassen kann, die Verletzungen verarbeitet und eine neue Identität gewonnen hat. Josef erkennt, dass er mit der Ankunft von Manasse durch alles Leid hindurch neu geworden ist. Er sieht, dass Gott es war, der ihm den Umschwung ermöglicht hat, sich wieder auf das Leben einzulassen. Sein zweites Kind nennt er Efraim, wörtlich: Doppelfrucht. Josef hat darauf vertraut, dass Gott ihm neue „Früchte" schenkt und sein Leben in eine hoffnungsvolle Richtung lenken kann, weit weg von der Heimat, in der Fremde. So wird er frei für den Weg der Versöhnung mit seinen Geschwistern, frei für den inneren Aufbruch. Er kann ihnen nun begegnen ohne Angst, dass ihn das Gefühl von Rache überkommt, denn er hat erfahren, dass Gott mit ihm ist. Die Geburt seiner beiden Kinder setzt eine Zäsur im Leben Josefs (Deselaers 2003, 30-34).

Josef lässt das Getreide in Vorratshäusern lagern, um 1250, Mosaik, Venedig, Vorhalle des Markusdoms

Dieses Mosaik kommt aus dem Markusdom in Venedig, wie schon die Mosaiken von der Schöpfung, die du am Anfang gesehen hast. Die Josefsgeschichte ist dort ganz ausführlich erzählt, insgesamt auf drei Kuppeln. Die Kornspeicher haben hier die Form von Pyramiden – wie sollte es auch anders sein, da wir doch in Ägypten sind! Wie im Märchen geschieht nun alles so, wie Josef es vorausgesagt und vorgeschlagen hat. Er lässt als oberster Verwaltungsbeamter und Wirtschaftsminister den Überfluss in großen Kornspeichern lagern und treibt ein Fünftel der Ernte als Steuer ein. Hier sammelt ein Land Korn, das in Überfülle da ist, um es dann anschließend in Dürrezeiten nicht allein für sich zu behalten, sondern an die ganze Welt zu verteilen! Welch' ein Traum! Alle werden satt, keiner muss mehr hungern - wenn jeder etwas von seinem Überfluss abgibt ... merk dir das gut! Werden nun auch Josefs Brüder kommen, weil sie Hunger haben?

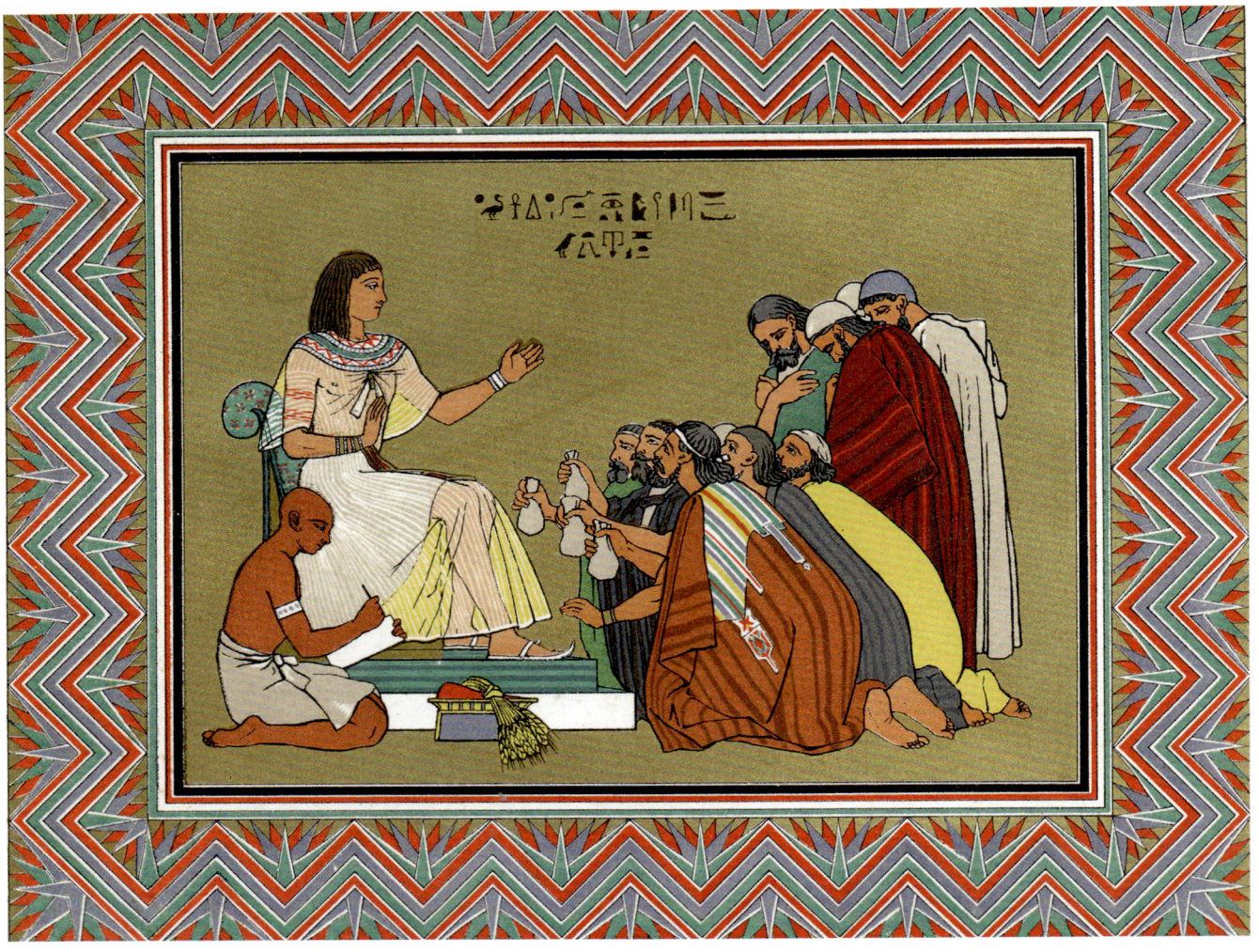

Hier wird der schlimmste Albtraum der Brüder Josefs Wirklichkeit, ohne dass sie es schon wissen: Sie verneigen sich vor ihrem eigenen Bruder und betteln um Hilfe! Genau so, wie es Josef in seinem ersten Traum vorausgesehen hatte! Owen Jones hat seine Bilder zur Josefsgeschichte mit wunderschönen Umrahmungen verziert. Er war eigentlich Architekt, aber richtig berühmt geworden ist er erst durch sein Interesse an der unendlichen Vielfalt möglicher Muster und Dekorationen. Er hat dazu ein einflussreiches Buch mit dem Titel „Grammatik der Ornamente" geschrieben, das mit Ornamenten aus allen Stilepochen und Kulturen illustriert ist. Vor hundert Jahren diente dieses Buch in der ganzen Welt als wichtige Quellensammlung für alle, die Tapeten, Möbel und Stoffe herstellen wollten. Wenn dir also mal nichts einfällt, weißt du, wo du suchen musst!

Owen Jones (1809–1874), Josefs Brüder in Ägypten, ca. 1865
Chromolithographie (farbiger Steindruck), aus: Owen Jones, The History of Joseph and his Brethren

Die erste Reise der Brüder Josefs nach Ägypten

Als Jakob erfuhr, dass Getreide in Ägypten zu haben war, sagte er zu seinen Söhnen: „Was seht ihr euch so an? Ich habe gehört, dass es in Ägypten Getreide zu kaufen gibt. Zieht hin und kauft für uns dort Getreide, damit wir am Leben bleiben und nicht sterben müssen." Zehn Brüder Josefs zogen also hinunter, um in Ägypten Getreide zu kaufen. Nur Benjamin, der zweite Sohn Rahels, der Jüngste unter allen Brüdern, durfte nicht mitziehen. Jakob dachte, es könnte ihm ein Unglück zustoßen.

Sie kamen nach Ägypten zusammen mit vielen anderen; denn es herrschte eine große Hungersnot in Kanaan. Josef verwaltete das Land. Er war es, der allen Leuten im Lande Getreide verkaufte. So kamen seine Brüder zu ihm. Sie fielen vor ihm nieder, mit dem Gesicht zur Erde. Als Josef seine Brüder sah, erkannte er sie. Aber er gab sich ihnen nicht zu erkennen, sondern fuhr sie hart an. Er fragte sie: „Wo kommt ihr her?" „Aus Kanaan, um Brotgetreide zu kaufen", sagten sie. Josef hatte seine Brüder erkannt, sie aber hatten ihn nicht erkannt.

Da erinnerte sich Josef an das, was er von ihnen geträumt hatte. Er sagte: „Spione seid ihr. Um nachzusehen, wo das Land eine schwache Stelle hat, seid ihr gekommen!" Sie antworteten ihm: „Nein, Herr. Ehrliche Leute sind wir. Wir, deine Knechte, waren zwölf Brüder, Söhne ein und desselben Mannes in Kanaan. Der Jüngste ist bei unserem Vater geblieben, und einer ist nicht mehr." Josef aber sagte zu ihnen: „Es bleibt dabei, wie ich gesagt habe: Spione seid ihr! Ihr sollt von hier nicht eher loskommen, bis auch euer jüngster Bruder da ist. So wird man euer Gerede überprüfen und feststellen können, ob ihr die Wahrheit gesagt habt." Und er ließ sie für drei Tage in Haft nehmen.

In diesem Kapitel treffen die Brüder nach langer Zeit zum ersten Mal wieder aufeinander, hier allerdings in umgekehrten Rollen. So wie Josef als Sklave in Ägypten zu Unrecht ins Gefängnis kam, lässt er nun hier seine Brüder in Haft nehmen. Allerdings zeigt Josef von Anfang an mehr Gnade mit seinen Brüdern als sie mit ihm.

Wir alle sind schuld

Am dritten Tag sagte Josef zu ihnen: „Wollt ihr am Leben bleiben, so tut nun folgendes, denn ich ehre Gott: Wenn ihr ehrliche Leute seid, soll einer von euch im Gefängnis zurückbleiben. Ihr anderen geht und bringt das gekaufte Getreide heim. Euren jüngsten Bruder aber schafft mir herbei, damit sich eure Worte als wahr erweisen und ihr nicht sterben müsst." So machten sie es.

Sie sagten zueinander: „Das sind wir alle schuld! Wir haben zugesehen, wie sich unser Bruder um sein Leben ängstigte. Als er uns um sein Erbarmen anflehte, haben wir nicht auf ihn gehört."

Sie aber ahnten nicht, dass Josef alles verstand. Denn er bediente sich im Gespräch mit ihnen eines Dolmetschers. Er wandte sich von ihnen ab und weinte.

Dann ließ er Simeon aus ihrer Mitte festnehmen und vor ihren Augen fesseln. Josef befahl dann, ihre Behälter mit Getreide zu füllen, einem jeden von ihnen das Geld wieder in den Sack zurückzulegen und ihnen für die Reise Verpflegung mitzugeben. So geschah es.

Josef stellt seine Brüder auf eine harte Probe. Er geht ein hohes Risiko ein, denn wenn die Probe misslingt, gibt es keine Hoffnung mehr auf Versöhnung. Sein Ziel ist es heraus zu finden, ob sich seine Brüder in den letzten zwanzig Jahren verändert haben, ob sie tatsächlich „ehrlich" geworden sind, wie sie es selbst für sich in Anspruch nehmen (42,11). Josef will prüfen, ob sie gelernt haben, Solidarität untereinander zu üben und aufrichtig mit ihrem Vater umzugehen. Werden sie ihren gefangen genommenen Bruder Simeon in Stich lassen, so wie sie ihn, Josef, in Stich gelassen haben? Was werden sie ihrem Vater erzählen? Entscheidend ist nun, dass die Brüder durch den Druck ihrer Not an die Ereignisse mit Josef erinnert werden. Sie gestehen sich ein, an Josef schuldig geworden zu sein, weil sie ihm nicht geholfen haben, und sind überzeugt, dass dieses Unglück nur auf Grund ihrer Schuld an Josef über sie gekommen ist. So hat Josef mit seiner gewagten Aktion das erreicht, was er erreichen wollte: Nämlich seine Brüder mit ihrer eigenen Vergangenheit zu konfrontieren. Denn Versöhnung kann erst geschehen, wenn die Erinnerung aufgearbeitet ist. Deutlich ist zugleich, wie sehr es Josef mitnimmt, seine Brüder wieder zu sehen und wie tief er sich doch noch mit ihnen verbunden fühlt. Mehrere Male heißt es, dass er sich abwendet, um zu weinen. Hier daran zu denken, dass er eigentlich nichts anderes als Rache im Sinn hatte, würde die Pointe dieser Szene verfehlen (Deselaers 2003, 36-38).

Da stecken die Brüder Josefs aber so richtig im Schlamassel! Du siehst, wie niedergeschlagen sie sind. Hier geht es um Leben oder Tod. Ihnen wird klar, dass sie einen großen Fehler gemacht haben, als sie Josef in den Brunnen warfen. Sie bereuen ihn, aber was nützt das noch? Sie ahnen noch nicht im Entferntesten, dass Josef vor ihnen steht. Sie denken ja, er sei tot. Der kleine Junge könnte Manasse sein, Josefs ältester Sohn. Eine jüdische Legende erzählt, dass er Dolmetscher für Josef war.

Josef prüft seine Brüder, Venedig, Mosaik, Vorhalle des Markusdoms

Diese Zeichnung von Rembrandt ist unterschiedlich gedeutet worden. Die einen sagen, hier sitzen Josefs Brüder mit ihrem Vater Jakob sorgenvoll nach ihrer ersten Ägyptenreise zusammen und beratschlagen, was nun zu tun sei. Andere hingegen sagen, diese Familienkonferenz könne nur die nach der zweiten Ägyptenreise sein. Denn neben Jakob stehe doch Benjamin mit dem Becher (diese Geschichte kommt gleich!). Lies mal weiter, und dann kannst du dir ja selber eine Meinung bilden! Du siehst jedenfalls, selbst die Experten sind sich lange nicht immer einig, was ein Künstler genau gemeint hat!

Rembrandt, Die Brüder Josefs berichten dem Vater von ihrer Reise um 1638–43
Feder, 17,6 x 23,1 cm, Amsterdam, Rijksmuseum (Prentenkabinet)

Rückkehr zum Vater

Sie luden das Getreide auf ihre Esel und zogen fort. Als einer seinen Sack öffnete, um in der Herberge seinen Esel zu füttern, sah er sein Geld. Es lag in seinem Getreidesack ganz oben. Er sagte zu seinen Brüdern: „Man hat mir mein Geld zurückgegeben. Seht, hier ist es in meinem Getreidesack." Da verließ sie der Mut und sie sprachen zitternd zueinander: „Was hat Gott uns da angetan?"

Sie kamen zu ihrem Vater nach Kanaan und berichteten ihm alles, was ihnen zugestoßen war. Sie sagten: „Jener Mann, der Herr des Landes, war sehr ruppig zu uns. Er meinte, wir seien Spione. Er sagte zu uns: ‚Ich werde sehen, ob ihr ehrliche Leute seid: Einer von euch bleibt hier bei mir zurück. Ihr anderen nehmt das Getreide, damit eure Familien nicht hungern müssen, und geht nach Hause. Und dann schafft mir euren jüngsten Bruder her! So werde ich sehen, dass ihr keine Spione, sondern ehrliche Leute seid. Ich gebe euch dann euren Bruder zurück und ihr dürft euch frei im Land bewegen!'"

Während sie nun ihre Säcke leerten, stellten sie fest: Jeder hatte seinen Geldbeutel im Sack. Da bekamen sie Angst. Ihr Vater Jakob sagte zu ihnen: „Ihr raubt mir meine Kinder! Josef ist nicht mehr da, Simeon ist nicht mehr da, und Benjamin wollt ihr mir auch noch nehmen. Nichts bleibt mir erspart!" Ruben antwortete ihm: „Meine beiden Söhne darfst du umbringen, wenn ich dir Benjamin nicht zurückbringe. Vertraue ihn mir an! Ich werde ihn dir bestimmt wieder zurückbringen." „Nein", sagte er, „mein Sohn wird nicht mit euch hinunterziehen. Stößt ihm auf dem Weg ein Unglück zu, dann bringt ihr mein graues Haar vor Kummer in die Unterwelt."

Ruben, der Älteste aller Söhne Jakobs, hat nie viel Glück mit seinen gut gemeinten Vorschlägen; letztlich in die Tat umgesetzt werden immer Judas Ideen, nicht die von Ruben. Beide Brüder werden unterschiedlich charakterisiert; Grund ist die Vermischung von zwei verschiedenen Quellen im Text, die zu gewissen Ungereimtheiten im Handlungsablauf führen (so auch bei der Episode an der Zisterne, Gen 37,12ff,). Deutlich erkennbar ist die Absicht des Redaktors, Juda vor Ruben den Vorzug zu geben und seine Entwicklung neben der von Josef/Israel (Stammvater des Nordens) als Vater des königlichen Stammes Juda im Süden aufzuzeigen. Wie soll Rubens törichter Vorschlag, seine beiden Söhne zu opfern, wenn das Unternehmen misslingt, Jakobs Vertrauen gewinnen? Immerhin sind doch Rubens Söhne seine Enkelkinder, und so wäre sein Leid am Schluss noch um ein Vielfaches größer, wenn diese dann auch noch umkämen.

Schwerer Abschied

Der Hunger lastete schwer auf dem Land. Das Getreide, das sie aus Ägypten gebracht hatten, war aufgezehrt. Da sagte ihr Vater zu ihnen: „Geht noch einmal hin und kauft uns etwas Brotgetreide!"

Juda antwortete ihm: „Der Mann hat uns nachdrücklich eingeschärft: ‚Kommt mir ja nicht unter die Augen, wenn ihr nicht euren Bruder mitbringt.'" Da sagte Jakob: „Warum habt ihr mir so etwas Schlimmes angetan, jenem Mann zu sagen, dass ihr noch einen Bruder habt?" „Der Mann", antworteten sie, „hat sich eingehend bei uns nach unserer Verwandtschaft erkundigt und gefragt: ‚Lebt euer Vater noch, habt ihr noch einen Bruder?' Wir haben ihm alles gesagt, wie es wirklich ist. Konnten wir denn ahnen, dass er sagen würde: ‚Bringt euren Bruder her?'" Juda schlug seinem Vater vor: „Gib mir den Jungen mit! Dann wollen wir uns auf den Weg machen. So werden wir alle am Leben bleiben und nicht sterben. Ich verbürge mich für ihn. Wenn ich ihn dir nicht zurückbringe, will ich mein ganzes Leben lang bei dir in Schuld stehen."

Da stimmte der Vater schweren Herzens zu. Er sagte: „Wenn es schon sein muss, so nehmt denn euren Bruder Benjamin mit! Und bringt den Ägyptern als Geschenk etwas von den Schätzen unseres Landes: Honig, Pistaziennüsse, Mandeln und dazu kostbare Harze. Nehmt auch den doppelten Geldbetrag mit, damit ihr das, was ihr in euren Säcken wiedergebracht habt, zurückgeben könnt; vielleicht war es ein Versehen. Gott, der Allmächtige, lasse euch Erbarmen bei dem Mann finden, so dass er euch den anderen Bruder und Benjamin freigibt. Ich aber werde, ach, wenn es denn so sein soll, noch alle meine Kinder verlieren!"

Hier ist wieder ein Bild von Lesser Ury. Es ist ähnlich bewegend wie sein Gemälde vom einsamen Josef, der vor dem Zelt der Ismaeliter steht. Die Szene, die Ury hier gezeichnet hat, findet sich so nicht in der Bibel. Er hat sie immer wieder gemalt. Diese Abschiedsszene muss ihn sehr berührt haben. Vielleicht, weil sie ihn an sein eigenes Leben erinnerte. Er hatte schon als kleiner Junge seinen Vater verloren. Aber auch aus einem anderen Grund hat er sie vielleicht so oft gemalt: Lesser Ury hatte sich intensiv mit dem Maler Rembrandt befasst und seine Zeichnung mit dem Titel „Der Verlorene Sohn" studiert. In der Haltung der beiden Figuren sind sich beide Bilder sehr ähnlich. Im Internet kannst du das an Hand von Rembrandts Zeichnung überprüfen. Es gibt auch ein berühmtes Gemälde von Rembrandt mit demselben Titel, das wirst du sehen …

Lesser Ury, Jakob segnet Benjamin, um 1920, Lithographie, 40 x 47 cm, Berlin, Jüdisches Museum

Francesco Bacchiacca
(1495–1557)
Josef empfängt seine Brüder
ein zweites Mal
um 1515
Öl auf Holz, 36,3 x 142,5 cm
London, National Gallery

Die zweite Reise der Brüder Josefs nach Ägypten

So nahmen die Männer die Geschenke und den doppelten Geldbetrag und dazu auch noch Benjamin mit. Sie machten sich auf den Weg nach Ägypten und kamen schließlich zu Josef. Als Josef Benjamin bei ihnen sah, sagte er zu seinem Hausverwalter. „Führe die Männer in mein Haus, schlachte ein Tier und richte es her! Die Männer werden nämlich mit mir zu Mittag essen." Der Mann tat, wie Josef befohlen hatte. Er führte die Männer in das Haus Josefs.

Als Josef in sein Haus kam, überreichten sie ihm die Geschenke und warfen sich vor ihm auf die Erde nieder. Er fragte: „Geht es eurem alten Vater gut, von dem ihr erzählt habt? Ist er noch am Leben?" Sie erwiderten: „Unserem Vater geht es gut." Dann verneigten sie sich und warfen sich nieder. Als er seine Augen erhob und seinen Bruder Benjamin erblickte, fragte er: „Ist das euer jüngster Bruder, von dem ihr mir erzählt habt?" Und weiter sagte er: „Gottes Gnade sei mit dir, mein Sohn!" Dann ging Josef schnell weg, denn sein Herz war tief bewegt beim Anblick seines Bruders und er war dem Weinen nahe. Er zog sich in die Kammer zurück, um sich dort auszuweinen.

Dann wusch Josef sein Gesicht, und kam wieder heraus, nahm sich zusammen und ordnete an. „Tragt das Essen auf!" Da trug man auf, gesondert für ihn, für sie und für die Ägypter, die mit ihm essen sollten. Denn Ägypter dürfen nicht mit Hebräern essen, für Ägypten ist dies ein Gräuel.

Und sie setzten sich ihm gegenüber, vom Erstgeborenen bis zum Jüngsten, genau nach ihrem Alter, und verwundert sahen die Männer einander an. Er ließ ihnen die Gerichte vorsetzen. Was man aber Benjamin vorsetzte, war fünfmal mehr als das, was man allen anderen auftrug. Sie tranken mit ihm und waren guter Dinge.

Dann befahl Josef seinem Hausverwalter: „Fülle die Getreidesäcke der Männer mit so viel Brotgetreide, wie sie tragen können, und leg das Geld eines jeden oben in den Sack! Meinen Becher, den Silberbecher, leg oben in den Sack des Jüngsten, zusammen mit dem Geld." Er tat, wie Joseph ihm gesagt hatte. Als es am Morgen hell wurde, ließ man die Männer mit ihren Eseln abreisen.

Der Silberbecher

Die Männer hatten sich noch nicht weit von der Stadt entfernt, da sagte Josef zu seinem Hausverwalter: „Auf, jag hinter den Männern her! Wenn du sie eingeholt hast, sag ihnen: ‚Warum habt ihr Gutes mit Bösem vergolten und mir den Silberbecher gestohlen? Das ist doch der, aus dem mein Herr trinkt! Da habt ihr etwas Schlimmes getan!'"

Der Hausverwalter holte sie ein und sagte es ihnen. Sie antworteten ihm: „Wie kann mein Herr so etwas sagen? Niemals werden deine Knechte so etwas tun! Bei wem sich der Silberbecher findet, der soll sterben! Wir aber sollen dann unserem Herrn als Sklaven gehören." So stellte jeder seinen Sack eiligst auf die Erde und öffnete ihn. Der Hausverwalter durchsuchte alles, beim Ältesten begann er, beim Jüngsten hörte er auf. Der Becher fand sich schließlich im Sack Benjamins. Da zerrissen sie ihre Kleider. Jeder belud seinen Esel und sie kehrten in die Stadt zurück. So kamen Juda und seine Brüder wieder in das Haus Josefs. Sie fielen vor ihm zur Erde nieder. Josef sagte zu ihnen: „Was habt ihr getan? Derjenige, bei dem sich der Becher gefunden hat, soll mein Sklave sein. Ihr anderen aber zieht in Frieden hinauf zu eurem Vater!"

Da trat Juda an ihn heran und sagte: „Bitte, mein Herr, lass deinen Knecht offen etwas sagen ohne dass dein Zorn entbrennt! Das Herz meines Vaters hängt so sehr an Benjamin. Wenn ich jetzt zu meinem Vater käme und er sähe, dass sein jüngster Sohn nicht dabei ist, würde er vor Gram sterben. Lass mich an Stelle von Benjamin als dein Sklave dableiben! Wie könnte ich zu meinem Vater hinaufziehen, ohne dass der Junge bei mir wäre? Ich könnte das Unglück nicht mit ansehen, das dann meinen Vater träfe."

Hier nun ist der Kulminationspunkt im Spannungsbogen der Erzählung erreicht. Jetzt kann nur noch die völlige Katastrophe für Jakobs Familie oder die Lösung der Verwicklungen folgen. Juda macht sich wieder zum Sprecher seiner Brüder; er leitet mit seiner entscheidenden Rede, die eine der längsten Reden im ganzen Buch Genesis ist (Gen 44,18-34), den Wendepunkt der Handlung ein. Indem er an Josefs Mitleid für seinen Vater appelliert (vierzehnmal allein nennt er seinen Vater), bewegt er Josef so sehr, dass dieser zu Tränen gerührt ist und schließlich umschwenkt. Der, der bereit war, seinen Bruder Josef der Sklaverei auszuliefern, ist nun so gereift, dass er sich sogar selbst als Sklave für seinen jüngsten Bruder Benjamin anbietet, um ihn zu retten. Josef erkennt, dass seine Brüder nun andere Menschen geworden sind, ihre Gesinnung hat sich völlig geändert, und es gibt keinen Grund mehr, sie auf die Probe zu stellen. Der fatale Brüderstreit, der die Familie auseinander gerissen hatte, steht kurz davor, sich in ein glückliches Ende aufzulösen.

Lorenzo Ghiberti (1378–1455), Der silberne Becher in Benjamins Sack, 1425–52
(Ausschnitt aus Relief mit Szenen zur Josefsgeschichte, ganzes Relief folgt)
Vergoldete Bronzetür, 506 cm Höhe, 287 cm Breite
Florenz, Ostportal des Baptisteriums San Giovanni
(Original heute im Museo dell'Opera del Duomo)

Manchmal lohnt es sich, ganz lange an einem Werk zu arbeiten. Insgesamt 27 Jahre hat Lorenzo Ghiberti mit seinen Gehil-

fen an der vergoldeten Bronzetür für das Baptisterium in Florenz gearbeitet! Kannst du dir das vorstellen? Unser Bild zeigt

einen Ausschnitt aus der ganzen Tür. Sie besteht aus zwei Torflügeln mit insgesamt zehn rechteckigen Bildfeldern (je etwa

79 x 79 cm) mit Darstellungen aus dem Ersten Testament. Auf einem Bildfeld sind oft mehrere Szenen aus einer Geschich-

te zusammengefasst, so wie hier aus der Josefsgeschichte. Hast Du schon entdeckt, wo sich das glückliche Wiedersehen

abspielt (siehe auch die bewegende Nahaufnahme der Umarmung von Joseph und Benjamin aus dem Erfurter Dom auf S.

368!)? Und erkennst du auch noch andere Szenen? Ganz oben rechts, das verrate ich dir, wird der arme Josef gerade aus

dem Brunnen gezogen und verkauft. Erinnerst du dich noch? Der berühmte Maler Michelangelo fand diese gewaltigen Tor-

flügel übrigens so herrlich, dass er gesagt haben soll: „Sie sind so schön, dass sie die Pforten des Paradieses schmücken

könnten." Seither heißt diese Tür auch „Paradiespforte".

Ein glückliches Wiedersehen

Da konnte Josef vor all den Leuten, die um ihn standen, nicht länger an sich halten. Er rief: „Schafft mir alle Leute hinaus!" So stand niemand bei Josef, als er sich zu erkennen gab. Er begann so laut zu weinen, dass es die Ägypter hörten. Auch am Hof des Pharao hörte man davon. Josef sagte zu seinen Brüdern: „Ich bin Josef. Lebt mein Vater noch?" Seine Brüder waren zu keiner Antwort fähig. Fassungslos standen sie vor ihm.

Josef sagte zu seinen Brüdern: „Kommt doch näher zu mir her!" Als sie näher gekommen waren, sagte er: „Ich bin Josef, euer Bruder, den ihr nach Ägypten verkauft habt. Jetzt aber grämt euch nicht mehr länger! Gott hat mich vorausgeschickt, um von euch im Land einen Rest zu erhalten und euer Leben auf dieser Erde zu bewahren. Ihr sollt eine große Rettungstat erleben. Also, nicht ihr habt mich hierher gebracht, sondern Gott. Er hat mich zum Vater für den Pharao gemacht und zum Gebieter über ganz Ägypten. Beeilt euch nun, und bringt meinen Vater her! Erzählt ihm von meinem hohen Rang in Ägypten. Meldet ihm: Du kannst dich im Gebiet von Goschen niederlassen und wirst in meiner Nähe sein, mit allem, was dir gehört. Dort werde ich für dich sorgen. Denn noch fünf Jahre dauert die Hungersnot." Er fiel seinem Bruder Benjamin um den Hals und weinte. Auch Benjamin weinte an seinem Hals. Josef küsste dann weinend alle seine Brüder. Darauf unterhielten sich seine Brüder mit ihm.

Josef schenkte allen Festgewänder. Benjamin aber schenkte er dreihundert Silberstücke und fünf Festgewänder. Er gab ihnen Wagen mit für ihre Kinder und Frauen sowie Reiseverpflegung. Seinem Vater ließ er zehn Esel und zehn Eselinnen mitgeben, die mit dem Besten beladen waren, was Ägypten zu bieten hatte. Dann entließ er seine Brüder. Als sie sich auf den Weg machten, sagte er noch zu ihnen: „Streitet nicht unterwegs!"

„Streitet nicht unterwegs" ist die Aufforderung Josefs an seine Brüder, sich gegenseitig keine Vorwürfe mehr zu machen, dass sie Josef verkauft und ihren Vater betrogen haben. Die Festgewänder sollen an das prächtige Gewand Josefs erinnern, das sie ihm ausgezogen und mit Blut getränkt zum Vater geschickt hatten. Versöhnung heißt nicht, dass nun alle gleich geworden sind; doch Josef ist überzeugt, dass die Brüder Benjamin die Bevorzugung gönnen werden, denn sie haben sich durch die schmerzlichen Erfahrungen der letzten Jahre sehr verändert.

Jakob zieht nach Ägypten

So zogen sie von Ägypten hinauf und kamen nach Kanaan zu ihrem Vater Jakob. Sie berichteten ihm: „Josef ist noch am Leben. Er ist sogar Herr über ganz Ägypten." Jakobs Herz aber blieb unbewegt. Denn er glaubte ihnen nicht. Sie erzählten ihm alles, was Josef zu ihnen gesagt hatte. Und als er die Wagen sah, die Josef geschickt hatte, um ihn zu holen, lebte der Geist Jakobs, ihres Vaters, wieder auf. Er sprach: „Genug! Mein Sohn Josef lebt noch. Ich will hingehen und ihn sehen, bevor ich sterbe."

Jakob zog mit allem los, was ihm gehörte. Er kam nach Beerscheba. Dort brachte er dem Gott seines Vaters Isaak ein Opfer dar. Da sprach Gott in einer nächtlichen Vision zu ihm: „Ich bin Gott, der Gott deines Vaters. Hab keine Angst nach Ägypten zu ziehen! Denn zu einem großen Volk mache ich dich dort. Ich selbst werde mit dir gehen, und ich werde dich auch wieder zurückbringen."

Dann brach Jakob von Beerscheba auf. Seine Söhne hoben ihren Vater, ihre Kinder und Frauen auf die Wagen. Sie nahmen ihr Vieh und ihre Habe und gelangten nach Ägypten. Jakob brachte alle seine Nachkommen nach Ägypten, seine Söhne und Enkel, seine Töchter und Enkelinnen. So kamen sie ins Gebiet von Goschen.

Jakob schickte Juda voraus zu Josef, um seine Ankunft anzukündigen. Josef ließ seinen Wagen anschirren und zog seinem Vater entgegen. Als er ihn sah, fiel er ihm um den Hals und weinte lange. Jakob sagte zu Josef: „Jetzt will ich gerne sterben, nachdem ich dein Angesicht wieder sehen durfte und weiß, dass du noch am Leben bist."

In Beerscheba hatte auch Jakobs Vater Isaak eine Gotteserscheinung (Gen 26, 2-4) gehabt, allerdings warnte ihn Gott damals ausdrücklich davor, nach Ägypten zu ziehen. Der Zug Jakobs nach Ägypten bedarf hier deshalb einer besonderen Begründung, zumal der Text wahrscheinlich rückblickend zur Zeit des Exils aufgeschrieben wurde, als die großen Propheten Jesaja, Jeremia und Ezechiel eindringlich von einer Auswanderung nach Ägypten und einem Bündnis mit den Ägyptern abgeraten hatten. Ägypten sehe, so hatte Jesaja gewarnt, Israel als ein Volk an, das zur Knechtschaft bereit sei. In Jakobs Vision verspricht ihm Gott, selbst mit in die Fremde nach Ägypten zu ziehen. Die damaligen Leser/Hörer der Erzählung waren als Verschleppte im Ausland Babylon in einer ähnlichen Situation wie damals ihre Brüder in Ägypten. Und so verstanden sie die Worte Gottes als Trost für ihre eigene verzweifelte Situation: Gott ist überall den Seinen nahe, er ist auch bei ihnen, wenn sie sich in der Fremde aufhalten müssen.

Jakob zieht mit seiner Familie nach Ägypten, Erfurt, Dom, Josephfenster

230

Audienz beim Pharao

Owen Jones, den du ja schon von seinem Bild vom ersten Besuch der Brüder Josefs in Ägypten kennst, hatte in jungen Jahren eine Reise nach Ägypten gemacht. Das könnte ihn angeregt haben, sich die Josefsgeschichte vorzunehmen und sie mit ägyptischem Flair zu illustrieren. Viele Maler machen das anders. Sie stellen alles so dar, als hätte es in ihrer eigenen Zeit und in ihrem eigenen Land stattgefunden. Zu Recht ja auch, da die Bibel kein Geschichtsbuch sein will und es doch darauf ankommt, dass sie uns heute etwas zu sagen hat. Trotzdem darf uns eine „historisierende" Darstellung wie hier manchmal auch gut gefallen! Wir wissen ja jetzt um die Gefahr …

Dann ging Josef zum Pharao und berichtete ihm alles. Aus dem Kreis seiner Brüder hatte er fünf Männer mitgebracht und stellte sie dem Pharao vor. Sie sagten zu ihm: „Wir möchten uns als Fremde in Goschen niederlassen und dort unsere Schafe, Ziegen und Rinder weiden. Denn es gibt ja keine Weide für das Vieh deiner Knechte in Kanaan. Dort lastet die Hungersnot schwer." Darauf sagte der Pharao zu Josef: „Im besten Teil des Landes lass deine Brüder und deinen Vater wohnen. Ägypten steht dir offen! Und wenn du erkennst, dass unter ihnen tüchtige Männer sind, dann setze sie als Oberhirten über meine Herden ein!"

Da führte Josef auch seinen Vater Jakob hinein und ließ ihn vor den Pharao treten. Und Jakob segnete den Pharao. Der Pharao sprach zu Jakob: „Wie viele sind die Jahre deines Lebens?" Jakob antwortete: „Die Zahl der Jahre meiner Pilgerschaft auf dieser Erde beträgt hundertdreißig. Gering an Zahl und unglücklich waren meine Lebensjahre." Dann segnete Jakob den Pharao und ging hinaus.

So siedelte Josef seinen Vater und seine Brüder im besten Teil des Landes, im Gebiet von Ramses, an. Er gab ihnen dort Grundbesitz und versorgte sie mit so viel Brot, dass jede Familie genug zu essen hatte.

Owen Jones
Jakob segnet den Pharao

In der Begegnung zwischen Jakob und dem Pharao geschieht etwas Unerwartetes, das eher beiläufig erzählt wird: Jakob, der Fremde und Hilfsbedürftige, segnet den großen mächtigen Pharao! Und das sogar zweimal! Ein Weltherrscher wird gesegnet von dem, der Gastrecht in seinem Land genießt. Es kann ein Segen sein, Fremde in sein Land zu lassen; Segen kann gerade innerhalb kultureller Verschiedenheit entstehen! So ist diese kleine Szene aufgeladen mit einer wichtigen politischen Aussage, die zentrales Thema im Buch Genesis ist: Wer als Nichtjude mit den Nachkommen Abrahams in Berührung kommt und diese gut behandelt, wird gesegnet. „Durch dich", spricht Gott zu Abraham, als er ihn beruft, „sollen alle Geschlechter der Erde Segen erlangen" (Gen 12,3; siehe auch Gen 22,18; 26,4; 39,5 u.a.). Jakob segnet als innerlich Verwundeter; aber gerade aus einem Leben in innerer und äußerer Heimatlosigkeit kann ein überreicher Segen für alle entstehen. In Jakob verdichtet sich das Schicksal des ganzen Volkes Israel, dem das „Fremdsein" in diesem Leben, real und metaphorisch verstanden, geradezu eingegraben ist (Berges, 2011).

Jakobs letzter Wille

Jakob lebte noch siebzehn Jahre in Ägypten. Als die Zeit kam, da er sterben sollte, rief er seinen Sohn Josef zu sich und sagte zu ihm: „Wenn du mich lieb hast, so lege mir deine Hand auf und schwöre, dass du gut und treu sein wirst und mich nicht in Ägypten begräbst. Wenn ich sterbe, bringe mich aus Ägypten weg und begrabe mich dort, wo meine Vorfahren begraben sind." Josef antwortete: „Ich werde Deinen Wunsch erfüllen." Dann neigte sich Jakob über das Kopfende des Bettes.

Einige Zeit darauf wurde Josef gesagt: „Dein Vater ist krank." Da nahm Josef seine beiden Söhne Manasse und Efraim und ging zu Jakob. Als Jakob die Söhne Josefs sah, richtete er sich im Bett auf. Er fragte: „Wer sind diese?" Josef antwortete: „Meine Söhne sind es, die mir Gott hier geschenkt hat."

Da sagte Jakob: „Jetzt sollen deine beiden Söhne mir gehören. Sie sollen mir genauso viel gelten wie Ruben und Simeon. Ich will sie segnen." Seine Augen waren vor Alter schwach geworden, er konnte nicht mehr recht sehen. Er zog die Söhne Josefs an sich heran, küsste und umarmte sie. Dann sagte er zu Josef: „Ich hatte nicht mehr geglaubt, dich jemals wieder zu sehen. Nun aber hat mich Gott sogar noch deine Nachkommen sehen lassen."

Die Bedeutung der Verneigung des Vaters zum Kopfende des Bettes hin ist unklar. Es könnte ein Gebetsgestus zum Lebensschluss sein oder auch als Erfüllung des Traums von Josef (37,9) verstanden werden, der im Traum voraussah, dass sich seine Geschwister und sein Vater vor ihm verneigen würden. Was hier geschieht ist aber doch anders, als es sich Josef gedacht hat. Denn das Verneigen geschieht nicht in Unterordnung, sondern im Vertrauen auf die Solidarität und Verlässlichkeit des Sohnes.

Wenn du das ganze Gemälde sehen willst, musst du einfach nur weiterblättern ...

Kommt dir die Geschichte mit dem vertauschten Segen bekannt vor? Schon wieder zieht der Erstgeborene den Kürzeren! Hat Jakob seine eigene Geschichte bewusst wiederholt? Aus der Sicht Rembrandts handelt Jakob hier ganz über-legt (!). Und es gibt auch keinen Konflikt zwischen Jakob und Josef. Anders als im Text. Denn da versucht Josef doch zu verhindern, dass sein Erstgeborener Manasse benachteiligt wird. Tatsächlich wollte Rembrandt zuerst den Streit darstellen. Das haben Röntgenaufnahmen des Bildes bewiesen. Sie zeigen, dass Rembrandt die Kopfstellung Josefs mehrere Male verändert hat. In der Endfassung nun sind Vater und Sohn innig miteinander vereint. Alles im Bild strahlt einen tiefen Frieden aus. Ungewöhnlich ist auch, dass Asenat mit dabei ist, die ägyptische Frau Josefs. Jakob segnet ihre Kinder. Dadurch nimmt er auch Asenat, die „Fremde", in sein Volk auf. In Kassel kannst du dir dieses berühmte Bild von Rembrandt im eindrucksvollen Original anschauen und auf dem Kinderkanal des elektronischen Museumsführers eine spannende wahre (!) Geschichte zu einem Säureattentat eines Verrückten auf dieses Gemälde anhören!

Jakob segnet seine Enkel

Den Erzählern war es hier wichtig, die beiden Söhne Josefs, deren Mutter eine Ägypterin ist, zu legitimieren und in die Geschichte Israels zu integrieren. Sie werden durch die Adoption Jakobs und seinen Segen Teil der zwölf Stämme Israels. In ihnen segnet Jakob Josef selbst, der als Stamm in seinen Söhnen „aufgeht". In einer anderen 12-Stämme Tradition beim großen Abschiedssegen für alle Jakobssöhne im nächsten Kapitel sind Efraim und Manasse nicht erwähnt, dafür aber Josef und Levi als eigener Stamm. Jakob durchkreuzt hier wie schon sein Vater Isaak den normalen Segensablauf und zieht den Jüngeren vor. Was Isaak noch unwillentlich tat, tut Jakob ganz bewusst. Denn Jakob hält an der umgekehrten Reihenfolge fest, auch als Josef ihn davon abhalten will. Segen ist Gnade und freies Geschenk Gottes; er wird nicht nach menschlichen Maßstäben verteilt, so die Botschaft. Die Bevorzugung Efraims hat aber auch mit der faktischen politischen Situation und den Interessen der Erzähler zu tun: Efraim war als Kerngebiet des Nordreichs Israel der viel wichtigere Stamm und man wollte zeigen, dass vor allem auf ihm der Segen des HERRN ruhte (Zenger u.a. 2010, 95).

Josef nahm seine Söhne Efraim und Manasse vom Schoß und neigte sich vor seinem Vater zur Erde. Jakob streckte seine Rechte aus und legte sie Efraim auf den Kopf, obwohl er der Jüngere war. Seine Linke aber legte er Manasse auf den Kopf. Dabei überkreuzte er seine Hände. Dann segnete er die Söhne Josefs und sprach:

„Der Gott, mit dem meine Väter Abraham und Isaak gelebt haben,
segne diese Jungen.
Der Gott, der mein Hirte gewesen ist mein Leben lang,
segne diese Jungen.
Der Engel, der mich erlöst hat von allem Unheil,
segne diese Jungen.
Weiterleben soll mein Name durch sie,
auch der Name meiner Väter Abraham und Isaak.
Sie sollen wachsen und viel werden auf Erden."

Als Josef sah, dass sein Vater seine Rechte Efraim auf den Kopf legte, gefiel ihm das nicht. Josef ergriff die Hand seines Vaters, um sie von Efraims Kopf auf den Kopf Manasses hinüberzuziehen. Er sagte zu seinem Vater: „Nicht so, Vater, sondern der ist der Erstgeborene. Leg deine Rechte ihm auf den Kopf!" Aber sein Vater wollte nicht. „Ich weiß, mein Sohn, ich weiß", sagte er, „auch er wird zu einem großen Volk werden. Aber sein jüngerer Bruder wird größer als er."

So setzte Jakob Efraim vor Manasse.

Rembrandt, Der Segen Jakobs, 1656
Öl auf Leinwand, 173 x 209 cm, Kassel, Staatliche Museen, Gemäldegalerie Alte Meister

Jakob stirbt und wird begraben

Dann rief Jakob seine Söhne. Einen jeden bedachte er mit dem Segen, der ihm zukam: Ruben, Simeon, Levi, Juda, Sebulon, Issachar, Dan, Gad, Ascher, Naftali, Josef und Benjamin. Sie alle sind die zwölf Stämme Israels. Und er trug ihnen auf: „Ich werde mit meinen Vorfahren vereint. Begrabt mich bei meinen Vätern in der Höhle von Machpela auf dem Grundstück des Hetiters Efron. Dort hat man Abraham und seine Frau Sara begraben; dort hat man Isaak und seine Frau Rebekka begraben." Und als Jakob den Auftrag an seine Söhne beendet hatte, tat er seine Füße auf dem Bett zusammen und starb.

Da warf sich Josef über das Gesicht seines Vaters, weinte um ihn und küsste ihn. Dann befahl er den Ärzten, seinen Vater einzubalsamieren. Darüber vergingen vierzig volle Tage, denn so lange dauerte die Einbalsamierung. Die Ägypter beweinten ihn siebzig Tage lang.

Als die Tage der Trauer vorüber waren, zog Josef mit allen Hofleuten des Pharao, mit den Ältesten ganz Ägyptens, dazu mit seinen Brüdern und seinem ganzen Haus nach Kanaan, um seinen Vater zu begraben. Auch die Wagen und Pferde zogen mit ihm, so dass es ein sehr großer Zug wurde.

Als sie nach Goren-Atad jenseits des Jordan gekommen waren, hielten sie dort eine sehr große, würdige Totenklage. Sieben Tage hielt er um seinen Vater Trauer. Die Einheimischen, die Kanaaniter, beobachteten sie und sagten: „Eine würdige Trauerfeier veranstalten da die Ägypter." Jakobs Söhne taten, was Jakob ihnen angeordnet hatte: Sie brachten Jakob nach Kanaan und begruben ihn in der Höhle des Grundstücks von Machpela.

Jakob lässt am Sterbebett jedem einzelnen Sohn seinen individuellen Segen zukommen. Seine Segenssprüche sind als Weissagungen formuliert und nehmen zukünftige Entwicklungen in den Blick. Sie enthalten sowohl Würdigung und Lob als auch scharfe Verurteilungen. So verflucht Jakob Simeon und Levi, weil sie Sichem überfallen haben und kündigt an, dass sie als Stämme unter Israel aufgeteilt und zerstreut werden. Juda hingegen bekommt große Anerkennung: „Juda", so sagt er, „dir jubeln die Brüder zu … Ein junger Löwe ist Juda … Nie weicht von Juda das Zepter" (Gen 49,8f). Auch Josef wird gut bedacht und von „Gott, dem Allmächtigen" (Gen 49,25) reichlich Segen empfangen. Die Orakel beziehen sich zwar auch auf Ereignisse der Patriarchenzeit, beschreiben jedoch eine spätere Situation. In den Stammessprüchen bilden sich die politischen Machtverhältnisse der Zeit ab, in der sie abschließend bearbeitet wurden, eine Zeit, in der die Stämme Juda und Josef (Efraim und Manasse) eine beherrschende Rolle im nationalen Leben spielten. Diese Segenssprüche haben den Exegeten viel Kopfzerbrechen bereitet, da sie in ihrer poetischen Fülle an Wortspielen und Andeutungen äußerst schwierig zu übersetzen sind.

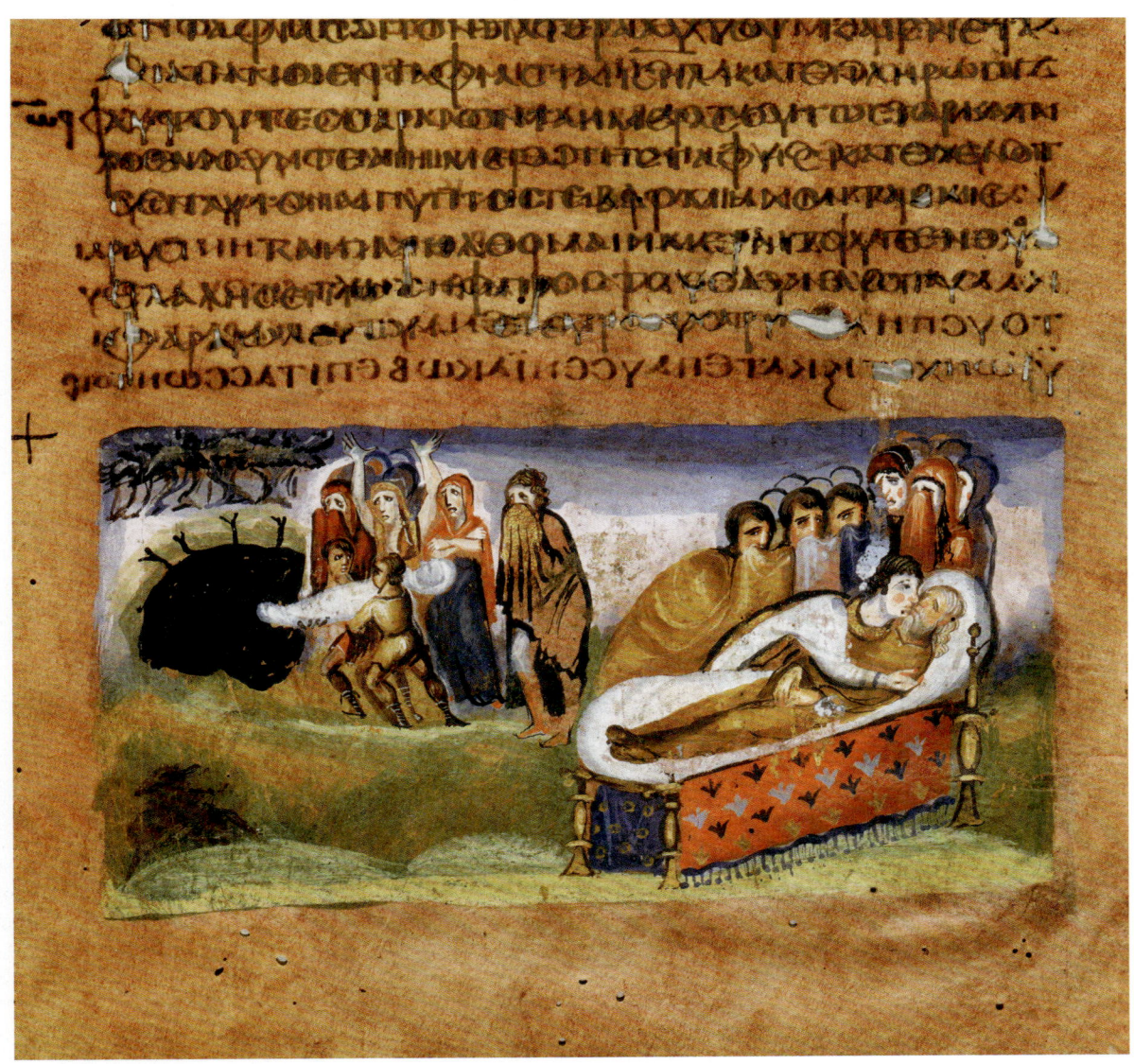

Hier habe ich dir noch einmal eine schöne Miniatur aus der Wiener Genesis rausgesucht. Du kennst den Stil ja jetzt schon von der Noachgeschichte und der Verheißung an Abraham. Du siehst die weinenden Söhne Jakobs. Sie halten die Totenklage. Siebzig Tage lang trauern nicht nur sie, sondern ganz Ägypten! Der, der sich über den toten Jakob beugt und ihn im Abschied noch einmal innig an sich drückt, ist sicher Josef, Jakobs Erstgeborener von seiner Lieblingsfrau Rahel. Im Hintergund ist in einer zweiten Szene zu sehen, wie der einbalsamierte Jakob nach dem feierlichen Leichenzug von Ägypten nach Kanaan in die Höhle von Machpela gelegt wird. War das ein grandioses Staatsbegräbnis, wie es würdiger für einen Patriarchen nicht hätte sein können!

Wiener Genesis, Jakobs Tod und Begräbnis

Josef beruhigt seine Brüder – Josef stirbt

Man fragt sich, wieso die Brüder noch an der Vergebung Josefs zweifeln, da ihnen doch Josef bei der Versöhnung (Gen 45,4-8) schon versichert hatte, dass Gott alles so gefügt habe und er keinerlei Hass gegen seine Brüder hege. War es damals so, dass ein solcher Streit nach dem Tod des Vaters, dem sich die Kinder moralisch verpflichtet fühlten, wieder aufleben konnte? Die Worte Josefs mit ihren Hinweisen auf Gottes Vorsehung sind Schlüssel zum Verständnis der Josefgeschichte; dass sie noch einmal am Schluss stehen, unterstreicht ihre Wichtigkeit und dient der Überleitung zum Buch Exodus. In der Joseph-Novelle geht es letztlich nicht um die Frage nach menschlicher Schuld, sondern nur um die Frage nach Gottes Plänen mit den Menschen. Der Plan Gottes sieht vor, ein „großes Volk am Leben zu erhalten". Josefs Brüder sind nur Werkzeug dieses göttlichen Heilsplans. Schlechte menschliche Absichten können helfen, gute Absichten Gottes zu verwirklichen. Und so kommt es zu einer eigentümlichen Ironie: Hätten die Brüder Josef nicht als Sklaven nach Ägypten verkauft, hätte das Volk Israel die große weltweite Hungerkatastrophe nicht überlebt. Es musste alles so kommen, will uns der Erzähler sagen, sonst hätte sich das Heil, das Gott mit den Menschen vorhat, nicht seinen Weg bahnen können.

Nachdem Josef seinen Vater begraben hatte, kehrte er nach Ägypten zurück, zusammen mit seinen Brüdern und allen, die mitgezogen waren. Die Brüder Josefs aber machten sich Sorgen, weil ihr Vater tot war. Sie sagten zueinander: „Josef könnte nun nachtragend werden und sich für all das rächen, was wir ihm angetan haben!" Deshalb ließen sie Josef sagen: „Ach, vergib doch deinen Brüdern ihr Verbrechen und ihre Sünde!"

Als Josef das hörte, musste er weinen. Seine Brüder fielen vor ihm nieder und sagten: „Hier sind wir als deine Sklaven." Josef aber antwortete ihnen: „Habt keine Angst! Stehe ich denn an Gottes Stelle? Ihr habt zwar Böses gegen mich geplant, Gott aber hat es zum Guten gewendet. Denn er wollte erreichen, was heute geschieht: Ein so zahlreiches Volk am Leben zu erhalten. Nun also habt keine Angst! Ich will für euch und eure Kinder sorgen." So tröstete er sie und redete ihnen freundlich zu.

Josef blieb in Ägypten, er und das Haus seines Vaters. Josef wurde hundertzehn Jahre alt. Er sah noch Efraims Söhne und Enkel. Auch die Enkel seines Sohnes Manasse sah er noch. Dann sprach Josef zu seinen Brüdern: „Ich muss sterben. Gott wird an Euch denken. Er wird euch aus diesem Land herausführen. Er wird euch in jenes Land hinaufführen, das er Abraham, Isaak und Jakob mit einem Eid versprochen hat." Und Josef ließ seine Brüder schwören: „Wenn das geschieht, dann nehmt auch meine Gebeine von hier mit!"

Josef starb im Alter von hundertzehn Jahren. Man balsamierte ihn ein und legte ihn in Ägypten in einen Sarg.

Josephs Tod, Erfurt, Dom, Josephfenster

Bilderrätsel Genesis

Hast du schon einmal erlebt, dass deine Geschwister (wenn du welche hast) oder auch Freunde richtig fies zu dir waren? Und dass sich alle gegen dich verbündet haben? In der Josefsgeschichte, die hier auf den Seiten vorher erzählt wurde, ist das so. Da ist Josef, und der wird von seinen Brüdern ganz gemein behandelt. Allerdings muss man sagen, dass er nicht ganz unschuldig daran ist.

Bevor noch alles Böse passiert, sagt er einen Satz, an dem eigentlich so nichts Besonderes ist. Wenn man aber die Geschichte kennt, wird einem klar, dass er mit diesem Satz ziemlich viel sagt, ohne dass ihm das selbst bewusst ist. Er deutet mit diesem Satz indirekt an, wie sehr er sich in seinem Leben doch nach einer guten Beziehung zu den anderen Menschen sehnt, insbesondere zu seinen Geschwistern. Wenn du die Rätselfragen unten löst, kommt dabei dieser kleine Satz heraus. Er besteht aus vier Wörtern. Du musst fast immer (wenn nicht anders angegeben) den ersten Buchstaben vom gesuchten Wort (das Bild hilft dir dabei) einsetzen, dann ergibt sich der Satz von alleine. Zwischen Groß- und Kleinschreibung wird nicht unterschieden. Die erste Antwort gebe ich dir, die anderen musst du aber selbst rausfinden! Nun viel Spaß beim Rätselraten!

Lösung (pro Strich ein Buchstabe): M _ _ _ _ _ _ _ _ _ _ _ _ _ _ _ _ _ .

Was hat Gott am vierten Tag außer den Sternen noch erschaffen? Antwort: Den Mond!

(Gesuchter Buchstabe ist M, der erste Buchstabe des gesuchten Wortes.)

Hier geht es um die
. . .
der Arche!

Dieser Junge ist ein Sohn von Abraham:
Er heißt: . . .

Noach hat später einmal zu viel
. . .   (4. Buchstabe und 2. Buchstabe) getrunken.

Sicher war es ihm nicht so geheuer, dass Gott einen . . . mit ihm schließen wollte!

Dieses Kind sieht ziemlich fromm aus. Ein ganz berühmter Maler hat es gemalt.
Er heißt: . . .

Dieses wunderbare Kunstwerk ist kein Gemälde, sondern eine vergoldete ...
(zweiter Buchstabe) aus Bronze.

Wo kann man sich dieses wunderschöne Glasfenster anschauen?
Im ... von Erfurt!

Dieser kleine Junge hat es nicht leicht im Leben.
Er heißt: ...

Jakob liebte ...
über alles!

Lots Frau erstarrte zur ...
weil sie sich noch einmal nach der brennenden Stadt Sodom umgeschaut hatte.

Das hier war ein ganz großer ...
(5. Buchstabe)!

Könnt ihr euch vorstellen, dass ein Apfel für euch eine ...
(6. Buchstabe) ist, der ihr nicht widerstehen könnt?

In seinen Träumen hatte der Pharao vorausgesehen, dass eine große ...
kommen würde.

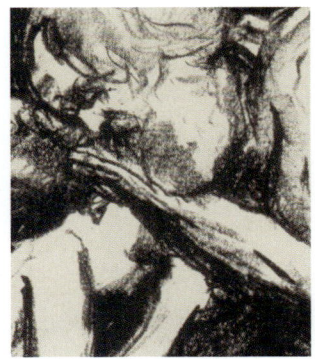

Hier nimmt Jakob schweren Herzens Abschied von
... (2. Buchstabe).

... (3.Buchstabe) war wie Esau auch so ein Unglücksrabe und hatte einen jüngeren Bruder, dem scheinbar alles besser gelang.

Hier ziehen alle Tiere paarweise in die ...
(3. Buchstabe) Noachs.

Um diese schöne goldene Tafel zu sehen, muss man nach ... fahren.

241

Das Buch Exodus

שמות

Schemot

(Namen)

Einführung

Ähnlich wie beim Buch Genesis verrät hier der Name etwas von seinem Inhalt: Das Buch Exodus handelt vom Auszug der Israeliten aus Ägypten nach jahrelanger Knechtschaft. Zentrale Figur in diesem Geschehen ist Mose, Israels erster und wichtigster Prophet, Stifter der jüdischen Religion, Urheber des Monotheismus.

Das Buch Exodus lässt sich grob in vier Teile gliedern: Im ersten Teil (Ex 1–15) wird die Versklavung der Israeliten durch die Ägypter geschildert. Im zweiten Teil (Ex 15–17) finden der Auszug und die Wüstenwanderung zum Sinai statt. Es folgt im dritten Teil (Ex 18–24) die große Offenbarung Gottes am Sinai mit anschließendem Bund und Gesetzgebung, darunter die Zehn Gebote. Schließlich geht es im letzten Teil (Ex 25–40) um das Goldene Kalb, um die Frage nach der richtigen Verehrung Gottes.

Die Erzählung gibt sich wenig Mühe, historische Details zu liefern, und so bewegt man sich im Rahmen von Spekulation, will man das Exodusereignis genau datieren oder eine ungefähre Anzahl der Israeliten, die auszogen, festmachen. Auch gibt es keine wirklich stichhaltigen Beweise dafür, dass der Exodus überhaupt als solcher stattgefunden hat. Dennoch spricht andererseits nichts dagegen anzunehmen, dass es eine Gruppe von Hebräern gegeben hat, die während einer Hungersnot nach Ägypten auswanderten, dort unter Ramses II (reg. 1279–1213 v. Chr.) versklavt wurden und später unter der Führung des Mose unter Meneptah (reg. 1213–1203 v. Chr.), dem Sohn von Ramses, das Land verließen. Hätten die Israeliten ihre eigene Geschichte erfunden, wären sie wahrscheinlich nicht auf die Idee gekommen, ihren Ursprung nach Ägypten zu verlagern, wo sie als Sklaven tief gedemütigt wurden, sondern hätten sich eher als Ureinwohner ihres eigenen Landes porträtiert.

Für die Juden ist das Buch Exodus das wichtigste Buch der Bibel. Fundamentale Prinzipien des Judentums sind hier festgehalten: Der Glaube, dass die Beziehung zwischen Gott und seinem jüdischen Volk auf einem Bund beruht, der auf dem Sinai geschlossen wurde, und der Glaube, dass Gott dort seinem Volk die Gesetze gegeben hat, die das Leben der Juden bis heute regeln.

Die Ereignisse, die im Exodusbuch geschildert werden, sind die Grundlage für die drei jährlichen Hauptfeste im Judentum: Das Passahfest (Pessach) in Erinnerung an den Auszug, das Wochenfest (Schawuot) 50 Tage später zur Erinnerung an die Toraoffenbarung am Sinai und schließlich das siebentägige Laubhüttenfest (Sukkot), das auch an den Auszug aus Ägypten und zugleich an den Einzug ins Gelobte Land erinnert. Alle drei Feste sind mit jahreszeitlichen Ereignissen (erstes Treiben des Roggens, Fest der Weizenernte, Fest der Weinlese) verknüpft.

Die Israeliten als Sklaven in Ägypten

Josef und alle seine Brüder waren gestorben. Aber ihre Nachkommen waren fruchtbar, so dass das Land von ihnen nur so wimmelte. Sie mehrten sich und wurden übermächtig und das Land wurde von ihnen voll. So war das Volk Israel in Ägypten sehr stark geworden.

Da kam in Ägypten ein neuer König an die Macht, der von Josef nichts mehr wusste. Er sagte zu seinem Volk: „Seht nur, das Volk der Israeliten ist größer und stärker als wir. Gebt acht!" Er setzte Aufseher über sie ein, um sie durch schwere Arbeit unter Druck zu setzen. Sie mussten für den Pharao die Städte Pitom und Ramses als Vorratslager bauen.

Aber je mehr sie das Volk unterdrückten, desto stärker vermehrten sie sich und breiteten sich aus. Den Ägyptern wurde das unheimlich. Daher gingen sie hart gegen die Israeliten vor und machten sie zu Sklaven. Sie machten ihnen das Leben schwer durch harte Arbeit mit Lehm und Ziegeln und durch alle möglichen Arbeiten auf den Feldern.

Der geschichtliche Hintergrund der Exodustexte ist schwer zu bestimmen. Immerhin aber hat man die beiden Städte Pitom und Ramses nach Ausgrabungen am Ostrand des Nildeltas teilweise freigelegt und ihre Erbauung in die Zeit von Pharao Ramses II. (ca. 1303–1213 v. Chr.) datiert. Die beiden Städte standen an strategisch wichtigen Punkten und dienten dazu, den Zugang Ägyptens vom Norden und Nordosten her militärisch abzusichern. Es ist belegt, dass immer wieder fremde Stämme im Land wohnen durften, die dann als Gegenleistung beim Bau von Städten und Festungen mitwirken mussten. So ist es denkbar, dass das 13. Jahrhundert ungefähr die Zeit war, in der sich die Israeliten in Ägypten aufhielten und dort schwere Fronarbeit zu leisten hatten, bevor sie dann auszogen. Die kritische Bibelwissenschaft geht allerdings davon aus, dass tatsächlich nicht alle zwölf Stämme Israels in Ägypten waren, sondern nur einige Patriarchen-Sippen. Von einem „Volk Israel" konnte damals in Ägypten noch keine Rede sein.

Dieses Bild kommt aus einer wunderschönen spanischen Haggada. Eine Haggada ist ein jüdisches Gebetbuch mit Erzählungen über die Befreiung des Volkes Israel aus der ägyptischen Sklaverei. Aus diesem Buch wird am Abend vor dem großen Pessachfest vorgelesen, das an den Auszug aus Ägypten erinnert. Die prunkvolle Illustration zeigt das harte Leben der Israeliten: Zwei Aufseher treiben unerbittlich zur Arbeit an. Der eine steht oben auf dem Turm mit einem Hammer in der Hand, der andere schwingt unten drohend seine Peitsche. Die Personen auf den Pferden könnten der Pharao mit einem Diener sein. Aber siehst du die Szene über den goldenen Buchstaben auf blauem Hintergrund (sie bedeuten hebr. avatim = Sklaven)? Das hat ja wohl gar nichts mit der Geschichte zu tun! Oder doch? Da serviert ein Hund einem Hasen, der auf einem thronähnlichen Stuhl sitzt, ein Glas Wein! Soll hier der Pharao karikiert werden? Auf jeden Fall ist es eine lustige Szene, die im Gegensatz zum Ernst des Themas steht. Die Haggada war nämlich ein Buch, das vor allem für Kinder geschrieben und illustriert wurde. Und da nahmen sich die Illustratoren die Freiheit heraus, auch mal ein paar kleine komische Szenen einzuschmuggeln!

Barcelona Haggada, Die Knechtschaft der Israeliten, um 1370, Katalonien, 25,5 x 19,0 cm, London, British Library

Zwei Hebammen zeigen Mut

Schließlich sagte der König von Ägypten zu den hebräischen Hebammen – die eine hieß Schifra, die andere Pua: „Wenn ihr den hebräischen Frauen bei der Geburt helft und seht, dass es ein Junge ist, so tötet ihn! Ist es aber ein Mädchen, so lasst es leben!" Die Hebammen aber hatten Ehrfurcht vor Gott und taten nicht, was ihnen der König von Ägypten gesagt hatte. Sie ließen alle Kinder am Leben. Da rief der König von Ägypten die Hebammen zu sich und sagte zu ihnen: „Warum habt ihr das getan und die Jungen am Leben gelassen?" Die Hebammen antworteten dem Pharao: „Die hebräischen Frauen sind nicht so wie die Ägypterinnen: Sie sind kräftig. Bevor die Hebamme noch zu ihnen kommen kann, haben sie schon geboren."

So vermehrte sich das Volk Israel weiterhin und wurde immer mächtiger. Gott aber ließ es den Hebammen gut gehen. Und weil die Hebammen Ehrfurcht vor Gott hatten, schenkte er auch ihnen Nachkommen. Da befahl der Pharao seinem ganzen Volk: „Alle Jungen, die geboren werden, werft in den Nil! Alle Mädchen aber dürft ihr am Leben lassen!"

Dieses Bild kommt auch aus einer spanischen Haggada. Diese sogenannte „Goldene Haggada" zählt zu den schönsten mittelalterlichen Handschriften Spaniens. Der Hintergrund aller Miniaturen der Goldenen Haggada ist aus echtem, hauchdünn ausgewalztem Gold (daher auch ihr Name)! Hier nun siehst du den Pharao im Gespräch mit den zwei Hebammen. Endlich einmal sind Frauen in der Bibel die Heldinnen! Nur wenige Verse sind ihnen gewidmet, aber was sie erzählen, ist umso wichtiger. Schifra (ihr Name bedeutet „Schönheit") und Pua (ihr Name bedeutet „Glanz") aus dem unterdrückten Volk wagen es, sich gegen den Befehl des Pharaos aufzulehnen. Und wie listig sie es angehen! Sie erzählen ihm eine Lügengeschichte und berühren den wunden Punkt des Pharao: Er hat ja gerade Angst vor den vitalen Frauen der Fremden in seinem Land, die dafür sorgen, dass das Volk Israel stark wird. Und so glaubt er ihnen und verschont sie. Die beiden mutigen Hebammen helfen dem Volk Israel auf lange Sicht zu überleben. Sie sind die Vorbotinnen zweier genauso klugen Frauen, von denen die nächste Geschichte handelt ...

Goldene Haggada – Jüdische Buchmalerei, Der Pharao befiehlt den Hebammen, alle neugeborenen Jungen zu töten um 1320–30, Katalonien, nahe Barcelona, London, British Library

Die Kindheitsgeschichte des Mose

Eine wunderbare Rettung

Ein Mann ging hin und heiratete eine Frau aus seinem eigenen Stamm, aus der Nachkommenschaft von Levi. Sie wurde schwanger und bekam einen Sohn. Als sie sah, dass es ein wohlgeratenes Kind war, verbarg sie es drei Monate lang. Als sie es aber nicht länger verbergen konnte, nahm sie ein Binsenkörbchen und dichtete es mit Pech und Teer ab. Dann legte sie den Jungen hinein und setzte ihn am Nilufer im Schilf aus. Seine Schwester blieb in der Nähe stehen. Sie wollte sehen, was mit ihm geschehen würde.

Da kam die Tochter des Pharao herab, um im Nil zu baden. Ihre Dienerinnen gingen unterdessen am Nilufer auf und ab. Auf einmal sah sie im Schilf das Körbchen. Sie ließ es durch ihre Magd holen. Als sie es öffnete und hineinsah, lag ein weinendes Kind darin. Sie bekam Mitleid mit ihm und sagte: „Das ist ein Hebräerkind." Da sagte seine Schwester zur Tochter des Pharao: „Soll ich zu den Hebräerinnen gehen und dir eine Amme rufen, damit sie dir das Kind stillt?" Die Tochter des Pharao antwortete ihr: „Ja. Geh!"

Das Mädchen ging und rief die Mutter des Jungen herbei. Die Tochter des Pharao sagte zu ihr: „Nimm das Kind mit, und still es mir! Ich werde dich dafür entlohnen." Die Frau nahm das Kind zu sich und stillte es. Als der Junge größer geworden war, brachte sie ihn der Tochter des Pharao zurück. Diese nahm ihn als ihren Sohn an. Sie nannte ihn Mose und sagte: „Ich habe ihn aus dem Wasser gezogen."

Die Geburtsgeschichte von Mose trägt märchenhafte Züge: Dass eine Königstochter offen zum Baden gehen darf und eine Hebräerin so ohne weiteres Zugang zu ihr hat, ist eher unwahrscheinlich. Die Erzählung hat frappierende Ähnlichkeit mit noch älteren Geburtslegenden anderer Helden. Als historische Gestalt ist Mose jedoch wenig greifbar. Aus dem biblischen Bericht erfahren wir nur sehr indirekt und wenig historisch Überprüfbares über ihn. Die Geschichten, die wir heute in unserer Bibel über Mose lesen, wurden erst im 5. Jahrhundert vor Christus schriftlich fixiert, also in einem zeitlichen Abstand von über 600 Jahren zum vermuteten „wirklichen" Geschehen und beschreiben deshalb keinen „realen", sondern eher einen „idealen" Mose. – In diesen ersten Episoden spielen Frauen (die Hebammen, die Mutter und die Schwester des Mose, die Pharaonentochter, die den Befehl ihres Vaters missachtet) eine wichtige Rolle. Mit ihrem Mut und ihrer Verschlagenheit helfen sie, Leben zu retten. Als Mose jedoch erwachsen ist, setzt er seine Existenz, die diese Frauen so mühsam für ihn erkämpft haben, mit einer eigenmächtigen Gewalttat, die nun folgt, wieder aufs Spiel. Obwohl der Text nicht wertet, impliziert doch diese Gegenüberstellung des unbedacht handelnden Mose zu den klug agierenden Frauen, dass die Bluttat nicht die Zustimmung der Verfasser findet.

Kannst du erkennen, wo die Schwester des Mose steht?

Die Auffindung des Mose, 1883, Mosaik, Chester (England), Kathedrale, nördliches Seitenschiff

Sandro Botticelli (1445–1510), Die Jugend des Mose (Ausschnitt), 1481–82
Fresko, insgesamt: 348,5 x 558 cm, Rom, Vatikan, Sixtinische Kapelle

Mose flieht nach Midian

Die Jahre vergingen, und Mose wuchs heran. Eines Tages ging er zu seinen Brüdern hinaus und schaute ihnen bei der Sklavenarbeit zu. Da sah er, wie ein Ägypter einen Hebräer erschlug, einen seiner Stammesbrüder. Mose sah sich nach allen Seiten um und als er sah, dass sonst niemand da war, erschlug er den Ägypter und vergrub ihn im Sand. Am nächsten Tag ging er wieder hinaus. Da stritten gerade zwei Hebräer miteinander. Er sagte zu dem, der im Unrecht war: „Warum schlägst du einen Mann aus deinem eigenen Volk?" Der antwortete: „Wer hat dich zum Aufseher und Richter über uns gemacht? Willst du mich auch umbringen wie den Ägypter?" Da bekam Mose Angst. Er sagte sich: „So ist die Sache doch bekannt geworden."

Auch der Pharao hörte davon und wollte Mose töten lassen. Mose aber entkam ihm. Er verließ Ägypten und floh nach Midian. Dort wollte er bleiben. Er setzte sich an einen Brunnen. Der Priester von Midian hatte sieben Töchter. Sie kamen zum Wasserschöpfen und wollten die Tröge füllen, um die Schafe und Ziegen ihres Vaters zu tränken. Doch die Hirten kamen und wollten sie verdrängen. Da stand Mose auf und kam ihnen zu Hilfe. Er tränkte ihre Schafe und Ziegen. Als sie zu ihrem Vater zurückkehrten, erzählten sie: „Ein Ägypter hat uns gegen die Hirten verteidigt. Er hat uns sogar Wasser geschöpft und das Vieh getränkt." Da sagte er: „Holt ihn und ladet ihn doch ein, mit uns zu essen!" Er lud Mose ein, und Mose entschloss sich, bei dem Mann zu bleiben. Dieser gab ihm seine Tochter Zippora zur Frau. Sie brachte einen Sohn zur Welt. Er nannte ihn Gerschom. Er sagte: „Gast bin ich in fremdem Land geworden."

Lange Zeit danach starb der König von Ägypten. Die Israeliten stöhnten noch unter der Sklavenarbeit. Sie klagten und ihr Hilferuf stieg zu Gott empor. Gott hörte ihr Stöhnen. Gott dachte an seinen Bund mit Abraham, Isaak und Jakob. Er nahm sich der Israeliten an.

Die Midianiter sind ein arabischer Stamm, die als Nomaden Palästina durchzogen und in späterer Zeit als Feinde Israels galten. Der Richter Gideon besiegte sie in einer denkwürdigen Schlacht (Ri 6-8); seither wurde der „Tag von Midian" zur Chiffre für Gottes Schutz und Rettung in allerhöchster Not. Dass Mose hier eng mit Midian assoziiert wird, ja sogar eine Frau aus Midian heiratet, lässt darauf schließen, dass diese Textpassagen sehr alt sind und aus einer Zeit stammen, in der sie in freundschaftlichem Kontakt mit dem im Entstehen begriffenen Israel standen und Handel mit ihnen trieben.

Der brennende Dornbusch

Mose weidete die Schafe seines Schwiegervaters Jitro. Eines Tages trieb er das Vieh über die Steppe hinaus und kam zum Gottesberg Horeb. Dort erschien ihm der Engel des HERRN in einer Feuerflamme, mitten aus einem Dornbusch heraus. Er schaute hin und siehe: Da brannte der Dornbusch und verbrannte doch nicht. Mose sagte: „Ich will näher gehen und mir die ungewöhnliche Erscheinung ansehen. Warum verbrennt denn dieser Dornbusch nicht?"

Als der HERR sah, dass Mose näher kam, um sich das anzusehen, rief er ihm aus dem Dornbusch zu: „Mose, Mose!" Er antwortete: „Hier bin ich." Der HERR sagte: „Komm nicht näher heran! Leg deine Sandalen ab; denn der Ort, wo du stehst, ist heiliger Boden. Ich bin der Gott deines Vaters, der Gott Abrahams, der Gott Isaaks und der Gott Jakobs." Da verhüllte Mose sein Angesicht, denn er fürchtete sich, Gott anzuschauen.

Nach einer kurzen Unterbrechung mit zwei Bildern aus anderen Epochen geht's nun weiter mit Miniaturen aus der Goldenen Haggada! Ziemlich genau hat hier der Maler das Geschehen in Szene gesetzt. Wie damals üblich, zeigt er gleichzeitig, was nacheinander passiert. Wenn man das nicht weiß, ist man erst etwas verwirrt, wenn man Moses zweimal auf einem Bild sieht! Das Besondere an der Goldenen Haggada gegenüber anderen Handschriften ist auch, dass die ersten 14 Seiten nur aus Bildern bestehen. Jede Seite enthält dabei je vier Miniaturen. Du musst dir die einzelne Miniatur, wie sie hier zu sehen ist, im Original allerdings etwas kleiner vorstellen. Die British Library hat die Goldene Haggada übrigens digitalisiert. Du kannst sie im Internet runterladen und nach Lust und Laune darin rumblättern und mit einer Lupe die Details betrachten, besser als es im Original je möglich wäre. Das wäre vor 700 Jahren undenkbar gewesen!

Goldene Haggada, Der brennende Dornbusch

Der HERR sprach: „Ich habe das Elend meines Volkes in Ägypten gesehen. Ihre laute Klage über ihre Antreiber habe ich gehört. Ich kenne ihr Leid. Darum bin ich herabgestiegen, um sie der Gewalt der Ägypter zu entreißen und um sie aus diesem Land hinauszuführen in ein gutes und weites Land, in ein Land, in dem Milch und Honig fließen. Und jetzt geh! Ich sende dich zum Pharao. Führe mein Volk, die Israeliten, aus Ägypten heraus!" Mose aber antwortete: „Wer bin ich, dass ich zum Pharao gehen und die Israeliten aus Ägypten herausführen könnte?" Gott jedoch sagte: „Ich bin mit dir. Dies soll dir ein Zeichen sein, dass ich dich sende: Wenn du das Volk aus Ägypten herausgeführt hast, werdet ihr Gott an diesem Berge dienen."

Da sprach Mose zu Gott: „Wenn ich nun zu den Israeliten komme und ihnen sage: Der Gott eurer Väter hat mich zu euch gesandt, werden sie mich fragen: Wie heißt er? Was soll ich ihnen darauf sagen?"

Da sprach Gott zu Mose: „Ich bin der ICH-BIN-DA." Und er fügte hinzu: „Sag zum Volk Israel: Der ICH-BIN-DA hat mich zu euch geschickt: Der HERR! Er ist der Gott eurer Väter, der Gott Abrahams, der Gott Isaaks und der Gott Jakobs. ‚HERR' soll mein Name für immer sein."

Der brennende Dornbusch ist ein Schlüsseltext des Ersten Testaments. Hier erfährt Mose als DER Prophet schlechthin seine Berufung zum Führer Israels, hier offenbart Gott, wie er „gesehen" und „genannt" werden will (siehe Exkurs zum Gottesnamen auf nächster Seite). Alle späteren Propheten des Nordreichs (wie zum Beispiel Elia, Elischa, Hosea und Amos) werden ihre Legitimität nicht aus einer individuellen Berufung herleiten, sondern im Rückgriff auf Mose, als dessen Nachfolger sie sich verstehen. Der brennende Dornbusch ist auf vielfältige Weise ausgelegt worden. Im Rahmen einer rationalistischen Bibelauslegung hat man versucht, den brennenden Dornstrauch „natürlich" zu erklären und mit einer tatsächlichen farbig leuchtenden Pflanze zu identifizieren. Doch wird diese Bemühung um botanische Genauigkeit kaum den Kern der Aussage treffen können; die Bibel ist weder an Naturwissenschaft noch an Geschichte im modernen Sinn interessiert. Viel tiefer greift dagegen die symbolische Auslegung: Im Bild des brennenden und doch nicht verbrennenden Dornstrauchs offenbart sich das paradoxe Geheimnis eines Gottes, der fern und nah zugleich ist, Furcht erregt und dabei doch nicht zerstörerisch wirkt („verbrennt"). Im Feuer der Dornen entzieht er sich allem menschlichen Zugriff, erscheint allmächtig und unerreichbar und wärmt doch mit der Kraft seines „Feuers" (Zenger 2004, 65). In der Interpretation des Christentums wurde der Dornbusch zum Sinnbild für die jungfräuliche Maria, die Gott in sich trug und doch unversehrt blieb. So gibt es viele bildliche Darstellungen, auf denen Maria mit dem Jesuskind im Dornbusch erscheint.

Exkurs

Der Gottesname

Wir alle haben einen Namen. Ohne Namen kann uns keiner rufen und weiß keiner, wer wir sind. Unser Name gibt uns Identität und macht uns unverwechselbar. Wie ist das aber mit Gott? Hat Gott einen Namen? Heißt Gott einfach nur „Gott"? Können wir einen passenden Namen für Gott finden, wo wir noch nicht einmal sicher um seine Existenz wissen, geschweige denn eine konkrete Vorstellung von der Art seiner Seinsweise haben? Andererseits: Brauchen wir nicht doch einen Namen für den, mit dem wir persönlich sprechen wollen, auch wenn wir ihn nie gesehen oder angefasst haben?

Nun hat Gott Mose in der Geschichte des brennenden Dornbusches gesagt, wie er (auf Hebräisch) heißt: JHWH (in unserem Text mit HERR wiedergegeben, s.u.). Dieser Gottesname ist zwar nicht der einzige, den die Bibel nennt (vgl. zum Beispiel den Namen Elohim für Gott im ersten Schöpfungsbericht u.a., dazu: Hieke 2010), dabei aber doch der weitaus gebräuchlichste. Er kommt mehr als 6000-mal im Ersten Testament vor. Der Name JHWH besteht geschrieben lediglich aus vier Konsonanten und ist uns nur unvokalisiert überliefert, sodass wir gar nicht genau wissen, wie wir ihn aussprechen sollen. Am ehesten, so hat sprachwissenschaftliche Forschung ergeben, könnte der Name JHWH als „Jahwe" oder „Jahwä" zu lesen sein.

Dieser Gottesname war nicht neu; JWHW war der Gott der Vorfahren („Väter") der Israeliten gewesen. Abraham ruft den Gott JHWH in Kanaan von Ort zu Ort immer wieder an. Es wäre unwahrscheinlich anzunehmen, dass ein Volk auch im Exil nicht den Gott seiner Väter kannte. Der Name JWHW war aber möglicherweise zu einem leeren,

„halb verschollenen" (Buber 1994, 67) Lautgebilde entartet, und nun galt es für Mose, dem Volk klarzumachen, was für einer eigentlich dieser Gott ist, von dem er da spricht. Immerhin hatten die versklavten Israeliten sicherlich das Gefühl bekommen, dass es ein Gott war, der sich doch all die Zeit nicht um sie gekümmert hatte.

So will Mose von Gott nicht einfach einen Namen hören, den er dann seinem Volk mitteilen würde, sondern eine Beschreibung dessen, was wesentliche Eigenschaften des Namensträgers sind. Wenn er im hebräischen Bibeltext Gott nach seinem Namen fragt, fragt er nach der Bedeutung des Namens (hebr. *mah* = was ist dein Name?) und nicht nach der reinen Benennung (das Fragewort hätte dann hebr. *mi* lauten müssen = wer bist du?). Die deutsche Übersetzung mit: „Wie heißt er?" ist hier irreführend, weil der Leser als Antwort nur einen Namen erwartet (Buber 1994, 64).

Was nun aber bedeutet der Name? Auf seine Frage nach dem Namen erhält Mose die Antwort: (hebr.) *ehjeh ascher ehjeh*, oft mit „ich bin, der ich bin" übersetzt. Diese Übersetzung ist ziemlich inhaltsleer und könnte eher als eine Verweigerung Gottes verstanden werden, sich überhaupt zu offenbaren. Martin Buber legt dar, dass die Verbform *ehjeh* (eine archaische Form von „sein") eher meint: „geschehen, werden, da sein, gegenwärtig sein" (1994, 69). Dementsprechend kommt die inzwischen geläufigere deutsche Übersetzung dem Sinn viel näher: „Ich bin der ICH-BIN-DA." Der Gottesname JHWH bedeutet nun: JHWH ist „der da sein wird" oder „der da ist", und das nicht bloß irgendwann und irgendwo, sondern im Hier und Jetzt.

Gegen alles magische Denken damaliger Zeit will Gott seinem Volk sagen, dass er nicht beschwört werden kann. Er behält sich die absolute Freiheit vor, so da zu sein, wie es ihm gut erscheint; er verspricht seine stete Gegenwart, aber lässt sich andererseits nicht von Menschen herbei zwingen, bannen oder auf bestimmte Erscheinungsformen festlegen. Seinen Namen zu kennen bedeutet nicht, ihn anrufen zu können und sich sicher zu sein, erhört zu werden (Buber 1964, 67-68).

Die Angst vor einem Missbrauch des Gottesnamens zu magischen Zwecken saß so tief, dass der jüdische Glaube trotz dieser Namenserklärung am Dornbusch schließlich ein absolutes Verbot entwickelte, den Namen Gottes überhaupt auszusprechen. Dahinter steht nicht nur die Achtung vor dem zweiten Gebot des Dekalogs, den Namen Gottes nicht zu missbrauchen (Ex 20,7, Dtn 5,11), sondern auch der Respekt vor der unergründlichen Größe Gottes. Als Ersatzwort für den unaussprechlichen Gottesnamen haben jüdische Gelehrte („Masoreten"), die den hebräischen Bibeltext im 8.-10. Jahrhundert nach Christus durch ein System von Punkten vokalisiert haben, unter den Gottesnamen die Vokalzeichen eines anderen Wortes gesetzt, so dass jeder Leser sogleich wusste, dass hier ein anderes Wort zu lesen sei. Dieses Ersatzwort heißt im Hebräischen *adonai* und wird im Deutschen mit HERR (in Anlehnung an die griechische Übersetzung mit *kyrios* und an die lateinische mit *dominus*) übersetzt. Wer das nicht mehr wusste, kam beim Lesen des hebräischen Textes zu der Fehlform „Jehova".

Lange Zeit haben sich die Christen nicht um das Verbot gekümmert und weiterhin den Gottesnamen JHWH ausgesprochen. Inzwischen ist man gegenüber den jüdischen Mitschwestern und -brüdern sensibler geworden. So hat Papst Benedikt XVI. im November 2008 die Kirche in der ganzen Welt in einem Rundbrief der Gottesdienst-Kongregation angewiesen, den Gottesnamen JHWH künftig nicht mehr in der Liturgie, im Gebet oder in Kirchenliedern auszusprechen.*

*http://www.radiovaticana.org/tedesco/tedarchi/2008/NuntiiLatini/nuntii_latini_ted2008.htm (Zugriff: 26.3.2012)

Leider aber gibt es im Deutschen keine befriedigende Lösung in der Frage nach dem Ersatzwort für den Gottesnamen JHWH. Die eingebürgerte Übersetzung mit HERR (die ich im Anschluss an die Tradition übernommen habe) ist durchaus problematisch, weil sie unterstellt, Gott sei ein mächtiger Mensch und dazu noch männlich. Aber auch andere Namen, wie zum Beispiel „Der Ewige", legen Gott einseitig auf ein männliches Vorbild fest. Und dort, wo Autoren versuchen, der männlichen Charakterisierung Gottes zu entkommen, indem sie in einem bunten Durcheinander weibliche und männliche Bezeichnungen für Gott einführen, lauert erst Recht die Gefahr der Festschreibung Gottes als Mensch. Gott ist weder Mann noch Frau und in unseren menschlichen Kategorien nicht zu fassen. Insofern ist der Name HERR, der in unseren heutigen Ohren etwas sehr Sperriges und Befremdliches an sich hat, vielleicht gerade geeignet, den Abstand, der den Menschen von Gott trennt, auszudrücken und zugleich den Respekt vor dem ganz Anderen wachzuhalten. Die Gefahr, dass wir Gott menschlich vereinnahmen und zu „lieb" sein lassen und damit das biblische Reden von Gott einseitig verkürzen, ist heute viel größer als die umgekehrte Gefahr. Gott bleibt uns ein unfassbares Geheimnis, und das sollte sich auch in seinem Namen ausdrücken.

Mose kehrt nach Ägypten zurück

Weiter sprach Gott zu Mose: „Versammle die Ältesten Israels und sprich zu ihnen: ‚Der HERR ist mir erschienen. Er hat zu mir gesagt: Ich habe sorgsam auf euch geachtet und genau gesehen, was man euch in Ägypten antut. Darum habe ich beschlossen: Ich will euch aus dem Elend Ägyptens herausführen und in ein Land bringen, in dem Milch und Honig fließen.‘"

Mose aber sagte zum HERRN: „Aber bitte, HERR, ich habe doch noch nie gut reden können! Mein Mund und meine Zunge sind nämlich schwerfällig." Da sprach der HERR zu ihm: „Wer hat dem Menschen einen Mund gemacht, wer macht stumm oder taub oder sehend oder blind? Doch wohl ich, der HERR! Und nun geh! Ich selbst werde dir beibringen, was du reden sollst!" Mose aber antwortete: „Bitte HERR, schick doch einen anderen!" Da wurde der HERR zornig und sprach: „Ist da nicht dein Bruder Aaron, der Levit? Ich weiß, dass er gut reden kann. Sprich mit ihm, und leg ihm die Worte in den Mund! Ich aber helfe dir dabei, und ihm helfe ich auch. Er wird für dich zum Volk reden."

Darauf kehrte Mose zu seinem Schwiegervater Jitro zurück. Er sagte zu ihm: „Ich will zu meinen Brüdern nach Ägypten zurückkehren." Jitro antwortete Mose: „Geh in Frieden." Und der HERR sprach zu Mose in Midian: „Geh zurück nach Ägypten, denn alle, die dich umbringen wollten, sind gestorben." Da holte Mose seine Frau und seine Söhne, setzte sie auf einen Esel und trat den Rückweg nach Ägypten an. Aaron ging ihm entgegen. Am Gottesberg traf er ihn und küsste ihn. Moses erzählte ihm von dem Auftrag des HERRN. Dann gingen Mose und Aaron nach Ägypten und versammelten dort alle Ältesten der Israeliten. Aaron sprach alle Worte, die der HERR zu Mose gesagt hatte. Da glaubte das Volk. Sie hörten, dass der HERR ihr Elend gesehen hatte und verneigten sich vor ihm im Gebet.

*Goldene Haggada
Zippora und Mose auf
dem Weg nach Ägypten –
Begegnung mit Aaron*

Mose und Aaron vor dem Pharao

Mose und Aaron gingen zum Pharao und sagten: „So spricht der HERR, der Gott Israels: Lass mein Volk ziehen, damit es in der Wüste ein Fest für mich feiern kann!" Der Pharao erwiderte jedoch: „Der HERR? Wer ist das? Was hat er mir zu befehlen? Ich kenne keinen HERRN und denke nicht daran, Israel ziehen zu lassen!" Und er ordnete an, dass die Israeliten noch härter arbeiten sollten. Sie mussten sich nun das Stroh zum Ziegelmachen selbst besorgen und trotzdem ihr tägliches Soll wie bisher erfüllen.

Da wandte sich Mose zum HERRN und sprach: HERR, warum hast du mich gesandt? Seitdem ich zum Pharao gekommen bin, um in deinem Namen zu reden, hat er diesem Volk nur Böses angetan; du aber hast dein Volk nicht gerettet!" Da sprach der HERR zu Mose: „Jetzt wirst du sehen, was ich dem Pharao antun werde. Ich werde ihn zwingen, die Israeliten ziehen zu lassen." Und der HERR gab Mose den Auftrag, wieder zum Pharao zu gehen. Er sprach zu Mose: „Ich will das Herz des Pharao verhärten. Der Pharao wird nicht auf euch hören. Erst wenn ich meine Hand gegen die Ägypter ausstrecke, werden sie erkennen, dass ich der HERR bin. Dann werde ich die Israeliten aus ihrer Mitte herausführen. Und wenn der Pharao zu euch sagt: ‚Tut doch ein Wunder, damit ich euch glaube', dann lass Aaron den Stab nehmen. Er soll ihn vor den Pharao hinwerfen. Der Stab wird zu einer Schlange werden."

Mose war achtzig Jahre und Aaron dreiundachtzig Jahre alt, als sie mit dem Pharao verhandelten. Sie taten, was ihnen der HERR aufgetragen hatte: Aaron warf seinen Stab vor den Pharao und er wurde zu einer Schlange. Da rief der Pharao die Weisen und Zauberer und auch sie taten dasselbe mit Hilfe ihrer Zauberkräfte. Jeder warf seinen Stab hin, und die Stäbe wurden zu Schlangen. Doch Aarons Stab verschlang die Stäbe der Wahrsager. Aber das Herz des Pharao blieb hart und er hörte nicht auf sie. So hatte es der HERR vorausgesagt.

Ich bin mir sicher, dass du fast alles, was hier abgebildet ist, wiedererkennst aus der gelesenen Geschichte. Aber was hat es mit dem linken unteren Bild auf sich? Eine Plage? Der Nil wird zu Blut? Wenn dir das nicht zu unheimlich ist, kannst du ja mal weiterlesen …

Goldene Haggada
(von rechts nach links zu lesen, entsprechend der Leserichtung im Hebräischen)

Die Sklaverei der Israeliten

Aarons Schlange verschlingt die Schlangen der Wahrsager

Die erste Plage – Nilwasser wird zu Blut

Die ägyptischen Plagen

So ließ der HERR ein gewaltiges Strafgericht auf Ägypten herab kommen. Sein eigenes Volk aber verschonte er von allen diesen Plagen. Mose und Aaron taten, was ihnen der HERR aufgetragen hatte. Vor den Augen des Pharao schlug Aaron mit dem Stab auf das Wasser im Nil. Da verwandelte sich alles Nilwasser in Blut. Die Fische im Nil starben, und der Nil stank, so dass die Ägypter kein Nilwasser mehr trinken konnten. Doch der Pharao nahm die Sache nicht ernst. Sein Herz blieb hart, er ließ das Volk Israels nicht ziehen.

Da kam eine große Froschplage über das Land. Der Nil wimmelte von Fröschen. Sie kamen in die Häuser, in die Schlafzimmer, in die Backöfen und Backschüsseln. Sie bedeckten ganz Ägypten. Der Pharao versprach, das Volk ziehen zu lassen, wenn Gott die Plage beendete. Mose betete um Befreiung von der Froschplage. Doch als die Not vorbei war, verschloss der Pharao sein Herz.

Da schlug Aaron mit seinem Stab auf die Erde in den Staub. In ganz Ägypten wurden Stechmücken daraus, die sich auf Mensch und Vieh setzten. Doch das Herz des Pharao blieb hart.

Da kam Ungeziefer in Massen über das Haus des Pharao und über ganz Ägypten. Das Land erlitt durch das Ungeziefer schweren Schaden. Der Pharao sagte zu Mose: „Ich lasse euch ziehen." Als aber die Plage vorbei war, wurde der Pharao wortbrüchig und ließ das Volk nicht ziehen.

Die Froschplage

Die Stechmückenplage

*Die Ungezieferplage
(als Angriff wilder Tiere)*

Viehseuche

Da kam eine schwere Seuche über das Land. Sie überfiel alles Vieh auf dem Feld, die Pferde und Esel, Kamele und Rinder, die Schafe und Ziegen. Alles Vieh der Ägypter ging ein. Doch der Pharao verschloss sein Herz.

Hagel und Heuschrecken

Da holten Mose und Aaron eine Handvoll Ofenruß, traten vor den Pharao und warfen ihn in die Höhe. Er ging als Staub auf ganz Ägypten nieder. Es bildeten sich an Mensch und Vieh Geschwüre mit aufplatzenden Blasen. Aber der HERR verhärtete das Herz des Pharao.

Da streckte Mose seinen Stab zum Himmel empor, und der HERR ließ es donnern und hageln. Schwerer Hagel prasselte herab, und in den sehr schweren Hagel hinein zuckten Blitze. Der Hagel erschlug in Ägypten alles, was auf dem Feld war: Menschen, Vieh und alle Feldpflanzen. Da bekannte sich der Pharao schuldig und wollte das Volk ziehen lassen. Doch als Hagel und Donner aufhörten, verschloss er wieder sein Herz.

Da schickte der HERR Heuschrecken über das Land. Sie fielen über ganz Ägypten her. Die Häuser aller Ägypter waren voller Heuschrecken. Niemals vorher gab es so viele Heuschrecken wie damals, auch wird es nie wieder so viele geben. Sie bedeckten die Oberfläche des ganzen Landes. Das Land war schwarz von ihnen. Sie fraßen alle Bäume kahl. In ganz Ägypten blieb nichts Grünes. Der Pharao bekannte wieder seine Schuld. Doch als der HERR die Plage abgewendet hatte, ließ er die Israeliten nicht ziehen.

Da streckte Mose seine Hand aus und es breitete sich eine tiefe Finsternis über ganz Ägypten aus, drei Tage lang. Man konnte einander nicht sehen und sich nicht von der Stelle rühren. Doch der HERR verhärtete das Herz des Pharao. Da sprach der HERR zu Mose: „Noch eine Plage schicke ich dem Pharao und seinem Land. Danach wird er euch von hier wegziehen lassen. Und wenn er euch endlich ziehen lässt, wird er euch sogar fortjagen."

Immer wieder ist versucht worden, einen historischen Kern hinter diesen Plagen zu finden. Zwar hat es wohl früher im Alten Orient und in Ägypten ähnliche Naturkatastrophen gegeben, wie zum Beispiel ein plötzliches Fischsterben, eine Verfärbung des Nil, Hagelunwetter, Seuchen oder Heuschreckeneinfälle. Hier jedoch sind diese Ereignisse legendenhaft ausgeschmückt und bilden ein Konglomerat aus verschiedenen literarischen Schichten und durchlaufenden Erzählfäden. Ihre zeitliche Raffung, der stereotype Ablauf und ihre wiederholte Ankündigung und Beendigung durch Mose zeigen, dass es nicht um zufällige natürliche Phänomene geht, sondern um den Erweis göttlicher Macht, die alles lenkt. Gott greift ein, um sein Volk zu retten.

Die Pestplage

Die Hagelplage

Die Heuschreckenplage

Die Finsternisplage

Die Israeliten tragen den Besitz der Ägypter fort

משה זרק פיח הכבשן רופא שבא לפני פרעה ויפרוש כפיו אל יי ברד ואש מתלקחו

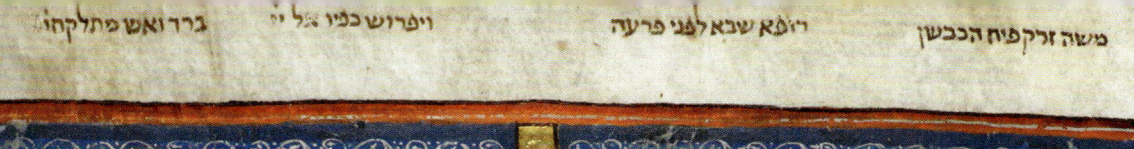

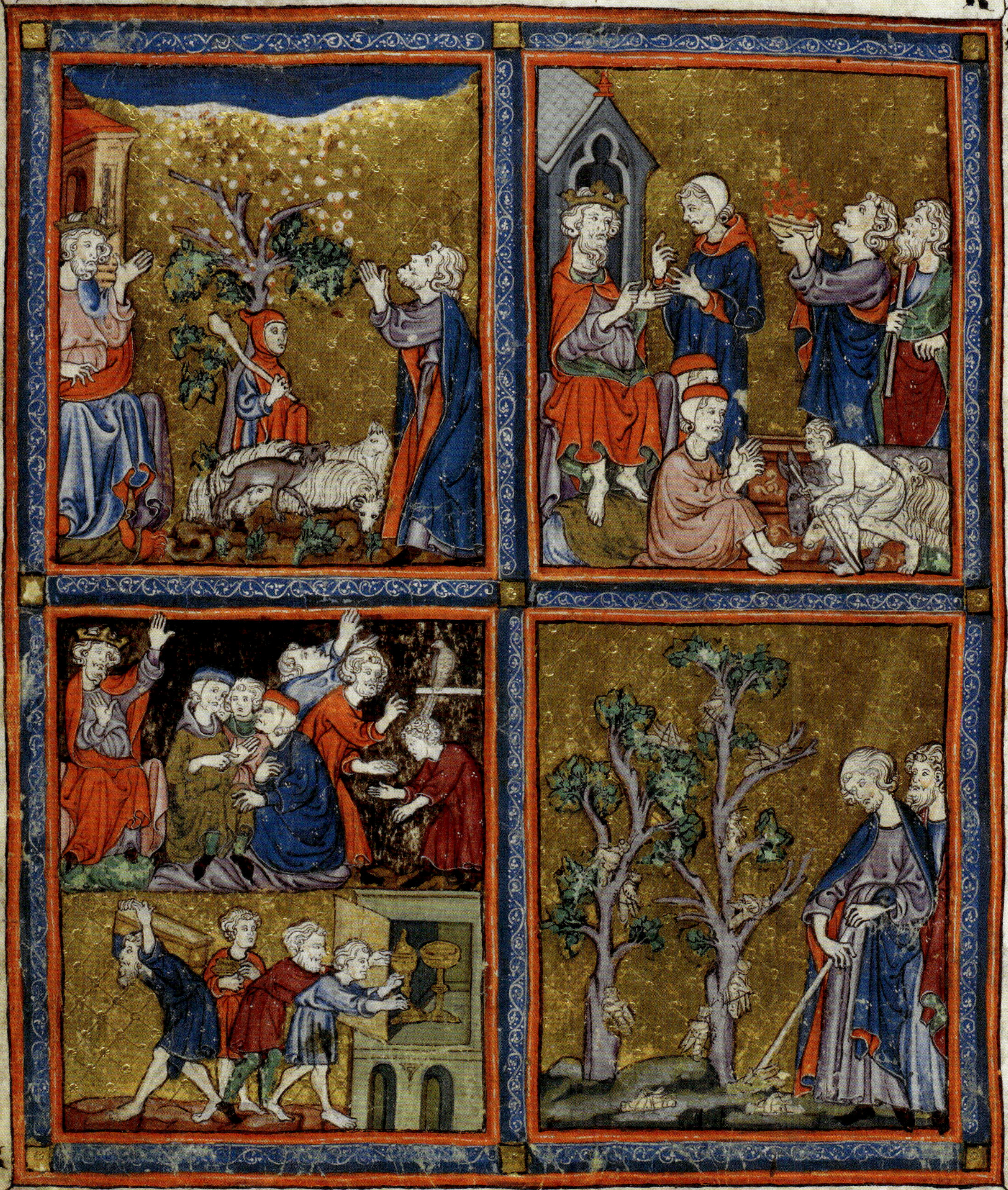

משה ואהרן ארבה חשך אפלה וינצלו את מצרים

Hans Bocksberger d.Ä. (1525/35–1587), Passahmahl, 1543, Fresko, Neuburg (an der Donau), Schlosskapelle

Das Paschafest

Der HERR sprach zu Mose und Aaron in Ägypten: „Jeder soll ein Lamm für seine Familie holen. Nur ein fehlerfreies, männliches, einjähriges Lamm darf es sein. Gegen Abend soll die ganze versammelte Gemeinde Israel die Lämmer schlachten. Man nehme etwas von dem Blut und bestreiche damit die beiden Türpfosten an den Häusern. Noch in der gleichen Nacht soll man das Fleisch essen zusammen mit ungesäuertem Brot und Bitterkräutern. So aber sollt ihr es essen: eure Hüften gegürtet, Schuhe an den Füßen, den Stab in der Hand. Esst es hastig! Es ist die Paschafeier für den HERRN. In dieser Nacht gehe ich durch Ägypten und erschlage jeden Erstgeborenen bei Mensch und Vieh. Das Blut an den Häusern soll ein Zeichen zu eurem Schutz sein. Wenn ich Blut sehe, werde ich an euch vorübergehen."

Mose rief alle Ältesten Israels zusammen und sagte ihnen, was der HERR ihm aufgetragen hatte. Und er fügte hinzu: „Auch wenn ihr in das Land kommt, das der HERR euch zugesagt hat, sollt ihr an diesem Brauch festhalten. Und wenn euch eure Kinder fragen: Was bedeutet diese Feier?, dann antwortet ihnen: ‚Wir schlachten am Passahfest ein Tier für den HERRN, weil er in Ägypten an den Häusern der Israeliten vorüberging, als er die Ägypter schlug, unsere Häuser aber verschonte.'"

Von der feinen jüdischen Buchmalerei hin zu einem gewaltigen Deckenfresko eines christlichen Künstlers! Das „Passahmahl" kannst du dir in der Kapelle des Schlosses in Neuburg an der Donau anschauen, dem ältesten protestantischen Kirchenraum in Deutschland. Dort gibt es monumentale Gemälde an Wand und Decke von Hans Bocksberger. Sie sind wie eine Predigt in Bildern und wollen zeigen, dass die Geschichten des Ersten Testaments auf unsere Erlösung durch Christus hindeuten. Die Tafel auf dem Gemälde liest sich wie eine christliche Belehrung: „Wir haben auch ein Osterlamm. Das ist Christus. Für uns aufgeopfert. 1 Kor 5 und Ex 12." Das Fresko vermittelt eindrucksvoll die Aufbruchsstimmung während des Passahmahls. Im Stehen verzehren die Israeliten ihr Mahl, bekleidet mit antiken Gewändern und Schuhen, den Stab in der Hand. Drei von ihnen blicken aufmerksam zur Tür und weisen auf das Passahlamm auf dem Tisch. Es ist der Augenblick, in dem der HERR prüfend von Tür zu Tür geht. So erinnert das Passahfest der Juden bis heute an dieses Ereignis. Passah (oder Pessach) heißt „überspringen": Gott verschonte (übersprang) die Häuser der Israeliten und rettete sie vor dem Tod.

Die Israeliten gingen und taten, was der HERR Mose befohlen hatte. Es war Mitternacht, als der HERR alle Erstgeborenen in Ägypten erschlug. Da standen der Pharao, alle seine Diener und alle Ägypter noch in der Nacht auf und erhoben ein großes Wehgeschrei. Der Pharao ließ Mose und Aaron rufen und sagte: „Auf, verlasst mein Volk, ihr beide und die Israeliten! Geht und verehrt den HERRN, wie ihr gesagt habt. Geht und betet auch für mich!" Die Ägypter drängten das Volk, eiligst das Land zu verlassen.

Da taten die Israeliten, was Mose gesagt hatte: Sie baten die Ägypter um Gegenstände aus Silber und Gold und um Kleider. Und weil der HERR die Ägypter wohlgesinnt gemacht hatte, gaben sie ihnen alles. So plünderten sie Ägypten.

Dann brachen sie von Ramses nach Sukkot auf. Es waren an die sechshunderttausend Mann zu Fuß, nicht gerechnet die Frauen und Kinder. Auch ein großer Haufen anderer Leute zog mit, dazu Schafe, Ziegen und Rinder. Die Israeliten hatten vierhundertdreißig Jahre in Ägypten gelebt.

Das christliche Osterfest geht auf das Passahfest zurück. Jesus hat es mit seinen Jüngern beim letzten Abendmahl vor seinem Tod gefeiert. Es wurde danach zum Vorbild für Ostern, dem höchsten Fest der Christen. An Ostern feiern die Christen in Analogie zum Passahfest der Juden das neu geschenkte Leben. Wie Gott sein Volk Israel vor dem sicheren Tod gerettet hat, hat er die Menschen durch den Kreuzestod und die Auferstehung seines Sohnes von ihren Sünden befreit und ihnen neues, ewiges Leben geschenkt.

Dasselbe Thema, aber wie unterschiedlich es dargestellt ist! Nur etwa 80 Jahre liegen zwischen dem einen und anderen Bild. Und weißt du noch, bei welcher Geschichte ich dir schon eine andere Tafel dieses Altars gezeigt habe, eine Tafel übrigens, die genau darüber steht? Ich bin mir sicher, dass du sie finden wirst. Du musst nur zu den ersten Abrahamerzählungen zurückblättern ...

Dieric Bouts, Das Passahmahl, 1464-67, Leuven (Belgien), St. Peter, Schatzkammer

Der Aufbruch in die große Freiheit

Geordnet zogen die Israeliten aus Ägypten. Mose nahm die Gebeine Josefs mit, denn dieser hatte die Israeliten schwören lassen, es so zu tun. Der HERR zog vor ihnen her, bei Tag in einer Wolkensäule, um ihnen den Weg zu zeigen, bei Nacht in einer Feuersäule, um ihnen zu leuchten.

Als man dem König von Ägypten meldete, das Volk sei geflohen, änderten der Pharao und seine Minister ihre Meinung. Sie sagten: „Wie konnten wir nur Israel aus unserem Dienst entlassen!" Mit allen Pferden und Streitwagen des Pharao jagten sie hinter ihnen her und holten sie am Meer ein. Da sahen die Israeliten plötzlich die Ägypter von hinten anrücken. Sie erschraken sehr und schrien zum HERRN.

Sie sagten zu Mose: „Was hast du uns da angetan? Warum hast du uns aus Ägypten herausgeführt?" Mose antwortete: „Fürchtet euch nicht! Wartet ab und seht zu, wie der HERR euch heute rettet. Der HERR kämpft für euch."

Da erhob sich der Engel Gottes, der vor den Israeliten herzog, und stellte sich hinter sie. Und die Wolkensäule erhob sich und kam zwischen das Lager der Ägypter und das Lager der Israeliten. Mose streckte seine Hand mit dem Stab über das Meer aus, und der HERR trieb das Meer durch einen starken Ostwind fort. Er ließ das Meer austrocknen, und das Wasser spaltete sich. Die Israeliten zogen auf trockenem Boden hinein, während rechts und links von ihnen das Wasser wie eine Mauer stand. Die Ägypter zogen hinter ihnen ins Meer hinein.

Dieses Gemälde ist von dem jüdischen Maler Jakob Steinhardt, den du schon von dem Bild mit Noach in der Arche kennst. Es zeigt, wie aufgeregt die Geretteten in dieser hochdramatischen Situation sind. Ohne ganz zu fassen, was hier passiert ist, werfen sie ihre Arme zu Gott empor. Sie sind gerettet! Kann das sein? Die Wellen und die langgestreckten, überlangen Körper sind kaum noch voneinander zu unterscheiden. Die Figuren sehen so aus wie die des spanischen Malers El Greco, den Jakob Steinhardt sehr bewundert hat. Diese Befreiung ist mehr als ein einmaliges Ereignis; sie ist für das Volk Israel das wichtigste Erlebnis überhaupt! Von nun an werden sie ihren Gott mit anderen Augen sehen. Gott ist jetzt nicht mehr „nur" der Schöpfer von Himmel und Erde, sondern zugleich auch der Befreier aller Unterdrückten und Armen!

Jakob Steinhardt (1887–1968), Übergang übers Rote Meer (Pharaos Untergang), 1911
Öl auf Leinwand, 72,4 x 97,3 cm, Berlin, Jüdisches Museum

MVNDA · BAPTISMI

RVBENS · M

VNDA · R ·

MIS · TICAT · VNDA

TRANSITVS · MARIS · RVBRI ·

Die Rettung am Meer durch die wunderbare Führung Gottes ist DAS zentrale Ereignis für die Juden, an das sie immer wieder anknüpfen. Jahwe bleibt für sie in der ganzen Bibel der Gott, der das Volk aus Ägypten herausgeführt hat. Das Christentum sieht im rettenden Wasser des Roten Meeres ein Vor-Bild für die erlösende Kraft des Taufwassers. Die Erinnerung an den Auszug gehört zum festen Bestandteil der Liturgie der Osternacht. Im großen Osterlob, dem Exultet, heißt es: „Dies ist die Nacht, in der du unsere Väter, die Söhne Israels, aus Ägypten befreit und auf trockenem Pfad durch die Fluten des Roten Meeres geführt hast." Enger kann die Verbindung zwischen Juden und Christen nicht ausgesprochen werden – unsere Väter sind die Söhne Israels!

Kurz vor Morgengrauen brachte der HERR dann das Lager der Ägypter in Verwirrung. Er hemmte die Räder an ihren Wagen und ließ sie nur schwer vorankommen. Da sagten die Ägypter: „Wir müssen vor Israel fliehen. Denn der HERR kämpft auf ihrer Seite."

Darauf sprach der HERR zu Mose: „Streck deine Hand über das Meer, damit das Wasser zurückflutet und die Ägypter zudeckt." Mose streckte seine Hand über das Meer, und das Wasser kehrte zurück. Es bedeckte Wagen und Reiter, die ganze Streitmacht des Pharao. Nicht ein einziger von ihnen blieb übrig. So rettete der HERR an jenem Tag Israel aus der Hand der Ägypter. Israel sah Ägypten tot am Strand liegen.

Als Israel sah, dass der HERR Ägypten mit mächtiger Hand vernichtet hatte, glaubten sie an den HERRN und an Mose, seinen Diener.

Größer könnten die Gegensätze kaum sein – das Bild von Jakob Steinhardt zum Durchzug der Israeliten durch das Rote Meer in grün-schwarz-dunklen Ölfarben und hier nun der Durchzug auf einer feuervergoldeten, gelb leuchtenden Emailplatte! Hunderte von Jahren liegen zwischen dem einen und dem anderen Kunstwerk! Die Tafel, die du hier siehst, ist Teil eines ganz berühmten Altars, des Klosterneuburger Altars in Österreich (in der Nähe von Wien). Er besteht aus insgesamt 52 Tafeln mit lauter Szenen zum Alten/Ersten und Neuen/Zweiten Testament. Sie sind nach einem strengen Schema in drei Reihen übereinander angeordnet. Dazu erzähle ich dir später noch mehr, am Anfang des Buchs Numeri. Dieser so kostbare Altar des Goldschmieds Nikolaus von Verdun (er hat übrigens auch den Dreikönigsschrein im Kölner Dom geschaffen) ist eines der wichtigsten Kunstwerke des Mittelalters. Fast wäre es im 14. Jahrhundert bei einem verheerenden Brand im Stift Klosterneuburg zerstört worden, weil das Löschwasser ausgegangen war. Aber weißt du, was die verzweifelten Chorherren gemacht haben? Sie haben die Tafeln einfach mit Klosterwein übergossen und auf diese Weise vor dem Raub der Flammen gerettet. So die Legende ...

Nikolaus von Verdun (ca. 1130–1205), Der Verduner Altar, Tafel „Zug durch das Rote Meer", bis 1181
Emailfeld in Goldschmiederahmen, Bildfeld: Höhe ca. 30 cm, Breite ca. 21 cm
Klosterneuburg, (Niederösterreich), Stift Klosterneuburg

Mirjams Freudentanz

Damals sang Mose mit den Israeliten dem HERRN dieses Lied:

Ich will dem HERRN singen, denn er ist hoch und erhaben.
Rosse und Wagen warf er ins Meer.
Der HERR ist meine Stärke und mein Lobgesang,
er ist für mich zum Retter geworden.
Er ist mein Gott, ihn will ich preisen.
Pharaos Wagen und seine Streitmacht warf er ins Meer.
Seine besten Kämpfer versanken im Schilfmeer.
Sie sanken in die Tiefe wie Steine.
HERR, wer ist wie du unter den Göttern,
wer ist wie du gewaltig und heilig,
wunderbar und hoch zu loben?
Du lenktest in deiner Güte
das Volk, das du erlöst hast,
du führtest sie machtvoll
zu deiner heiligen Wohnung.
Der HERR ist König für immer und ewig."

Die Prophetin Mirjam, die Schwester Aarons und Moses, nahm die Pauke in die Hand und alle Frauen zogen mit Paukenschlag und Tanz hinter ihr her. Mirjam sang ihnen vor: „Singt dem HERRN ein Lied, denn er ist hoch und erhaben! Rosse und Wagen warf er ins Meer."

Sieger Köder hat zunächst Kunst studiert, ist dann Kunstlehrer geworden und schließlich mit 46 Jahren katholischer Priester. Am liebsten malt er farbenfrohe Bilder zur Bibel. Mirjam tanzt ausgelassen vor einem Hintergrund aus intensivem Rot-Orange. Selbst die Pyramiden Ägyptens sind in Rot getaucht! Dankbar hüpft sie in die Höhe. Was sie erlebt hat ist wunderbar: Gott hat das Rote Meer geteilt und sein Volk vor der Verfolgung der Ägypter gerettet!

Sieger Köder (geb. 1925), Mirjam, Privatbesitz

Dieser längere Dankpsalm des Mose, der im jüdischen Gebet jeden Morgen vollständig gebetet wird, ist möglicherweise aus einem kurzen alten Lied hervorgegangen, das man der Prophetin Mirjam zuschrieb (Ex 15,21). Mirjam wird hier und auch an einigen anderen Stellen als „Schwester" des Aaron bezeichnet. Sie kann somit als leibliche Schwester des Aaron und Mose verstanden werden, aber auch im übertragenen Sinn als geistige, im Rang gleichgestellte „Schwester". Der Prophet Micha (Mi 6,4) hat Mirjam später eine von Gott gerufene und gesandte Prophetin genannt, die zusammen mit Mose und Aaron eine der drei Führungspersönlichkeiten beim Auszug aus Ägypten war. Ihr kommt also eine bedeutende Stellung zu, die zwar erwähnt, aber nicht in größerem Umfang erzählerisch ausgestaltet ist. Von Mirjam wird im weiteren Verlauf der biblischen Erzählungen dann berichtet, dass sie zusammen mit Aaron eine Auseinandersetzung mit Mose um die Frage der Mischehe hat (Num 12, 1-16) und schließlich für ihre Auflehnung gegen Mose von Gott vorübergehend mit Aussatz bestraft wird. Hier wird sie nicht als gleichwertige Prophetin neben Mose gesehen, sondern als „aussätzig" abgewertet, weil sie seine alleinige Autorität in Frage stellt. Nach Mirjams Tod (Num 20,1) versagen Mose und Aaron als Führer des Volkes und dürfen das Volk nicht weiter ins Land führen. In dem Konflikt zwischen diesen drei Führungsfiguren spiegelt sich eine spätexilische Auseinandersetzung um die Frage nach der richtigen Auslegung der Tora und um das, was wahre Prophetie überhaupt ist.

Die Wüstenwanderung

Brot vom Himmel

Mose ließ Israel vom Schilfmeer zur Wüste Schur aufbrechen. Drei Tage waren sie in der Wüste unterwegs und fanden kein Wasser. Als sie nach Mara kamen, konnten sie das Wasser von Mara nicht trinken, weil es bitter war. Da murrte das Volk gegen Mose und sagte: „Was sollen wir trinken?" Er schrie zum HERRN, und der HERR zeigte ihm ein Stück Holz. Als er es ins Wasser warf, wurde das Wasser süß. Dort sagte der HERR zum Volk: „Wenn du auf die Stimme deines Gottes hörst und tust, was in seinen Augen gut ist, wird es dir gut gehen."

Dann kamen sie in die Wüste Sin. Die ganze Gemeinde der Israeliten murrte in der Wüste gegen Mose und Aaron. Sie sagten: „Wären wir doch in Ägypten durch die Hand des HERRN gestorben, als wir an den Fleischtöpfen saßen und Brot genug zu essen hatten!" Der HERR sprach zu Mose: „Ich will euch Brot vom Himmel regnen lassen." Da verkündeten Mose und Aaron allen Israeliten: „Der HERR hat euer Murren gehört. Am Abend werdet ihr Fleisch zu essen haben, am Morgen werdet ihr satt sein von Brot."

Am Abend kamen die Wachteln und bedeckten das Lager. Am Morgen lag auf dem Wüstenboden unter einer Schicht von Tau etwas Feines, Knuspriges auf der Erde. Als das die Israeliten sahen, sagten sie zueinander: „Was ist das?" Da sagte Mose zu ihnen: „Das ist das Brot, das euch der HERR zu essen gibt." Sie sammelten es Morgen für Morgen. Mose sagte: „Sechs Tage dürft ihr das Brot sammeln, am siebten Tag ist Sabbat. Da findet ihr nichts. Daher gibt der HERR euch am sechsten Tag Brot für zwei Tage." Das Volk ruhte also am siebten Tag. Sie nannten das Brot Manna. Es war weiß wie Koriandersamen und schmeckte wie Honigkuchen. Die Israeliten aßen vierzig Jahre Manna, bis sie die Grenze von Kanaan erreichten.

Für das Mannawunder hat man eine natürliche Erklärung gefunden: Bei dem „Brot" auf dem Wüstenboden könnte es sich um das süße essbare Sekret einer auf dem Tamariskenbaum lebenden Schildlaus gehandelt haben. Dieses kristallisierte Sekret findet man in Teilen des Sinai im Juni und Juli. Die Israeliten kannten es nicht und fragten: *man-hu* = was ist das? Daraus entwickelte sich dann die Bezeichnung „Manna" für das himmlische Brot. Auch wenn es diese natürliche Erklärung gibt, trifft sie doch nicht den Kern der Wundergeschichten. Denn hier sollen keine Naturphänomene beschrieben werden, sondern Gottes wunderbares Eingreifen für sein Volk dokumentiert und die Gottesbegegnung am Sinai vorbereitet werden. „Natürlich" lässt es sich nicht mehr erklären, warum das Manna genau dann ankam, als die Israeliten es brauchten und dass es sich am sechsten Tag verdoppelte, am siebten Tag hingegen nicht erschien und das ganze Jahr über kam. Im Mannawunder klingt an, was wenig später am Sinai als Gesetz verkündet wird: Dass es eine in der Natur verborgene Ordnung der Zeit gibt, in der der siebte Tag etwas Besonderes ist. Diesen Tag heilig zu halten, ist lebensnotwendig. Die christliche Überlieferung hat in der Speisung der Fünftausend durch Jesus (Mk 6,30-44) eine Entsprechung zum Mannawunder gesehen. Das Manna wurde zum christlichen Vorbild der Eucharistie, der geistlichen Nahrung der Kirche während ihres Exodus auf Erden. Das alte Kirchenlied „Oh heilige Seelenspeise, auf unser Pilgerreise, o Manna Himmelsbrot" drückt dies sinnfällig aus.

Prächtig gekleidet sind sie alle, von Not keine Spur. Statt einer Wüste sehen wir eine liebliche Wiesenlandschaft mit goldenem Horizont. Warum das? Wenn du hinschaust, wirst du schnell erkennen: Das Manna sieht aus wie die Hostien, die in der christlichen Kirche in der Kommunion ausgeteilt werden. Der kniende Mann links im roten Umhang hält die Hände voller Manna wie eine Schale bereit, als wolle er es gleich austeilen. Auch andere Haltungen könnten eine Anspielung auf priesterliche Vollzüge während der Gabenbereitung sein. Hier hat ein christlicher Künstler das Mannawunder als Vorbildgeschichte für die christliche Eucharistie gemalt. Am rechten Bildrand steht Mose mit seinem Stab in der Hand. Fällt dir etwas Merkwürdiges an ihm auf? Darauf komme ich zum Schluss ausführlich zu sprechen ...

Dieric Bouts, Umkreis (1410/20–1475), Die Mannalese, 38,63 cm x 52,98 cm, Basel, Kunstmuseum

Wasser aus dem Felsen

Dieses Bild ist ein Wandgemälde auf einem Grab in einer Katakombe. Katakomben sind unterirdische Gewölbe, in denen man früher Menschen begraben hat. Sie wurden wahrscheinlich in römischer Zeit angelegt, weil in den Städten keine Beerdigungen erlaubt waren. Solche unterirdischen Grabanlagen wie die Calixtus Katakombe in Rom können ein Netz von gut 20 km an Gängen und Räumen umfassen. Die Katakombenmalerei ist schlicht und verzichtet fast ganz auf Landschaft und Architektur. Im Mittelpunkt stehen die Figuren. Sie sind durch ihre Gestik und Körperbewegung sowie die großen Augen charakterisiert. Mose sieht unsicher aus, alles andere als siegesgewiss. Er wirkt aufgewühlt. Wird er das Volk mit diesem Wunder beruhigen können? Keine Frage: Mose hat es als Führer des Volkes Israel nicht leicht!

Auf Befehl des HERRN zog die ganze Gemeinde der Israeliten von der Wüste Sin aus weiter, von einem Lagerplatz zum anderen. Einmal schlugen sie ihr Lager in Refidim auf. Dort gab es kein Trinkwasser. Da geriet das Volk mit Mose in Streit und sagte: „Gib uns Wasser zu trinken!" Mose aber antwortete: „Was streitet ihr mit mir? Warum stellt ihr den HERRN auf die Probe?" Aber die Leute von Israel hatten großen Durst, deshalb murrten sie gegen Mose und sagten: „Warum hast du uns eigentlich aus Ägypten herausgeführt? Nur um uns, unsere Söhne und unser Vieh hier verdursten zu lassen?" Da schrie Mose zum HERRN: „Was soll ich mit diesem Volk machen? Es fehlt nicht viel und sie steinigen mich."

Der HERR antwortete Mose: „Geh zum Volk und nimm einige von den Ältesten Israels mit. Nimm auch den Stab in die Hand, mit dem du auf den Nil geschlagen hast, und geh! Dort drüben auf dem Felsen am Berg Horeb werde ich vor dir stehen. Dann schlag an den Felsen. Es wird Wasser herauskommen, und das Volk kann trinken."

Und so machte es Mose vor den Augen der Ältesten Israels. Den Ort nannte er Massa und Meriba (das heißt: Probe und Streit), weil die Israeliten dort Streit begonnen und den HERRN auf die Probe gestellt hatten. Denn sie hatten gefragt: „Ist der HERR mitten unter uns oder nicht?"

Mose schlägt Wasser aus dem Felsen, 4. Jahrhundert, Fresko, Rom, Via Appia Antica, Calixtus Katakombe

Der Kampf gegen Amalek

Da kam Amalek und kämpfte gegen Israel in Refidim. Mose sprach zu Josua: „Wähle Männer für uns aus, und zieh hinaus in den Kampf gegen Amalek! Morgen will ich mich mit dem Gottesstab in der Hand auf die Höhe des Hügels stellen."

Josua tat, was ihm Mose aufgetragen hatte, und kämpfte gegen Amalek. Mose, Aaron und Hur aber stiegen auf die Höhe des Hügels. Solange nun Mose seine Hand hoch hielt, war Israel stärker; sooft er aber die Hand sinken ließ, war Amalek stärker. Als dem Mose die Hände schwer wurden, holten sie einen Stein, schoben ihn unter Mose und er setzte sich darauf. Aaron und Hur stützten seine Arme, der eine rechts, der andere links. So blieben seine Arme fest bis zum Sonnenuntergang. Und Josua besiegte Amalek und sein Kriegsvolk mit scharfem Schwert.

Dies ist wieder ein eindrucksvoller Holzschnitt von Walter Habdank. Mit wenigen kräftigen Strichen hat er sein Thema auf den Punkt gebracht. Habdank wünschte sich, dass wir uns viel Zeit nehmen, ein Bild anzuschauen. Dass wir lange mit unserem Auge auf dem Bild umherwandern, um eine Ahnung davon zu bekommen, was uns das Bild sagen will. Aber wie bei allem anderen auch, braucht man Übung im Schauen, sonst entdeckt man nicht so viel. Deshalb möchte ich dir noch ein paar zusätzliche Sehhilfen geben: Wie krumm Mose da steht, in sich zusammengesunken! Gehalten nur von den beiden hinter ihm stehenden Männern Aaron und Hur, die mit aller Energie seine hochgereckten Arme stützen! So schwach und fragil sein Körper auch ist, so klar und offen dagegen sein Blick. Mose rechnet mit Gottes Hilfe. Und das ist es, was ihn stark macht, auch wenn er sonst so schwach und hilfsbedürftig erscheint. Aus dieser Spannung zwischen stark und schwach lebt das Bild und auch die Erzählung vom Kampf gegen Amalek. Gott lässt die siegen, die nicht auf militärische Überlegenheit, sondern auf ihn allein vertrauen.

Walter Habdank, Mose, 1960, Holzschnit

Diese Episode erzählt von einem ersten Zusammenstoß der Israeliten mit den Amalekitern. Als Stammvater gilt Amalek, ein Enkel Esaus. Die Amalekiter waren ein sehr alter Nomadenverband und wachten, wie noch heute die Beduinen jener Gegend, eifersüchtig über die Zugänge zu ihrem Gebiet. Man vermutet, dass sie in der vorstaatlichen Zeit Israels ein hartnäckiger Feind an Judas Südgrenze waren und dass es immer wieder zu Konflikten um Weidegebiete und Wasserstellen kam. Sie galten als kriegerisch und machten öfter Einfälle in das südliche Kulturland von Kanaan. Diese erste kleine Erzählung dient dazu, die Erzfeindschaft zwischen Amalek und Israel zu begründen. Der Name „Amalek" wurde zur Chiffre für das Böse schlechthin und symbolisierte schließlich in späterer jüdischer Tradition allgemein jede Form des Antisemitismus. - Umstritten ist die Deutung des Ausstreckens der Hände von Mose auf dem Hügel: Während die einen darin eine Art magischer Beschwörung mit dem Gottesstab sehen, die Gottes Kraft auf den Sieg lenken soll, sieht die überwiegende Mehrheit im Gestus des Mose eine Gebetshaltung. Die Kämpfer fühlen sich durch Moses Zuversicht im Glauben gestützt, die er durch die erhobenen Hände anzeigt. Lässt er sie aber sinken, lassen auch die Kämpfer ihren Mut sinken. Nur der Himmel kann Kriegsglück schenken. Das Gebet, so lehrt die Erzählung, gibt dem Beter große Kraft.

Hier wird durch die äußere Grenzziehung am Berg sinnbildlich Profanes und Heiliges klar voneinander abgegrenzt. Gott wird sich zwar offenbaren, dennoch aber den Menschen letztlich unzugänglich bleiben. Das hier entwickelte Gottesbild ist fundamental, es bestimmt nicht nur den jüdischen, sondern auch den christlichen Glauben bis heute. Dort, wo der Mensch diese Grenze überschreitet und Gott nicht mehr den ganz Anderen sein lässt, besteht die Gefahr, dass der Glaube der Lächerlichkeit preisgegeben wird. Eine allzu gegenständliche Vorstellung von Gott, den wir Christen zu besitzen meinen, könnte Schuld sein an der Ablehnung Gottes durch viele Menschen heute.

Einsam und grübelnd steigt Mose auf den Berg Sinai. Ein zerbrechlicher Mensch auf dem Weg zu Gott. Kein Held, kein selbstbewusster Überflieger. Wie soll er das alles schaffen? Lesser Ury malt eine unübliche Szene. Vielleicht hat er sich ein wenig wie Mose gesehen. Als ausgesonderten Menschen, dem es nicht vergönnt war, sein Lebensziel zu erreichen. Denn Zeit seines Lebens fand er wenig Anerkennung für sein künstlerisches Werk.

Am Sinai

Mose steigt auf den heiligen Berg

Im dritten Monat nach ihrem Auszug aus Ägypten kamen die Israeliten in der Wüste Sinai an. Dort schlugen sie ihr Lager gegenüber dem Berg Sinai auf. Mose stieg zu Gott auf den Berg. Da rief ihm der HERR vom Berg aus zu: „Sag dem Volk Israel: Ihr habt selber gesehen, wie ich euch auf Adlerflügeln bis hierher getragen habe. Wenn ihr nun meinen Bund haltet, werdet ihr für mich ein heiliges Volk sein und mir unter allen Völkern ganz besonders gehören. Ich werde euch wie einen Schatz liebevoll behüten." Mose kam zurück und das ganze Volk rief einstimmig: „Alles, was der HERR gesagt hat, wollen wir tun."

Mose brachte dem HERRN die Antwort des Volkes. Und der HERR sprach zu Mose: „Ich werde zu dir in einer dichten Wolke kommen. Das Volk soll hören, wie ich mit dir rede, damit sie dir immer vertrauen. Geh zum Volk! Sorge dafür, dass sie sich heilig halten, heute und morgen: Sie sollen ihre Kleider waschen und bereit sein. Am dritten Tag wird der HERR vor den Augen des ganzen Volkes auf den Berg Sinai herabkommen. Zieh rings um den Berg eine Grenze und sag: Hütet euch, auf den Berg zu steigen. Jeder, der den Berg berührt, wird mit dem Tod bestraft."

Am dritten Tag begann es früh morgens zu donnern und zu blitzen. Schwere Wolken lagen auf dem Berg und gewaltiger Hörnerschall erklang. Das ganze Volk im Lager zitterte vor Angst. Mose führte es aus dem Lager hinaus, Gott entgegen. Unten am Fuß des Berges blieben sie stehen. Der ganze Sinai war in Rauch gehüllt und bebte gewaltig, weil der HERR im Feuer auf ihn herabgestiegen war. Da rief Gott Mose zu sich auf den Gipfel des Berges, und Mose stieg hinauf.

Lesser Ury, Mose am Berg Sinai, 1905–07, Öl auf Leinwand, 65,0 x 45,0 cm, Tel Aviv, The Tel Aviv Museum of Art

Die Zehn Gebote

Dann sprach Gott: „Ich bin der HERR, dein Gott, der dich aus der Sklaverei in Ägypten befreit hat. Ab nun wird gelten:

1. Du sollst keine anderen Götter neben mir haben. Du sollst dir kein Götterbild machen und kein Abbild von etwas, was oben im Himmel, unten auf der Erde oder im Wasser unter der Erde ist. Du sollst dich nicht vor anderen Göttern niederwerfen und ihnen dienen. Denn ich, der HERR, dein Gott, bin ein eifersüchtiger Gott, der aber tausendfach denen Gnade schenkt, die mich lieben und meine Gebote halten.

2. Du sollst den Namen des HERRN, deines Gottes, nicht missbrauchen.

3. Du sollst den Sabbat heilig halten! Sechs Tage darfst du schaffen und jede Arbeit tun. Der siebte Tag ist ein Ruhetag, dem HERRN, deinem Gott, geweiht. Da darfst du keine Arbeit tun.

4. Du sollst deinen Vater und deine Mutter ehren, damit du lange lebst und es dir gut geht in dem Land, das der HERR, dein Gott, dir gibt.

5. Du sollst nicht töten.

6. Du sollst nicht die Ehe brechen.

7. Du sollst nicht stehlen.

8. Du sollst nicht falsch gegen deinen Nächsten aussagen.

9. Du sollst nicht die Frau deines Nächsten haben wollen.

10. Du sollst nicht das Haus deines Nächsten haben wollen, nicht seinen Sklaven, sein Rind oder seinen Esel oder irgendetwas, was deinem Nächsten gehört.“

Das ganze Volk erlebte, wie es donnerte und blitzte, wie Hörner erklangen und der Berg rauchte. Da bekam das Volk Angst, es zitterte und hielt sich in der Ferne. Mose aber näherte sich der dunklen Wolke, in der Gott war.

Die Zehn Gebote des Ersten Testaments sind das Fundament der christlichen Ethik. – Eine zweite, ältere Version der Zehn Gebote steht in Dtn 5,6-20.

Lucas Cranach der Ältere (1472–1553), Die Zehn Gebote, 1516, Öl auf Holz, 160 x 340 cm, Wittenberg, Lutherhaus

Lass dich von der strengen Formulierung „Du sollst" nicht einschüchtern! Die Gebote wollen dich nicht einengen, sondern dir sagen: Wenn du dich an sie hältst, wird es dir gut gehen! Die obere und untere Reihe mit der Darstellung von je fünf Geboten sind von einem Bogen zusammengehalten, der alle Bildfelder umspannt. Er erinnert an den Regenbogen als Zeichen des Friedens und Bundes Gottes mit Noach. Die einzelnen Tafeln zeigen jeweils die Einhaltung eines Gebots und ihre Übertretung. Engel und Teufel als Personifikationen von Gut und Böse flüstern den Figuren ein, was sie tun sollen. Fällt dir übrigens beim ersten Gebot oben links etwas auf? Ich hatte doch ein Versprechen gegeben am Anfang des Buchs, weißt du noch? Kein gemaltes Bild von Gott! Hier hat sich leider trotzdem so eins eingeschlichen, ohne mich vorher zu fragen. Nun bist du erst Recht gewappnet ...

Im Judentum gibt es bis heute ein eigenes Fest, das die Übergabe der Gesetzestafeln am Sinai feiert. Es heißt „Shavu'ot". Diese Miniatur steht in einem jüdischen Gebetbuch mit Gebeten zu diesem Fest. Das große, vergoldete hebräische Wort in der Mitte heißt Adon, übersetzt: Der HERR. Mose steht etwas erhöht auf einem „Berg" und erhält aus den Wolken die Gesetzestafel. Gott ist nicht zu sehen, auch keine Hand, die aus dem Himmel ragt. Der Künstler hat sich streng an das Bilderverbot seiner Religion gehalten. Hinter Mose steht Aaron. Dahinter das Volk im Gebet. Trompeten und Hörner erklingen am Himmel und „durchstoßen" die Wolken. Die Männer mit dem spitzen Judenhut des Mittelalters sind mit normalen Gesichtszügen gemalt. Aber was ist mit den Frauen? Hast du es schon gesehen? Sie sind mit Tierköpfen gemalt! Man nimmt an, dass es im 14. Jahrhundert ein Verbot gab, Frauen zu malen. Deshalb hat man sie einfach ein wenig (!) verändert, um sie trotzdem darstellen zu können!

Offenbarung am Berg Sinai, festliche Gebete für Shavu'ot (Pfingstwochen) und Sukkot (Laubhüttenfest)
Miniatur, jüdisches Gebetbuch, 31,5 x 22,5 cm, Süddeutschland, erstes Viertel des 14. Jahrhunderts, London, British Library

Gottes Bund mit Israel

Mose bekommt die Tafeln des Gesetzes

Mose teilte dem Volk alles mit, was der HERR ihm gesagt hatte. Dann schrieb er die Worte des HERRN und alle seine Gesetze in ein Buch und las sie dem Volk laut vor. Sie antworteten: „Alles, was der HERR gesagt hat, wollen wir tun." Mose sagte: „So hat nun der HERR einen Bund mit euch geschlossen."

Danach stiegen Mose, Aaron, Nadab, Abihu and siebzig von den Ältesten Israels auf den Berg. Oben sahen sie den Gott Israels. Die Fläche unter seinen Füßen war wie mit Saphir ausgelegt und glänzte hell wie der Himmel selbst. Gott streckte seine Hand gegen die Edlen der Israeliten nicht aus; sie durften Gott sehen, und sie aßen und tranken.

Und wieder sprach der HERR zu Mose: „Komm herauf zu mir auf den Berg, und bleib hier! Ich will dir die Steintafeln übergeben, die Weisung und die Gebote, die ich aufgeschrieben habe. Du sollst das Volk darin unterweisen." Da erhob sich Mose mit seinem Diener Josua und stieg den Gottesberg hinauf. Die Wolke bedeckte den Berg. Die Herrlichkeit des HERRN ließ sich auf den Sinai nieder. Die Wolke bedeckte den Berg sechs Tage lang. Am siebten Tag rief der HERR mitten aus der Wolke Mose herbei. Die Erscheinung der Herrlichkeit des HERRN auf dem Gipfel des Berges zeigte sich vor den Augen der Israeliten wie verzehrendes Feuer. Mose ging mitten in die Wolke hinein. Er blieb vierzig Tage und Nächte auf dem Berg.

Nachdem der HERR zu Mose auf dem Berg Sinai alles gesagt hatte, übergab er ihm die beiden Tafeln mit den Gesetzen für den Bund. Es waren Tafeln aus Stein, auf die der Finger Gottes geschrieben hatte.

Der Bund wird offiziell durch einen Blutritus (24,4b-6; hier nicht wiedergegeben) und ein Opfermahl für die führenden Persönlichkeiten Israels in Gottes Gegenwart (24,9-11) ratifiziert. Insgesamt ist es nicht leicht, dem Erzählverlauf zu folgen, da der ganze Erzählabschnitt am Sinai ein Amalgam verschiedener Quellen ist. Beim Lesen ergeben sich Inkonsistenzen; unklar ist zum Beispiel, wann und wie oft nun genau Mose auf den Berg gestiegen ist, und wer jeweils dabei war, und warum hier in Kapitel 24 beim feierlichen Bekräftigen des Bundes keine Rede von den zehn Geboten und den steinernen Tafeln ist, die Mose erst danach erhält. Für den Redaktor, der die abschließende Version dieser Texte bearbeitet hat, war jede Quelle wahr, und deshalb hat er sie vermischt, ohne dabei Widersprüchlichkeiten einzuebnen. Nicht Logik war das Ziel, sondern Wahrheit.

Zusammenfassung

Nun wird berichtet, wie Gott Mose konkrete Hinweise zur Ausübung der Religion gibt (Ex 25-31, auch Ex 35-40). Wichtiger Bestandteil der Anweisungen ist der Bau eines beweglichen Heiligtums, das ein sichtbares Zeichen für Gottes unsichtbare Gegenwart unter den Menschen sein wird und die zwei Tafeln mit den Zehn Geboten in einer eigens dafür gezimmerten Truhe („Lade" oder „Bundeslade") aufbewahrt. Die Bundeslade soll auf ihrem Deckel mit zwei Engelsfiguren versehen sein, die mit ihren Flügeln den (leeren) Thron für den unsichtbaren Gott Jahwe bilden. Das Volk soll das Heiligtum auf ihrer Wanderung durch die Wüste immer bei sich tragen. Hier verspricht der verborgene Gott anwesend zu sein, hier kann man ihn anrufen und mit ihm sprechen.

Der Tanz um das Goldene Kalb

Das Volk sah, dass Mose noch immer nicht vom Berg herunter kam. Da versammelte es sich um Aaron und sagte zu ihm: „Komm, mach uns einen Gott, der vor uns herzieht. Denn was aus diesem Mose geworden ist, aus dem Mann, der uns aus Ägypten hierher gebracht hat – wer weiß das schon!"

Da antwortete Aaron: „Reißt euren Frauen, Söhnen und Töchtern die goldenen Ohrringe ab und bringt sie her!" Da rissen sich alle die goldenen Ohrringe ab und brachten sie zu Aaron. Er nahm sie entgegen und schmolz sie ein. Dann goss er das Gold in eine Form und machte daraus das Standbild eines Kalbs. Da riefen sie: „Das ist dein Gott, Israel, der dich aus Ägypten heraufgeführt hat."

Als Aaron das sah, baute er vor dem Goldenen Kalb einen Altar und rief aus: „Morgen ist ein Fest zur Ehre des HERRN!" Am folgenden Morgen standen sie zeitig auf und brachten Tiere für das Brandopfer herbei. Das Volk setzte sich zum Essen und Trinken. Dann standen sie auf und begannen ausgelassen zu tanzen.

Rechts neben dem Goldenen Kalb siehst du Aaron stehen. Hell leuchtet sein Gewand. Er zeigt auf sein Werk. Links im Hintergrund steigt Mose mit Josua den Berg hinunter. Voll Zorn über das Goldene Kalb hat er eine der mitgebrachten Gesetzestafeln zerschmettert und will gerade auch die zweite mit Wucht zu Boden werfen. Das Zerschmettern der Gesetzestafeln ist Sinnbild für das gebrochene Gesetz. Die zwei Bäume drücken aus, wer hier „Recht" hat: Während der Baum, unter dem Aaron steht, abgestorben ist, befinden sich Mose und Josua nah an einem frisch grünenden Baum. Die Erzählung vom Goldenen Kalb will uns daran erinnern, dass wir Gott nicht sehen oder mit Händen greifen können, auch nicht in einer geschmiedeten Statue aus Gold, die wir herstellen und dann so anbeten, als wäre Gott vor uns.

Nicolas Poussin (1594–1665), Der Tanz um das Goldene Kalb, 1633–34
Öl auf Leinwand, 154 x 212 cm, London, National Gallery

Da sprach der HERR zu Mose: „Geh, steig hinunter! Denn dein Volk, das du aus Ägyptenland heraufgeführt hast, läuft ins Verderben. Schnell sind sie vom Weg abgewichen, den ich ihnen vorgeschrieben habe. Sie haben sich ein Kalb aus Metall gegossen und werfen sich vor ihm zu Boden. Ein störrisches Volk ist es. Und nun lass mich! Ich will meinen Zorn über sie ausschütten und sie vernichten. Mit dir aber will ich neu beginnen und aus deinen Nachkommen ein großes Volk machen."

Da besänftigte Mose den HERRN, seinen Gott, und sprach: „Warum, HERR, bist du zornig gegen dein Volk, das du eben erst mit starker Hand aus Ägypten herausgeführt hast? Lass ab von deinem glühenden Zorn! Denk an deine Diener Abraham, Isaak und Israel, denen du mit einem feierlichen Eid versprochen hast: Ich will eure Nachkommen mehren wie die Sterne des Himmels und ihnen dieses ganze Land für immer geben." Da tat es dem HERRN leid, dass er seinem Volk Unheil angedroht hatte.

Der „Tanz um das Goldene Kalb" ist jedem heutzutage bekannt als sprichwörtliche Redewendung für die Vergötzung von Reichtum und Macht. Er ist Urbild des Sündenfalls. Wird aber der heutige Sprachgebrauch dem Ursprungssinn der Erzählung gerecht? Haben die Israeliten in dem „Goldenen Kalb" wirklich einen fremden Götzen (oder sogar mehrere Götzen) anbeten wollen, so dass man sagen könnte, sie sind ihrem Gott Jahwe „abtrünnig" geworden? Der weitere Verlauf der Erzählung und die Reaktionen von Gott und Mose legen dies zwar nah. Die kritische Bibelwissenschaft hat jedoch nachgewiesen, dass die ganze Erzählung (Ex 32,1-35) aus verschiedenen Textschichten besteht. Der Abschnitt (Ex 32,1-6) könnte der älteste Kern der Überlieferung sein, weil hier noch nicht gegen das Goldene Kalb polemisiert wird. Eine polemische Darstellung hätte den Bau des Stierbildes kaum Aaron zugeschrieben, der später als Hohepriester eingesetzt wird. Gerade weil Aaron maßgeblich an der Anfertigung des Goldenen Kalbs beteiligt war, erscheint das Stierbild als eine völlig legitime Einrichtung des Jahwe-Kultes. Das Stierbild wird hier in der ursprünglichen Erzählabsicht als Bild des Exodusgottes Jahwe verstanden und nicht als Götzenbild. Kultbilder, die im Allerheiligsten aufgestellt waren, galten als die sichtbare Gestalt des unsichtbaren Gottes. Das goldene Stierbild symbolisierte im Glanz seines Goldes die Herrlichkeit und Heiligkeit Gottes. Im Bild sollte sich Gottes schützende und heilende Gegenwart ausdrücken. Wie aber kam es zu einer polemischen Deutung des „Goldenen Kalbs"? Die vorliegende Erzählung zeigt wörtliche Übereinstimmungen zu einem anderen biblischen Text (1Kön 12,28-30), in dem es heißt, dass der Nordreichkönig Jerobeam I. in Bethel und Dan je ein goldenes Kalb hat aufstellen lassen. Man nimmt an, dass sich unsere Erzählung von Anfang an auf die Stierbilder Jerobeams bezogen hat, um seine Tat als Abfall von Jahwe zu brandmarken und den Untergang des Nordreichs nachträglich plausibel zu machen. Das Nordreich musste untergehen, hatte sich doch schon in der Wüste gezeigt, dass Stierbildverehrer von Gott bestraft werden! So geht man davon aus, dass die ganze Erzählung Ex 32 ihre Endgestalt erst nach dem Untergang des Nordreiches (722 v. Chr.) bekommen hat. Würde sie auf einem historischen Ereignis beruhen, hätte Jerobeam nicht gewagt, erneut Stierbilder aufzustellen, denn dann hätte er ja gewusst, was passiert, wenn man es tut (Koenen, 2006). Die Erzählung vom Goldenen Kalb macht deutlich, dass die Frage nach der Art der kultischen Gottesverehrung, ob mit oder ohne Bild, in Israel durchaus umstritten war. Das strenge Bilderverbot ist erst das Ergebnis einer längeren Auseinandersetzung gewesen.

Mose zerschmettert die Gesetzestafeln

Rembrandt
Mose zerschmettert
die Gesetzestafeln, 1659
Öl auf Leinwand
168,5 x 135,5 cm
Berlin, Gemäldegalerie

Ist der Titel unseres Gemäldes richtig? Sieht so ein zorniger Mose aus, der wütend die Gesetzestafeln zu Boden schleudert? Die Bibel erzählt, dass die Zehn Gebote Gottes insgesamt zweimal auf je zwei Steintafeln geschrieben wurden. Die ersten zerstört Mose aus Ärger über den Abfall des Volkes. Die zweiten zeigt er dem Volk nach einer erneuten Begegnung mit Gott (siehe übernächste Erzählung). Doch welcher Moment ist nun genau dargestellt? Der Ausdruck auf Moses Gesicht lässt wenig Zorn erkennen. Vielmehr sieht er betroffen, ernst und tief traurig aus. Sein Gesicht leuchtet vom Abglanz Gottes, wie es beim zweiten Abstieg vom Sinai beschrieben wird, als er mit den neuen Tafeln des Gesetzes herabkommt (Ex 34,29). Das Gemälde lässt offen, welcher Moment genau gemeint ist.

Mose kehrte um und stieg den Berg hinab. Er hatte die zwei Tafeln der Bundesurkunde in der Hand, die Tafeln, die auf beiden Seiten beschrieben waren. Die Tafeln hatte Gott selbst gemacht, und die Schrift, die auf den Tafeln eingegraben war, war Gottes Schrift. Als er dem Lager näher kam und das Kalb und den Tanz sah, entbrannte sein Zorn. Er schleuderte die Tafeln fort und zerschmetterte sie am Fuß des Berges. Dann packte er das Kalb, das sie gemacht hatten, verbrannte es im Feuer und zerstampfte es zu Staub. Den Staub streute er in Wasser und gab es den Israeliten zu trinken.

Am folgenden Morgen sprach Mose zum Volk: „Ihr habt eine große Sünde begangen. Jetzt will ich zum HERRN hinaufsteigen; vielleicht kann ich für eure Sünde Vergebung bekommen." Mose kehrte zum HERRN zurück und sagte: „Ach, dieses Volk hat eine große Sünde begangen. Götter aus Gold haben sie sich gemacht. Doch jetzt nimm ihre Sünde von ihnen. Wenn nicht, dann streich mich aus dem Buch, das du angelegt hast." Der HERR antwortete Mose: „Nur den, der gegen mich gesündigt hat, streiche ich aus meinem Buch. Aber jetzt geh, führe das Volk, wohin ich dir gesagt habe. Mein Engel wird vor dir hergehen" Der HERR schlug das Volk mit Unheil, weil sie das Kalb gemacht hatten, das Aaron anfertigen ließ.

Überleitung: Als das Volk hört, wie böse Gott ist, bekommt es Angst und verspricht, in Zukunft ohne den Schmuck weiter zu ziehen, der nur Unheil gebracht hat. Und weil das Volk den gerade geschlossenen Bund gebrochen hat, indem es das Goldene Kalb aufstellte, zieht nun Mose aus dem Lager aus und stellt das Zeltheiligtum außerhalb auf. In diesem Zelt, das auch „Begegnungszelt" genannt wird, zeigt sich Gott dem Mose, hier spricht er „Auge in Auge" mit ihm „wie Menschen miteinander reden" (Ex 33,11). Immer wenn Mose im Zelt ist, bleibt eine Wolkensäule am Eingang stehen und verhüllt das Zelt als Zeichen für Gottes Gegenwart. Bei einem dieser Gespräche, in denen Mose leidenschaftlich für sein Volk eintritt, bittet Mose Gott auf einmal, sich ihm doch zu zeigen:

Sehnsucht nach Gottes Nähe

Mose sagte zum HERRN: „Lass mich doch deine Herrlichkeit sehen!" Der HERR gab zur Antwort: „Ich will meine ganze Güte an dir vorüberziehen lassen und mich dir in meinem Namen offenbaren. Trotzdem kannst du mein Angesicht nicht sehen; denn kein Mensch kann mich sehen und am Leben bleiben. Hier, stell dich an diesen Felsen! Wenn meine Herrlichkeit an dir vorüberzieht, stelle ich dich in den Felsspalt und halte meine Hand über dich, bis ich vorüber bin. Dann ziehe ich meine Hand zurück, und du kannst meinen Rücken sehen. Mein Angesicht aber kann niemand sehen."

Weiter sprach der HERR zu Mose: „Hau dir zwei steinerne Tafeln zurecht wie die ersten! Ich werde darauf die Worte schreiben, die auf den ersten Tafeln standen, die du zerschmettert hast. Steig morgen früh auf den Sinai!"

Am Morgen stand Mose zeitig auf und erstieg den Gipfel des Berges. Die beiden steinernen Tafeln nahm er mit. Der HERR aber kam in der Wolke herab und stellte sich dort neben ihn und ging dann an ihm vorüber. Er rief: „Ich bin der HERR! „ICH-BIN-DA" ist mein Name. Ich bin ein barmherziger und gnädiger Gott, langsam zum Zorn, und voll Huld und Treue. Ich erweise Tausenden meine Liebe, nehme Schuld, Vergehen und Sünde weg, aber ich spreche nicht einfach frei, sondern prüfe die Schuld der Väter." Da verneigte sich Mose vor dem HERRN bis zur Erde. Er sagte: „Wenn ich deine Gnade gefunden habe, mein HERR, dann sei doch in unserer Mitte und zieh mit uns. Es ist zwar ein störrisches Volk, doch vergib uns unsere Schuld und unseren Ungehorsam und lass uns zu dir gehören!" Da sprach der HERR: „Ich schließe einen Bund mit euch und werde vor euren Augen Wunder tun, wie sie noch niemand auf der ganzen Erde vollbracht hat. Befolgt genau die Gebote, die ich euch heute gebe!"

Einerseits heißt es hier, dass Gott mit Mose im Begegnungszelt (= das Heiligtum; vgl. dazu den ausführlichen Bericht aus anderer Quelle, Ex 25-31 und 35-40) von Angesicht zu Angesicht redet, dann aber auch, dass jeder sterben muss, der ihn sieht. Wieder liegt hier eine Vermischung zweier Quellen vor, die zu Ungereimtheiten geführt hat. Während der eine Tradent die Nähe Gottes zum Menschen betont, die Endlosigkeit seiner großen Liebe und Gerechtigkeit, weist der andere auf den unendlichen Abstand zwischen Gott und Mensch hin. Auf diese Weise versuchten die Autoren, Gott durch Annäherung von den verschiedensten Seiten her begreiflich zu machen. Die Endredaktoren waren grundsätzlich konservativ und ließen die verschiedenen Überlieferungen als gleich gültige Zeugnisse göttlicher Inspiration nebeneinander stehen. Sie veränderten die Texte nur minimal und nahmen Überschneidungen oder Wiederholungen in Kauf, damit kein Aspekt verloren ging. Die Vielfalt wurde als Reichtum, nicht als Ärgernis gesehen. Die inkonsistenten Einzelheiten verwoben sie zu einem fortlaufenden Text, in dem es nun so schien, als habe sich das Widersprüchliche nacheinander ereignet. Auch der doppelte Empfang der Gebote auf dem Sinai ist eine Vermischung unterschiedlicher Erzähltraditionen.

Johannes Itten (1888–1967)
Begegnung, 1916
105 x 80 cm
Zürich, Kunsthaus

Der Glanz auf Moses Gesicht

Mose blieb vierzig Tage und Nächte beim HERRN. Er aß kein Brot und trank kein Wasser. Er schrieb die Worte des Bundes, die Zehn Gebote, auf die Steintafeln. Als Mose mit den beiden Tafeln vom Sinai herabstieg, wusste er nicht, dass die Haut seines Gesichtes strahlend geworden war, weil er mit dem HERRN geredet hatte.

Aaron und das ganze Volk aber sahen das Strahlen auf Moses Gesicht und fürchteten sich, ihm nahezukommen. Erst als Mose sie rief, kamen Aaron und die führenden Männer der Gemeinde herbei und er redete mit ihnen. Dann kamen auch die anderen Israeliten und er übergab ihnen alle Gebote, die ihm der HERR auf dem Sinai mitgeteilt hatte. Weil die Israeliten aber das Leuchten auf seinem Gesicht nicht ertragen konnten, bedeckte er es schließlich mit einem Schleier.

Mose sagte zu ihnen: „Das ist es, was der HERR euch zu tun befohlen hat: Sechs Tage hindurch darf gearbeitet werden, der siebte Tag aber, der Sabbat, soll euch heilig sein, ein Feiertag, ein Tag vollkommener Ruhe, zur Ehre des HERRN.“

Mose ist so intensiv vom heiligen Lichtglanz Gottes berührt worden, dass sich nun Gottes Herrlichkeit in seinem Gesicht widerspiegelt. Er ist mehr als ein gewöhnlicher Mensch. Obwohl er nur einen flüchtigen Blick auf Gott im Vorübergehen erhaschen konnte, hat sich diese Begegnung tief in sein Gesicht eingebrannt. Keiner kann es in seiner Nähe aushalten.

Mose hat sein Gesicht mit einem Tuch verdeckt. Denn die Menschen können den strahlend hellen Glanz auf seinem Gesicht nicht ertragen. Mose durfte Gott nur kurz sehen, und das hat sein Gesicht schon so zum Leuchten gebracht! Das Bild von Sieger Köder, den du schon von der tanzenden Mirjam kennst, rückt eindrucksvoll die Aufregung der Israeliten am Berg Sinai in den Mittelpunkt. Was sie erleben, sprengt alles, was sie bisher kennengelernt haben. In ihren Köpfen purzelt alles durcheinander. Einige können selbst den bedeckten Mose nicht anschauen und halten den Kopf gesenkt. Das Feuer Gottes auf dem Sinai leuchtet ja auch noch unerträglich hell. Andere reißen vor Staunen Augen und Mund weit auf. Das Rot des Feuers strahlt auf Hände und Gesichter. Die Darstellung der ganz nach hinten geneigten Köpfe erinnert an die Menschen im Bild „Der Bogen des Friedens" aus der Wiener Genesis, das ihr vielleicht noch in Erinnerung habt. Ob Sieger Köder diese Miniatur im Sinn hatte, als er sein Bild gemalt hat?

Sieger Köder (geb.1925), Das Gesetz vom Sinai

Bezalel baut das Heiligtum

Mose versammelte die ganze Gemeinde der Israeliten. Er sagte: „Jeder, dessen Herz dazu bereit ist, möge mir eine freiwillige Abgabe bringen für die Herstellung des Heiligen Zeltes und seinen gesamten heiligen Dienst." Da brachten sie Spangen, Ohrringe, Fingerringe und Halsketten. Auch brachten sie blaue und rote Wolle, Flachs, Ziegenhaar, rot gefärbte Widderfelle, und dazu noch Silber, Bronze und Akazienholz. Dann sagte Mose zu den Israeliten: „Seht, der HERR hat Bezalel aus dem Stamm Juda dazu bestimmt, die Arbeiten für sein Heiligtum durchzuführen. Er hat ihn mit seinem Geist erfüllt, mit Weisheit und Klugheit. Er kann Gegenstände entwerfen und sie in Gold, Silber oder Bronze ausführen. Auch die Gabe, andere zu unterweisen, hat er ihm ins Herz gelegt."

So baute Bezalel zusammen mit anderen kunstverständigen Männern das Heilige Zelt. Dann baute Bezalel einen wertvollen Kasten aus Akazienholz – die Bundeslade – zur Aufbewahrung der steinernen Tafeln. Er überzog den Kasten innen und außen mit purem Gold, befestigte zwei Haltestangen an ihm und machte zwei Kerubim aus Gold für die Enden der Deckplatte. Auch machte er einen Tisch aus Akazienholz für die geweihten Brote, dazu die Geräte für den Tisch und den Leuchter, von dessen Seiten sechs Arme ausgingen. Schließlich war die ganze Arbeit vollendet. Mose ließ die Wohnung des HERRN, das Heilige Zelt, aufrichten. Dann verhüllte die Wolke das Heilige Zelt. Die Herrlichkeit des HERRN erfüllte mit ihrem Glanz die ganze Wohnung. Immer wenn sich die Wolke des HERRN von der Wohnstätte erhob, brachen die Israeliten auf und zogen weiter. Bei Tag schwebte über der Wohnung die Wolke des HERRN; bei Nacht aber wurde die Wolke voll Feuer. So blieb es während ihrer ganzen Wanderung durch die Wüste.

Die Figur, die du siehst, ist Bezalel, der Kunsthandwerker. Chagalls Bild zeigt einige Symbole aus der jüdischen Geschichte: Den siebenarmigen Leuchter („Menora" genannt), der hier wie oft bei Chagall nicht ganz wirklichkeitsgetreu dargestellt ist. Den Davidstern mit dem Gottesnamen JHWH in der Mitte. Die segnenden Hände, die an den Priesterdienst erinnern und die Löwen mit der Königskrone. Löwen sind Symbol für den Stamm Juda und für das jüdische Volk. Sie stehen sinnbildlich für die Löwenkräfte, die der Gläubige braucht, um die Weisungen der Tora im eigenen Leben zu verwirklichen. Der Hahn (oben links) steht bei Chagall oft für die Erinnerung an das Sühneopfertier, das am Vorabend zum Versöhnungstag (Jom Kippur) für jedes Familienmitglied geschlachtet wurde (siehe Text „Der Sündenbock" im Buch Levitikus).

Marc Chagall, Bezalel und der Bau der heiligen Geräte, 1966, Farblitographie aus dem Zyklus „Exodus", 47 x 35,2 cm

Bilderrätsel Exodus

Wahrscheinlich kennst du irgendeinen Menschen, der einen merkwürdigen Vor- oder Nach-namen hat. Einen Namen, den du so noch nie gehört hast, der aber in dir lustige Anklänge an Bekanntes wachruft. Meistens tut einem dieser Mensch leid, weil man immer denkt, dass er sicher unter seinem komischen Namen leidet. Der Name ist dann wie ein ewiger Stempel, den dieser Mensch mit sich herumträgt, ob er will oder nicht, und alle lachen, wenn sie den Namen hören. Diese Menschen dürfen, wenn sie wollen, ihren Namen beim Standesamt um-ändern lassen. Dann wird es allerdings schwer: Denn wie will man heißen?

Dieses Bild ist ein . . .
(5. Buchstabe).

Nun stell dir also einmal vor, du könntest dir deinen Namen selbst aussuchen. Es müsste allerdings ein Name sein, der irgendwie zu dir passt, einen Namen, der beschreibt, wie du so bist. Das wäre schon ziemlich schwierig, oder? Im Buch Exodus, das du gerade gelesen hast, ist es so. Da fragt Mose nämlich Gott höchstpersönlich nach seinem Namen. Die ziemlich ge-heimnisvolle Antwort Gottes ist hier nun der Lösungssatz des nächsten Rätsels. Dieser Name Gottes ist eigentlich kein Name, sondern eine Umschreibung dessen, was er für uns ist: Gott ist, so sagt dieser Name, immer um uns herum, auch wenn wir es nicht merken. Wie eine Mutter, wie ein Vater, ist er da und sorgt für uns. Er ist bei uns, wenn wir Angst haben und tröstet uns, wenn wir traurig sind. Dir nun viel Spaß!

Hier siehst du den brennen-den . . .
(8. Buchstabe).

Lösung (pro Strich ein Buchstabe): _ _ _ _ _ _ _ _ _ " _ _ _ _ _ _ _ _ "

Mose hätte dieses Wunder nie ohne Hilfe des . . . vollbringen können.

Wie heißt dieser Mann? . . .

Die . . . waren Sklaven des Phara-os.

Wie heißt das Weiße in der Wüste . . . (3. Buchstabe)?

Das Passahmahl ist für Christen ein Vor-Bild für das . . . mahl (5. Buchstabe).

Hier siehst du das vierte der . . . (2. Buchstabe) Gebote.

Dieses Fresko kannst du dir in . . . anschauen.

Der Künstler von diesem abstrakten Gemälde heißt Johannes . . . (3. Buchstabe).

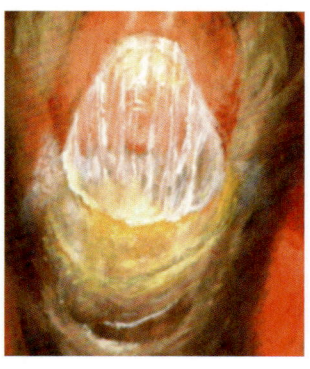

Mose musste sein . . . (5.Buchstabe) zudecken, weil es unerträglich hell leuchtete.

Dieses Kunstwerk ist kein Gemälde sondern ein . . .

Mose . . . (4. Buchstabe) über seine schwere Aufgabe nach, als er auf den Sinai steigt.

Dies ist der Freudentanz der . . . (2. Buchstabe).

Hier ist Mose am . . . (3. Buchstabe).

Dieses Bild ist aus einem jüdischen Gebetbuch zum Pessachfest, das . . . (6. Buchstabe) heißt.

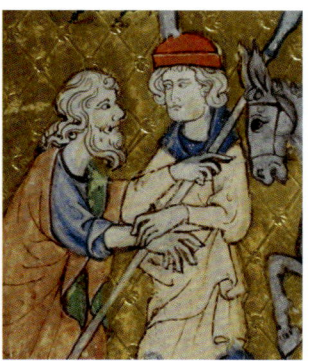

Mose und . . . , zwei ungleiche Brüder: Der eine redet gerne, der andere hat Angst davor.

Exkurs

Eine Bilderbibel trotz Bilderverbots?!

*Ein echtes Kunstwerk bleibt, wie ein Naturwerk, für
unseren Verstand immer unendlich: es wird geschaut,
empfunden; es wirkt, es kann aber nicht eigentlich erkannt, viel weniger sein Wesen, sein Verdienst mit Worten ausgesprochen werden.*

Johann Wolfgang von Goethe („Über Laokoon", 1798)

Brauchen wir Bilder in einer Bibel? Und wenn ja, welche? Oder
sind Bilder nicht eher schädlich, weil sie den Eindruck vermitteln, Gott, der Unendliche, wäre fassbar und alles Geschehen in der
Bibel sei tatsächlich so abgelaufen?

Ohne Zweifel haben Bilder eine prägende Wirkung, insbesondere
im Kindesalter. Je jünger unsere Kinder, desto intensiver werden sie
den Text über das dargebotene Bild aufnehmen und sich merken.
Die Vorstellungen, die unsere Kinder von den biblischen Stoffen
bekommen, werden sich am Bild orientieren. Umso wichtiger also,
gute Bilder auszuwählen, Bilder, die in ihrer stilistischen Vielfalt und
künstlerischen Qualität den großen Reichtum biblischen Redens von
Gott widerspiegeln. Bilder großer Kunst ähneln in ihrer Eigenschaft,
nie restlos erklärt werden zu können, dem biblischen Anspruch eines Gottes, der in seiner Größe unausschöpflich ist. Kunst ist als
„Sprache des Unsagbaren" (Kandinsky, zitiert nach: Goecke-Seischab 2010, 12) vorzüglich geeignet, biblischen Inhalten Ausdruck
zu geben, ohne ihre Geheimnishaftigkeit zu zerstören. Die Kinder
werden intuitiv das „Kostbare" an diesen Bildern erfassen und in
ihrem Gemüt tief berührt werden.

Dennoch schützen diese Bilder nicht vor der Weitergabe von Klischees. Das wohl folgenreichste Klischee ist die Abbildung Gottes als Großvater mit langem grauen Bart, ein Bild, das etwa im 12. Jahrhundert in der Kunst aufkam. Zwar kann diese Vorstellung im Kleinkindalter durchaus zunächst positiv besetzt werden, für spätere Zeit jedoch hat sie fatale Folgen. Denn diese Bilder unterschlagen die absolute Andersartigkeit Gottes, sie legen Gott fest auf den Archetyp „würdiger Greis" und schließen durch die männliche Zuordnung sämtliche weiblichen Aspekte Gottes aus. Sie machen einen Menschen aus Gott, der dazu noch dümmlich und gebrechlich ist.

Wenn ein solch früh beigebrachtes Gottesbild im Gedächtnis haften bleibt, kann es später zu einer totalen Ablehnung Gottes kommen. Der erwachsene Mensch wird sich entrüstet von dieser lächerlichen Vorstellung abwenden und den Glauben ad acta legen, wenn er nie die Gelegenheit hatte, seine Bilder von Gott nachreifen zu lassen (Lange 2002, 49–67).

Ist uns einmal klar geworden, dass wir Gott im gemalten Bild nie „haben" können und dass er nur indirekt in Annäherungen „begreifbar" gemacht werden kann, werden wir auch die biblischen Texte mit anderen Augen lesen. Wir Menschen können von Gott nicht anders reden als im Bild. Kein Mensch hat Gott je gesehen.

Warum aber, so fragt es sich nun, hat Gott im ersten seiner zehn Gebote ein strenges Bilderverbot aufgestellt („Du sollst dir kein Gottesbild machen, und keine Darstellung von irgendetwas im Himmel droben, auf der Erde unten oder im Wasser unter der Erde", Ex 20,4; Dtn 5,8)? Wie verträgt sich diese Forderung mit dem Bilderreichtum biblischen Sprechens und dem Bedürfnis der Menschen, insbesondere der Kinder, nach Darstellung biblischer Inhalte?

Hier muss man zunächst unterscheiden: Das Bilderverbot bezog sich auf materielle Bilder, nicht auf Sprachbilder. Das sichtbare Bild selbst sollte nicht verehrt und angebetet werden. Das Bilderverbot meinte kein generelles Kunstverbot, auch nicht das Verbot der didaktischen Anwendung des Bildes in der Belehrung von Kindern. Letztlich, so der Alttestamentler Dohmen (1987, 22), hat das Bilderverbot jedoch nur sekundär mit Kunst zu tun, da es ihm primär um die Frage nach der Bestimmung des Verhältnisses zwischen Gott und Mensch geht. Es wacht darüber, dass die Menschen den rechten Abstand zu Gott wahren und sein Anderssein respektieren.

Dennoch gab es erbitterte Kämpfe um die Frage, wie denn das biblische Bilderverbot genau auszulegen sei – man denke zum Beispiel an den byzantinischen Bilderstreit im 8./9. Jahrhundert oder an den reformatorischen Bildersturm im 16. Jahrhundert, in dem unzählige kostbare Kunstwerke gewaltsam zerstört wurden. Die einen beriefen sich auf das Verbot und lehnten kategorisch Bilder als Götzendienst und überflüssiges Beiwerk ab, die anderen betonten vor allem ihren pädagogischen Nutzen. Noch heute gibt es im Judentum und Islam ein strenges Bilderverbot, und auch protestantische Christen gehen infolge reformatorischer Bilderkritik skeptisch mit sakralen Kunstwerken um und bevorzugen eher den nüchternen Kircheninnenraum.

Exemplarisch sollen in Folgendem die Argumente sowohl der Bilderfeinde als auch der Bilderverehrer mit Hilfe einiger anschaulicher Zitate verdeutlicht werden (zitiert nach Lange 2002, 341–349):

„Ich weiß nicht, was dich zu befehlen antreibt, ein Bild unseres Heilandes zu malen … Wer auch immer könnte den hellen, strahlenden Glanz solcher Würde und Herrlichkeit mit toten, unbeseelten Farben und Linien wiedergeben? … Wie könnte jemand von dieser so wunderbaren und unbegreiflichen Gestalt, wenn man überhaupt noch das göttliche und geistige Wesen Gestalt nennen darf, ein Bild malen?"

Eusebius von Cäsarea, Brief an Kaiserin Konstantia, vor 339

„Denn was für die, die lesen können, Schrift ist, das leistet für die schauenden Ungebildeten das Bild, weil in ihm Unkundige sehen, wonach sie trachten sollen, in ihm lesen, die die Buchstaben nicht kennen."

Papst Gregor I., Brief an Bischof Serenus von Marseille, Oktober 600

„Du sagst: ‚Steine, Wände und Holzbretter betet ihr an!' Dem ist nicht so. Wir verehren die Bilder, weil sie uns Denkhilfe und Anregung sind und weil sie unser erdhaftes, sinnengebundenes Denken zur Höhe ziehen … Aber wir beten sie nicht an als Götzenbilder … Denn wir gründen unsere Hoffnung nicht auf sie."

Papst Gregor II., Brief an den bilderfeindlichen Kaiser Leo III., 8. Jh.

„Wenn ich keine Bücher zur Verfügung, keine Muße zum Lesen habe, gehe ich zur Kirche, der öffentlichen Heilstätte der Seelen, weil ich von meinen Gedanken wie von Dornen gequält werde. Die bunte Pracht der Malerei zwingt mich zur Betrachtung, und wie der Anblick einer Wiese sättigt sie meinen Blick, und allmählich führt sie meine Seele zur Verherrlichung Gottes."

Johannes von Damaskus, Bilderreden (Florilegium), ca. 740

„Die Kirche glänzt an ihren Mauern und lässt es bei den Armen an allem fehlen. Sie bekleidet die Steine mit Gold und ihre Kinder lässt sie nackt. Mit dem, was man für die Bedürftigen ausgeben müsste, dient man den Augen der Reichen. Die Neugierigen finden ihr Vergnügen und die Unglücklichen nicht einmal das zum Leben Notwendige."

BERNHARD VON CLAIRVAUX, APOLOGIE FÜR WILHELM VON ST. THIERRY, 1123–24

„Es gibt drei Gründe für die Einführung von Bildern in der Kirche: 1. Zur Unterweisung der Ungebildeten, die durch sie gewissermaßen wie durch Bücher belehrt werden; 2. damit das Geheimnis der Inkarnation und die Vorbilder der Heiligen besser im Gedächtnis haften bleiben, wenn sie täglich vor Augen gestellt werden; 3. um die Gefühle der Frömmigkeit anzuregen, was wirksamer über das Sehen des Bildes als über das Hören des Wortes geschieht."

THOMAS VON AQUIN, SENTENZEN-KOMMENTAR III.1, UM 1252

„Die Bilder sind weder so noch so, weder gut noch böse. Man mag sie haben oder nicht haben … Wenn ich Christum höre, so entwirft sich in meinem Herzen eines Mannes Bild, das am Kreuz hängt … Wenn es nun nicht Sünde, sondern gut ist, dass ich Christi Bild im Herzen trage, warum sollte es dann Sünde sein, wenn ich es in den Augen habe? Gilt doch das Herz mehr als die Augen …, nämlich als der rechte Sitz … Gottes."

MARTIN LUTHER, PREDIGTEN, 1522 UND 1525

Das Buch Levitikus

Wajikra

(Und er rief)

Einführung

Dieses Buch, das genau in der Mitte der Tora, des Pentateuch, steht, ist den meisten Christen unbekannt. Schaut man hinein, so sieht man sich mit einer Fülle von kultischen Vorschriften, Riten und Gesetzen konfrontiert, die teilweise zunächst recht befremdlich wirken. Sie wurden von Menschen verfasst, die in einer ganz anderen Kultur als der unsrigen lebten und keine scharfe Trennung zwischen Alltagsleben und Religion kannten. Tauchen wir jedoch einmal in dieses Buch ein, werden wir das Judentum, so wie es heute insbesondere in orthodoxen Teilen noch streng gelebt wird, besser verstehen können. Lange war es üblich, dass die jüdischen Kinder ihr Bibelstudium mit dem Buch Levitikus begannen, weil hier das praktische Leben mit allen seinen Regeln und Gesetzen niedergelegt ist.

Der griechische und lateinische Name Levitikus leitet sich von Levi ab, dem Stammvater der Priester. Die Leviten waren ein eigener Stamm im Volk Israel, der nur aus Priestern bestand. Das Buch Levitikus ist primär ein Gesetzbuch. Erzählende Passagen gibt es kaum. Von seiner Szenerie her ist das Buch noch am Berg Sinai angesiedelt; die Anweisungen Gottes erscheinen so, als hätte er sie dort dem Volk durch Mose überbracht (Lev 1,1 und 27,34). Der größte Teil des recht einheitlich erscheinenden Buches gehört der priesterlichen Überlieferungsschicht an und wurde wahrscheinlich erst nach dem babylonischen Exil in der vorliegenden Form verfasst.

Für die Juden ist das Buch Levitikus ein äußerst wichtiges Buch und so sollten auch wir Christen es unbedingt lesen. Alle Einrichtungen, die letztlich das nationale und religiöse Selbstbewusstsein Israels geprägt haben, sind hier aufgeführt, angefangen von den Gesetzen zur kultischen Reinheit und den Speisevorschriften, über das Priestertum und Fragen des rechten Gottesdienstes, bis hin zu den jüdischen

Festen und ihren Ritualen im sogenannten „Heiligkeitsgesetz" (Kapitel 17–26). Die Einhaltung der vielen Anweisungen soll die Heiligkeit des von Gott auserwählten Volkes garantieren. Gott ist eine Beziehung zu seinem Volk eingegangen, damit sie auf ewig seinen Namen heiligen. Das Volk Israel hat nach seinem eigenen Selbstverständnis die Aufgabe, Gottes Einzigartigkeit in der Welt bekannt zu machen, seine Gegenwart zu bezeugen und seine Größe zu preisen. Nirgendwo anders als hier im Buch Levitikus (insbesondere in Lev 22, 31–33) ist dies so deutlich dargelegt.

Der Sündenbock

Der HERR sprach zu Mose: „Sag Aaron, er soll nur zu bestimmten Zeiten durch den Vorhang in das innerste Heiligtum treten. Sonst muss er sterben. Denn dort zeige ich mich in einer Wolke über der goldenen Deckplatte, die auf der Bundeslade liegt. Aaron darf nur mit einem geweihten Leinengewand und mit einem Leinenturban auf dem Kopf in das Heiligtum kommen. Bevor er diese heiligen Gewänder anlegt, soll er seinen ganzen Körper in Wasser baden.

Von der Gemeinde der Israeliten soll er sich zwei Ziegenböcke für ein Sühneopfer und einen Widder für ein Brandopfer geben lassen. Er selbst hält als Sühneopfer für die eigene Schuld und die Schuld seiner Familie einen jungen Stier bereit. Dann soll das Los entscheiden, welcher Bock mir und welcher Asasel gehört. Der Bock, den das Los für mich bestimmt, soll mir von Aaron als Opfer für die Schuld des Volkes dargebracht werden. Der andere Bock soll lebend vor mich hingestellt werden und mit der Schuld des Volkes beladen werden und dann zu Asasel in die Wüste getrieben werden. Aaron soll seine beiden Hände auf den Kopf des lebenden Bockes legen und dabei alle Sünden und Fehler der Israeliten aussprechen. So legt er dem Bock alle Sünden des Volkes auf den Kopf und lässt dann das Tier durch einen bereitstehenden Mann in die Wüste jagen. Der Bock trägt alle diese Sünden weg und trägt sie mit sich in der Einöde herum.

Folgendes soll euch als feste Regel gelten: Im siebten Monat, am zehnten Tag des Monats, sollt ihr nicht arbeiten und Buße tun. Denn einmal im Jahr, an diesem Tag, werdet ihr von euren Sünden befreit. Eure Unreinheit wird von euch genommen und ihr werdet vor dem HERRN wieder ganz ohne Schuld sein.“

Der sprichwörtlich gewordene „Sündenbock“ wird zu Asasel geschickt, einem Dämon, der nach der Vorstellung der alten Hebräer und Kanaanäer die Wüste bewohnte. Dieser Sühneritus geht wahrscheinlich auf einen alten volkstümlichen Brauch zurück, den der Jahwekult übernahm. In einer göttlich sanktionierten symbolischen Handlung (Handauflegung mit anschließender Vertreibung des Bocks), die bis heute Teil des Rituals am jüdischen Versöhnungsfesttag Jom Kippur („Tag der Sühne“) ist, sollen die Sünden aus der Mitte des Volkes verbannt und an einen Ort jenseits aller Zivilisation gebracht werden, wo sie keinen Schaden mehr anrichten können. Die Vorstellung eines Sündenbocks, der die Schuld aller Menschen auf sich lädt, um sie zu entsühnen, ist auch in der Darstellung des „Gottesknechts“ im Buch Jesaja präsent und schließlich in Jesus Christus, der alle Sünden der Menschen auf sich nimmt und mit seinem Kreuzestod tilgt. Im Judentum ist es an Jom Kippur auch Brauch, all die Menschen aufzusuchen, mit denen man sich im Laufe des Jahres überworfen hat und sie um Verzeihung zu bitten. Erst dann kann man auch Gott um Vergebung bitten.

Michael Wohlgemut (1434–1519) – Lehrer Albrecht Dürers, Wie der Sündenbock fortgeschafft wird, 1491 Holzschnitt, Stuttgart, Württembergische Landesbibliothek

Dieser Holzschnitt zeigt, was am Versöhnungstag der Juden bis heute symbolisch vollzogen wird. Im Vordergrund sind zwei Priester zu sehen. Der eine hält einen Ziegenbock fest, während der andere die Hand auf ihn legt, um alle Sünden Israels auf ihn zu übertragen. Danach wird der Sündenbock in die Wüste gejagt. Das ist also der sprichwörtliche Sündenbock! Einer, auf den alle Schuld geschoben wird! Im Hintergrund rechts kannst du die Köpfe wilder Tiere sehen, Zähne fletschend. Sie versinnbildlichen drastisch die Gefahren, die den Sündenbock in der Wüste erwarten. Links daneben ist Aaron gerade dabei, einen Stier zu opfern, um sich und seine Angehörigen von aller Schuld zu befreien.

Ihr sollt heilig sein

„Heiligkeit" ist das große Thema, das die Kapitel 17-26 miteinander verbindet, die einen eigenen Block bilden. So hat man diesen Teil auch „Heiligkeitsgesetz" genannt und vermutet, dass er ein späterer Zusatz aus priesterlichen Kreisen ist. Dieses Heiligkeitsgesetz bestimmt die Beziehung zwischen Gott, Volk und Land. Heiligkeit ist eine Wesenseigenschaft Gottes und teilt sich allem mit, was mit Gott in Berührung kommt, also besonders den Priestern. Gott fordert aber hier nicht nur von den Priestern, sondern vom ganzen Volk Heiligkeit ein. Diese Heiligkeit ist jedoch nicht allein auf Kultisches bezogen. Vielmehr umfasst sie die ganze Fülle des alltäglichen Lebens: Der Mensch, der dem heiligen Gott gehören will, zeichnet sich vor allem durch die Beachtung der sozialen Gebote aus, durch ein reines Gewissen, ein Fernhalten von jeder Art von Sünde. So kann aus Israel ein „priesterliches" Volk werden, ein heiliges Volk, das Gott seine Treue durch die Befolgung der Gesetze erweist. Die refrainartige Wiederholung der Wendung „Ich bin der HERR, euer Gott" erinnert Israel daran, dass Gott allein der Urheber der Gesetze am Sinai ist und dass er sich das Volk Israel zu seinem Eigentum erwählt hat. Es soll sich ihm ähnlich machen.

Auguste Rodin (1840–1917)
Die Kathedrale 1908
Gips, 64 x 34 x 32 cm
Paris, Musée Rodin

Der HERR sprach zu Mose: „Sprich zur ganzen Gemeinde der Israeliten und sage ihnen: Ihr sollt heilig sein, denn ich, der HERR, euer Gott, bin heilig. Jeder von euch soll seine Mutter und seinen Vater ehren und den wöchentlichen Ruhetag, meinen Sabbat, einhalten. Ich bin der HERR, euer Gott. Ihr sollt euch nicht anderen Göttern zuwenden und euch keine Götterbilder aus Metall gießen. Ich bin der HERR, euer Gott.

Wenn ihr die Ernte eures Landes einbringt, sollst du das Feld nicht bis zum äußersten Rand abernten, und die Nachlese der Ernte nicht einsammeln. Auch deinen Weinberg sollst du nicht ganz ablesen und die heruntergefallenen Trauben nicht einsammeln. Dem Armen und dem Fremden sollst du sie überlassen. Ich bin der HERR, dein Gott.

Ihr sollt nicht stehlen, nicht täuschen und einander nicht betrügen. Du sollst in deinem Herzen keinen Hass gegen deinen Bruder tragen. Du sollst mit ihm offen reden, sonst machst du dich schuldig. Räche dich nicht an deinen Mitmenschen und grolle ihnen nicht. Du sollst deinen Nächsten lieb haben wie dich selbst. Ich bin der HERR.

Vor grauem Haar sollst du aufstehen, das Ansehen eines Greises ehren und deinen Gott fürchten. Ich bin der HERR.

Wenn bei dir ein Fremder in eurem Land lebt, sollt ihr ihn nicht unterdrücken. Der Fremde, der sich bei euch aufhält, soll euch wie ein Einheimischer gelten, und du sollst ihn lieb haben wie dich selbst; denn ihr seid selbst Fremde in Ägypten gewesen. Ich bin der HERR, euer Gott.

Achtet auf alle meine Gebote und Weisungen. Tut sie! Ich bin der HERR."

Das Buch Numeri

Bamidbar

(In der Wüste)

Einführung

Wer den Namen „Numeri" hört, wird zunächst kaum erraten können, worum es in diesem biblischen Buch geht. Dieser Name, der aus der lateinischen Bibel übernommen wurde, spielt auf die Zählung der wehrfähigen Männer im Volk Israel zu Beginn ihres Wüstenzuges am Sinai an (Numeri = Zahlen/Zählungen). Einfacher ist es, sich aus der jüdischen Bezeichnung dieses Buches, das kurz „In der Wüste" (*Bamidbar*) genannt wird, den Inhalt zu erschließen.

Denn zentraler Bestandteil des Buches sind die Erzählungen über Israels vierzigjährigen Weg durch die Wüste bis hin zum Jordan und zu den Steppen von Moab, die in greifbarer Nähe zum Gelobten Land liegen. Viel passiert in dieser Zeit: Krieg, Aufruhr und Klage stellen harte Belastungsproben auf der langen Wanderung dar. Weil die Menschen Gott nicht genügend vertrauen, wird keiner derer, die aus Ägypten auszogen, das Gelobte Land erreichen. Mose macht Gott bittere Vorwürfe, dass er mit seiner Führerrolle überfordert sei und fordert Entlastung (Kap. 11), die Geschwister Mirjam und Aaron lehnen sich gegen ihren Bruder auf (Kap. 12) und ein Teil des Volkes stellt die Autorität des Mose in Frage (Kap. 16,17).

Eingerahmt wird dieser Hauptteil (10,11–25,18), der das eigentliche Unterwegssein thematisiert, von einem Anfangs- und Schlussteil. Diese beginnen je mit einer Zählung und enthalten dann Anweisungen für den Aufbruch vom Sinai bzw. für die Verteilung des Verheißenen Landes. Eingestreut in die geschichtlichen Erzählungen sind immer wieder längere Gesetzestexte und Listen ähnlich wie im Buch Exodus. Beide Bücher, Exodus und Numeri, sind durch zahlreiche gleiche Geschehen parallelisiert (Schreien nach Brot und Wasser, Manna- und Wachtelwunder, Wasser aus dem Felsen, Götzendienst u.a.).

Etwa 800 Jahre liegen zwischen der endgültigen Abfassung des Buches im 5. Jahrhundert vor Christus und den dargestellten Ereignissen, die auf die Zeit um 1200 vor Christus zurückgehen könnten. Die Verfasser haben zahlreiche alte Traditionen gesammelt, sie geordnet und für ihre Zeit aktualisiert. Ihre eigene Zeit ist auch von harten Prüfungen geprägt: Denn das Volk Israel ist aus dem Babylonischen Exil heimgekehrt (verstanden als zweiter „Exodus") und muss nun wieder von vorne anfangen. Da erinnern die Verfasser ihr Volk an die eigene Geschichte, aus der sie Kraft und Hoffnung für einen Neuanfang schöpfen sollen. Die Geschehnisse in der Wüste haben noch immer Bedeutung, wollen sie sagen. Der Glaube an Gott hilft dem Volk Israel nach dem Exil wieder zu einer neuen Identität zu finden. Wie Gott Israel durch die Wüste geführt hat, wird er es auch weiter durch alle Berge und Täler der Geschichte führen, so die Trostbotschaft.

Zusammenfassung

Die ersten Kapitel des Buches Numeri handeln von den Vorbereitungen zum Aufbruch vom Sinai: Die Wehrfähigen werden gemustert und die Ordnung der Stämme im Lager und auf dem Marsch bestimmt. Einige andere Weisungen kommen hinzu, die das Zusammenleben regeln und den Umgang mit dem Heiligtum und seiner Versorgung unterwegs festlegen. Eingefügt ist ein Segensspruch Gottes (6,22-27), den Aaron und die Priester über das Volk sprechen sollen und der bis heute sowohl im Judentum wie auch im Christentum gebetet wird („Aaronitischer Segen", siehe Seite 380). Schließlich geht es los:

Kundschafter in Kanaan

Im zweiten Jahr erhob sich die Wolke über dem Offenbarungszelt. Da brachen die Israeliten von der Wüste Sinai auf und ließen sich in der Wüste Paran nieder.

Der HERR sprach zu Mose: „Schick einige Männer aus, die das Land Kanaan erkunden, das ich den Israeliten geben will." So schickte Mose aus jedem der zwölf Stämme einen der führenden Männer aus.

Die Männer zogen aus und erkundeten das Land. Schließlich kamen sie an einen Ort, der später Traubental genannt wurde. Hier schnitten sie eine Rebe mit einer Weintraube ab und trugen sie zu zweit auf einer Stange, dazu auch einige Granatäpfel und Feigen.

Unverkennbar leuchtet dir hier wieder eine Tafel des Klosterneuburger Altars entgegen, den du jetzt schon kennst. Du siehst die Kundschafter, die aus dem unbekannten Land eine riesengroße Weintraube mitbringen. Sie ist so schwer, dass sie auf einer Stange getragen werden muss. Wie fruchtbar das Land sein muss, das Gott versprochen hat! Was aber sagt die lateinische Schrift um das Bild herum? Sie lautet (übersetzt): „In der Stange sieh das Kreuzesholz, in der Traube das Zeichen Christi." Was hat Christus mit dieser Geschichte zu tun? Die Tafeln des Altars sind ja, wie schon gesagt, nach einer festen Reihenfolge in drei Reihen übereinander verbunden. Man spricht hier von einem „typologischen" Schema. Die obere und untere Reihe zeigen Szenen aus dem Ersten Testament, die mittlere Reihe hingegen ein Ereignis aus dem Neuen Testament. Was in der Mitte steht, gilt als die christliche Erfüllung der beiden Vor-Bilder darüber und darunter. Zu kompliziert? In unserem konkreten Fall sieht das so aus: Über der Tafel mit den Kundschaftern ist die Kreuzigung Christi dargestellt. Denn in der Traube auf der Stange sieht das Christentum den Christus, der am Kreuz hängt, also eine versteckte Ankündigung der Kreuzigung. Das ist aber noch nicht alles: Die Träger werden als Vertreter der beiden Testamente gesehen. Der vordere Träger steht für das Erste Testament. Er kommt vor Christus (symbolisiert in der Traube), aber er wendet doch den Kopf der Traube zu. Hier wird gesagt: Schon das Erste Testament weiß von Christus und kündigt ihn an! Der Klosterneuburger Altar mit seinen 52 goldenen Tafeln ist ein prächtiges, beeindruckendes Werk. Du musst ihn dir in deinem Leben unbedingt wenigstens einmal „live" anschauen!

Nikolaus von Verdun, Der Verduner Altar, Tafel „Die Kundschafter mit der Traube", 1181, Stift Klosterneuburg

NCIA·   PRVDE

·LIG·NUM·BO·TRO·XPI·LEGE·

·VECTE·CRVCIS·   ·SIGNVM·

·BOTRVS·INVECTE·

Vierzig Tage später kamen sie zurück. Sie berichteten der ganzen Gemeinde: „Es ist wirklich ein Land, in dem Milch und Honig fließen. Das hier sind seine Früchte. Aber das Volk, das im Land wohnt, ist stark und die Städte sind befestigt und sehr groß. Es ist ein Land, das seine Bewohner auffrisst. Sogar Riesen haben wir dort gesehen. Wir kamen uns selbst klein wie Heuschrecken vor."

Da erhob das Volk ein lautes Geschrei und weinte die ganze Nacht. Sie murrten über Mose und Aaron und sagten: „Wären wir doch in Ägypten gestorben! Wäre es für uns nicht besser nach Ägypten zurückzukehren? Wir wollen einen neuen Anführer wählen und nach Ägypten zurückkehren."

Da versuchten zwei der Männer, die das Land erkundet hatten, nämlich Kaleb und Josua, das Volk zu beruhigen. Sie sagten zu der ganzen Gemeinde: „Das Land, das wir durchwandert und erkundet haben, ist überaus schön. Habt keine Angst vor den Leuten im Land. Denn der HERR ist mit uns!"

Und der HERR sprach zu Mose: „Wie lange noch will das Volk nicht an mich glauben? Sag ihnen: Keiner von euch wird in das Land kommen, das ich euren Vätern versprochen habe. Hier in der Wüste müsst ihr sterben. Erst eure Kinder werden vierzig Jahre später das Land kennenlernen, das ihr verschmäht habt."

Plötzlich fielen die Männer, die Mose ausgeschickt hatte und die falsche Gerüchte verbreitet hatten, tot zu Boden. Nur Josua und Kaleb blieben am Leben.

Nicolas Poussin, Der Herbst oder Die Kundschafter aus Kanaan, um 1660/62
aus der Serie der Vier Jahreszeiten, Öl auf Leinwand, 118 x 160 cm, Paris, Musée du Louvre

Das ist eine drastische Geschichte! Und entsprechend drastisch ist sie auch auf dem Holzschnitt dargestellt: Die Erde reißt auf und verschlingt Korach mitsamt seiner Sippe und allem Hab und Gut. Vereinzelt schauen noch Köpfe hervor und zappelnde Gliedmaßen. Auch die Zeltspitzen sind noch zu sehen. Mose und Aaron stehen dicht daneben, aber auf sicherem Boden, und schauen unbewegt zu, wie die Menschen um ihr Überleben kämpfen. Hinter ihnen steht der Räucheraltar, an dem sich zeigen sollte, wer sich dem Allerheiligsten nähern darf. Denn darum geht es in diesem Machtkampf: Dürfen sich nur wenige Auserwählte Gott im Heiligen Zelt nähern? Oder ist das ganze Volk heilig und ist deshalb die Sonderrolle der Priester nicht gerechtfertigt? Die Geschichte will uns sagen: Nicht jeder darf Priester sein! Es ist richtig, dass allein Mose und Aaron als Mittler zwischen Gott und dem Volk das Sagen haben.

Der Untergang der Rotte Korach, 1494, Holzschnitt, Lübecker Bibel, Stuttgart, Württembergische Landesbibliothek

Die Erde verschlingt die Rebellen

Hier sind mindestens zwei verschiedene Erzählungen über Aufstände gegen Mose und Aaron miteinander verwoben; die eine handelt von Korach, einem Leviten, und seinen Anhängern, während die zweite von drei Männern aus dem Stamm Ruben berichtet (Datan, Abiram und On), die sich gegen die göttlich sanktionierte Autorität des Mose auflehnen. Denkbar ist auch, dass die Verfasser mithilfe dieser Erzählungen aus „Urzeiten" aktuelle Machtkämpfe in der Jerusalemer Priesterschaft thematisieren wollten. Korach stellt als Levit den Ausschließlichkeitsanspruch der Priester in Frage. Die Leviten versahen zwar zusammen mit den Priestern den Dienst am Heiligtum; sie spielten jedoch im Kult eine untergeordnete Rolle und waren viel weniger angesehen als die Priester. Gottes Zorn soll allen deutlich machen, dass das Priestertum ein Vorrecht der Nachkommen Aarons ist und bleibt. Korach und seine Anhänger bekommen die passende Strafe für ihr aufständisches Verhalten: Sie, die das Recht für sich in Anspruch nehmen wollten, Feuer für Gottes Opfer machen zu dürfen, werden selbst vom Feuer verzehrt. Die Korachiter bildeten nach dem Exil die wichtigste Chorgemeinschaft im Tempel; aufgrund von Psalmenüberschriften wird ihnen die Komposition der Psalmen 42-49, 84-85 und 87-88 zugeschrieben.

Eines Tages lehnte sich Korach, ein Levit, gegen Mose und Aaron auf. Er wurde von 250 angesehenen Männern aus der Gemeinde unterstützt sowie von einigen Männern aus dem Stamm Ruben, von Datan, Abiram und On. Sie sagten zu Mose und Aaron: „Ihr nehmt euch zu viel heraus! Alle sind heilig, die ganze Gemeinde, und der HERR ist mitten unter ihnen. Warum erhebt ihr euch als Priester über die Gemeinde des HERRN?" Als Mose das hörte, sagte er zu Korach und seinen Anhängern: „Morgen früh wird der HERR zeigen, wer zu ihm gehört und wer den Dienst in seiner Nähe tun darf. Nehmt euch Räucherpfannen und kommt damit morgen vor das Heilige Zelt! Ihr nehmt euch zu viel heraus, ihr Leviten!"

Alle legten Glut und Weihrauch in ihre Pfannen und traten am nächsten Tag an den Eingang des Heiligen Zeltes. Da erschien der ganzen Gemeinde die Herrlichkeit des HERRN. Und Mose sagte zum Volk: „An dem, was jetzt geschieht, werdet ihr erkennen, ob der HERR mich gesandt hat oder ob ich eigenmächtig handle. Wenn diese Männer hier sterben wie jeder Mensch stirbt, dann hat mich der HERR nicht gesandt. Wenn aber der HERR etwas ganz Ungewöhnliches tut, wenn die Erde ihren Rachen aufreißt und sie verschlingt zusammen mit allem, was ihnen gehört, dann wisst ihr, dass diese Leute den HERRN beleidigt haben."

Kaum hatte er das gesagt, da spaltete sich der Boden unter ihnen, die Erde öffnete ihren Rachen und verschlang sie samt ihrem Haus, mit allen Menschen, die zu Korach gehörten. Die Erde deckte sie zu, und sie waren aus der Gemeinde spurlos verschwunden. Alle Israeliten, die um sie herumstanden, flohen vor ihrem Geschrei, und riefen: „Nur fort! Sonst verschlingt uns die Erde auch!" Die 250 Männer aber, die den Weihrauch zum Altar des HERRN gebracht hatten, verzehrte ein Feuer des HERRN.

Aarons Stab grünt und blüht

Am nächsten Tag versammelte sich die ganze Gemeinde der Israeliten und murrte über Mose und Aaron. Sie sagten: „Ihr habt das Volk des HERRN getötet!" Da sprach der HERR zu Mose: „Rede zu den Israeliten und lass dir jeweils von einer Großfamilie eines Stammesführers einen Stab geben, im Ganzen also zwölf Stäbe. Schreib ihre Namen drauf! Auf den Stab Levis schreib den Namen Aaron. Dann leg die Stäbe in das Heilige Zelt vor die Lade mit den Gesetzen, dort, wo ich euch begegne. Dann wird der Stab dessen, den ich erwähle, Blätter bekommen. So will ich das Murren zum Schweigen bringen, mit dem sie euch belästigen."

Mose sagte es den Israeliten und jeder Stammesführer gab ihm einen Stab. Auch Aarons Stab war darunter. Im Ganzen also waren es zwölf Stäbe. Mose legte die Stäbe im Heiligen Zelt vor dem HERRN nieder. Als er am nächsten Tag wieder zum Zelt kam, war der Stab Aarons, der das Haus Levi vertrat, grün geworden. Er trieb Zweige, blühte und trug Mandeln.

Da nahm Mose alle Stäbe von ihrem Platz vor dem HERRN weg und brachte sie den Israeliten hinaus. Sie sahen, was geschehen war, und jeder nahm seinen Stab wieder an sich. Der HERR aber befahl Mose: „Bring den Stab Aarons zurück ins Heilige Zelt und bewahre ihn vor der Lade mit den Gesetzen auf. Er soll eine Warnung für alle sein, die aufsässig sind. Mach auf diese Weise ihrem Murren ein Ende. Sie sollen aufhören, sich gegen mich aufzulehnen." Mose tat, was ihm der HERR befohlen hatte.

Mit dieser Wundererzählung wird die Autorität Aarons unterstrichen. Da der Stab der Leviten seinen Namen trägt, bezieht sich die Erwählung nur auf Aaron und seine Nachkommen und nicht auf den ganzen Stamm. Der Aaronstab ist auf den meisten Darstellungen der Bundeslade stellvertretend für den Hohepriester Aaron abgebildet. Der heutige Bischofs- und Abtsstab geht auf den Stab Aarons zurück. Die christliche Tradition hat im Bild des blühenden Stabes eine verschlüsselte Ankündigung der Geburt Jesu aus der Jungfrau Maria gesehen; neues Leben entsteht durch Gottes wunderbares Eingreifen.

Was für ein Wunder! Aarons Stab keimt nicht nur, sondern bringt Blüten hervor, die dann über Nacht sogar

zu Mandeln werden! Mandeln gelten bis heute als eine der allerfeinsten Köstlichkeiten in Kanaan. Rechts auf

dem Deckel des Taufbeckens kannst du Aaron sehen. Er steht mit dem Rauchfass neben dem Altar. Sein Stab

ist der einzige, der blüht, inmitten von elf trockenen Stäben. Übrigens gibt es noch eine andere Geschichte von

einem blühenden Stab, die zwar nicht in der Bibel steht, die man sich aber einfach so erzählte. Sie geht so: Der

richtige Mann für Maria, der Mutter Jesu, sollte gefunden werden. Und zwar genau der Mann, den Gott sich

vorher schon ausgesucht hatte. Aber wie wissen, wer gemeint war? So brachten alle unverheirateten Männer

Stäbe in den Tempel. Schließlich erblühte nur ein Stab – nämlich der von Josef!

Der blühende Stab Aarons, Szene auf dem Deckel der „Bronzetaufe", Taufbecken aus Bronze, um 1230
Höhe: 170 cm, Durchmesser: 96 cm, Hildesheim, Dom

Überleitung

In den nächsten Kapiteln führt Gott aus, welche Dienste der Priester Aaron und seine Söhne genau auszuführen haben, und wie sich dieser Dienst von dem der Leviten unterscheidet. Als Lohn wird Aaron zwar kein Land, dafür aber Gott selbst versprochen: „Ich bin dein Besitz und dein Erbteil mitten unter den Israeliten" (18,20). Dann wandert die Gemeinde weiter in die Wüste Zin, lässt sich dort in Kadesch nieder, und Mirjam, die Schwester des Mose, stirbt. Nun folgt ein weiterer Bericht von einem großen Murren im Volk, das sich kurz vor dem Verdursten sieht und Mose und Aaron bittere Vorwürfe macht. Als sie wieder Wasser aus einem Felsen schlagen („das Wasser von Meriba", 20,13), dabei aber das Wunder nicht Gott, sondern sich selbst zuschreiben, werden sie von Gott schwer bestraft. Er kündigt Mose und Aaron an, dass sie das Gelobte Land nicht mehr erreichen werden, „weil ihr mir nicht geglaubt habt und mich vor den Augen der Israeliten nicht als den Heiligen bezeugen wolltet" (20,12). Dann zieht das Volk von Kadesch zum Berg Hor. Auf dem Gipfel des Berges stirbt Aaron. Nachfolger wird sein Sohn Eleasar. Nun will das Volk als Nächstes durch Edom ziehen, doch die Edomiter verweigern ihnen den Zutritt zu ihrem Land, und so müssen sie in Richtung Schilfmeer ziehen, um das Gebiet der Edomiter zu umgehen:

Die Schlange aus Kupfer

Nach einiger Zeit brachen die Israeliten schließlich vom Berg Hor auf und schlugen die Richtung zum Schilfmeer ein. Unterwegs aber verlor das Volk den Mut. Es lehnte sich gegen Gott und Mose auf und sagte: „Warum habt ihr uns aus Ägypten heraufgeführt? Etwa, damit wir in der Wüste sterben? Wir sind es leid, immer dieses elende Manna essen zu müssen."

Da schickte der HERR Giftschlangen unter das Volk. Sie bissen die Menschen und viele Israeliten starben. Die Leute kamen zu Mose und sagten: „Wir haben gesündigt, denn wir haben uns gegen den HERRN und gegen dich aufgelehnt. Bete zum HERRN, dass er uns von den Schlangen befreit!"

Da betete Mose für das Volk. Der HERR antwortete Mose: „Mach dir eine Schlange, und häng sie an einer Fahnenstange auf! Jeder, der gebissen wird, wird am Leben bleiben, wenn er sie ansieht."

Mose machte also eine Schlange aus Kupfer und hängte sie an einer Fahnenstange auf. Wenn nun jemand von einer Schlange gebissen wurde und zu der Kupferschlange aufblickte, blieb er am Leben.

Die Eherne Schlange wurde später im Tempel in Jerusalem aufgestellt. König Hiskija ließ diese aber schließlich im ausgehenden 8. Jahrhundert vor Christus im Zuge seiner Kultreform wieder aus dem Tempel entfernen (2 Kön 18,4). Die eherne Schlange war ein altes vorisraelitisches Relikt (man fragt sich allerdings, wie ein solches Tierbild aus der Mosezeit damals noch existiert haben kann), keiner wusste mehr, wozu sie gut gewesen war. Möglicherweise war sie auch als heidnisches Fruchtbarkeitssymbol missverstanden worden. Hiskijas Reform ließ eine entschiedene Abneigung gegen jede Art von Repräsentation JHWHs durch Tierbilder erkennen. Sie markierte den Beginn einer neuen Denkweise, die sich streng am Dekalog orientierte und den Jahwekult bildlos machen wollte. - Den rabbinischen Exegeten des Judentums gefiel der magische Charakter der Genesung in dieser Erzählung von der kupfernen Schlange nicht, und so erklärten sie sich den heilenden Effekt nicht mit dem Blick zur Schlange, sondern interpretierten den Blick nach oben als ein Aufblicken der Gepeinigten zu ihrem himmlischen Vater. Im Neuen Testament wird die kupferne Schlange zum Vorbild für den am Kreuz erhöhten Christus: „Und wie Mose die Schlange in der Wüste erhöht hat, so muss der Menschensohn erhöht werden, damit jeder, der (an ihn) glaubt, in ihm das ewige Leben hat." (Joh 3,14f.).

Überleitung

Nach diesen Ereignissen ziehen die Israeliten weiter von Ort zu Ort und behaupten sich siegreich im Kampf gegen die Amoriter und dann gegen Og, den König des Baschan. Schließlich schlagen sie ihr Lager in den Steppen von Moab östlich des Jordan gegenüber von Jericho auf. Die nun folgende Erzählung von dem heidnischen Propheten Bileam aus Mesopotamien steht an einem kritischen Wendepunkt. Hier entscheidet sich, ob es den Israeliten gelingt, ins Gelobte Land einzuziehen und wer die größere Macht besitzt: Der Gott Israels oder die übernatürlichen Elemente, die die Moabiter zu Hilfe rufen.

Lauter Wundergeschichten! **Eindrucksvoll** *hat der flämische Maler Anthonis van Dyck die albtraumartige Bedrohung der Menschen durch die Schlangen dargestellt. Schlangen, wo man nur hinschaut, sogar im Himmel! Mit dem Ähnlichen soll nun das Bedrohliche gebannt werden: Eine Kupferschlange als Abwehr vor dem Übel. Man weiß, dass Schlangen in dieser Gegend damals wohl wirklich eine Plage waren. Hier aber geht es vor allem um eins: Das Volk, das schon wieder murrt, soll endlich lernen, auf Gott und seinen Führer Mose zu hoffen. Im Vertrauen auf seine Hilfe kann alles Bedrohliche gemeistert werden. Anders als in den Geschichten zuvor, zeigt das Volk nun Reue und Einsicht.*

Anthonis van Dyck (1529–1641), Die eherne Schlange 1618–20, Öl auf Leinwand, 205 x 235 cm, Madrid, Museo del Prado

Eine Eselin, die sprechen kann

Damals war Balak König von Moab. Er und sein Volk bekamen große Angst vor der Menge der Israeliten. Balak schickte Boten nach Petor am Euphrat zu dem Zauberer Bileam. Er ließ ihm sagen: „Aus Ägypten ist ein Volk herangezogen, das das ganze Land bedeckt. Darum komm her und verfluch mir dieses Volk. Denn es ist zu mächtig für mich." Gott aber sagte zu Bileam: „Geh nicht mit! Verfluch das Volk nicht; denn es ist gesegnet." So machten sich die Boten wieder auf den Weg nach Moab. Noch einmal schickte Balak Boten aus. Und wieder sprach Gott zu Bileam. Er sagte: „Geh mit!"

So sattelte Bileam seine Eselin und ging mit. Doch unterwegs stellte ihm Gott seinen Engel mit gezücktem Schwert in den Weg. Nur die Eselin sah den Engel des HERRN. Sie wich ins Feld aus. Da schlug Bileam sie. Dann stellte sich der Engel des HERRN an eine enge Stelle zwischen zwei Weinbergmauern. Die Eselin sah den Engel und versuchte ihm auszuweichen. Sie drückte sich an die Mauer. Dabei wurde Bileams Fuß eingequetscht. Wieder schlug er sie. Beim dritten Mal aber stellte sich der Engel an eine so enge Stelle, dass man weder nach rechts noch nach links ausweichen konnte. Da ging die Eselin in die Knie. Bileam wurde wütend und schlug die Eselin mit dem Stock. Da öffnete der HERR der Eselin den Mund, und die Eselin sagte zu Bileam: „Was habe ich dir getan, dass du mich jetzt schon zum dritten Mal schlägst?" Bileam erwiderte: „Weil du mich zum Narren hältst."

Da öffnete der HERR dem Bileam die Augen und er sah den Engel des HERRN auf dem Weg stehen. Bileam verneigte sich. Der Engel des HERRN sagte zu ihm: „Ich habe mich dir entgegengestellt, weil du auf einem verkehrten Weg bist." Bileam antwortete: „Ich habe Unrecht getan. Jetzt will ich umkehren." Der Engel des HERRN sagte: „Geh mit den Männern, aber rede nichts, außer, was ich dir sage."

Aus der Satteltasche von Bileams Esel schauen zwei kleine Köpfe hervor. Hast du sie schon entdeckt? Spione vielleicht, die ein bisschen unvorsichtig sind? Na ja, nicht wirklich! Eigentlich sollen es zwei Babys sein. Unsere Darstellung geht auf ein Missverständnis zurück: In der lateinischen Übersetzung der Bibel ist von zwei Jungen (duos puerros) die Rede. Damit sind zwei jugendliche Diener gemeint, die den Seher auf der Reise begleitet haben. Die Wenzelsbibel übersetzt frei mit czwei kinder, und der Maler unseres Bildes nimmt es dann auch nicht mehr so genau und macht zwei Säuglinge daraus. Die beiden hatten jedenfalls eine ziemlich aufregende Reise in den beiden Satteltaschen! Einen Engel mit Schwert bekommt man ja nicht unbedingt jeden Tag zu Gesicht …

Wenzelsbibel, Bileams Esel

der engil in einer enge tzwi
er mowern mit die weinger
ten waren vmmevangen ·

den sach die eslinge vnd fug
te sich zu der want vnd muisch

ing die heide czu kummen
vnd sprach · Czu vluchen mei
nen veinden hab ich dich ge
rufet den du wider czu dem

dritten male hast gesegent
Kere wider an deine stat · vor
gesatzt hatte ich dich mir
groslich czu eren / aber der hie

Bileams Orakelsprüche

Und so kam es, dass Bileam zu Balak kam und das Volk segnete statt es zu verfluchen. Er sagte zu Balak: „Ich muss das sagen, was der HERR mir in den Mund legt und alles tun, was er mir befiehlt." Balak nahm ihn dreimal auf verschiedene Anhöhen mit, von wo aus er das Lager der Israeliten überblicken konnte. Hier bauten sie jedes Mal sieben Altäre und opferten Tiere. Und jedes Mal ging Bileam zur Seite und es erschien ihm der HERR und wies ihn an, was er sagen sollte. Dann kehrte er zurück und überbrachte Balak die Orakelsprüche. Er sagte:

„Aus Aram führt mich Balak her, der König von Moab vom Ostgebirge: ‚Geh, verfluche mir Jakob! Geh, drohe Israel!' Doch wie soll ich verwünschen, wen Gott nicht verwünscht? Gott ist kein Mensch, der lügt, kein Menschenkind, das etwas bereut. Denn alles, was er sagt, das tut er auch. Verspricht er etwas, hält er es gewiss. Es bleibt dabei: Kein Unglück wird sie treffen. Der HERR, sein Gott und König, ist bei ihm. Zauberei wirkt nicht gegen Jakob."

Da wurde Balak zornig. Er schlug die Hände zusammen und sagte zu Bileam: „Ich habe dich gerufen, damit du meine Feinde verwünschst, du aber hast sie gesegnet. Geh weg!" Bileam sagte: „Gut. Ich will dir aber noch verraten, was dieses Volk deinem Volk antun wird. Dies ist der Spruch dessen, der Gottesworte hört und die Gedanken des Höchsten kennt:

Ein Stern geht in Jakob auf, ein König steigt empor in Israel. Er wird die Moabiter tödlich treffen. Israel wird mächtig und stark."

Dann brach Bileam auf und kehrte in seine Heimat zurück.

Wenzelsbibel, Balak und Bileam

Zusammenfassung

Nach diesen Ereignissen findet eine zweite Volkszählung statt und Josua wird durch Handauflegung zum Nachfolger des Mose berufen, der noch vor Einzug in das Gelobte Land sterben wird. Es folgen Anweisungen für Opfergaben zu den verschiedenen Festen, ein Krieg gegen die Midianiter und schließlich beginnt die vorläufige Landverteilung an die Stämme Gad, Ruben und Manasse im Ostjordanland. Dann bestimmt der HERR, wo die Grenzen von Israels Gebiet nach Überschreiten des Jordan verlaufen werden und dass dieses Land durch Los an die übrigen Stämme verteilt werden soll. Weiterhin sollen auf Anweisung Gottes eigene Städte für die Leviten eingerichtet werden. Eine Reihe von Geboten, die Gott den Israeliten am Jordan durch Mose gibt, beschließt das Buch Numeri.

Das Buch Deuteronomium

Devarim

(Worte)

Einführung

Der griechische Name dieses letzten Buches des Pentateuch heißt übersetzt „zweites Gesetz". Als zweites Gesetz wird hier die Ergänzung und Auslegung der Regeln verstanden, die Gott dem Volk in der Wüste am Sinai gegeben hat. Das Buch Deuteronomium will ein Lehrbuch der Gesetze Gottes sein.

Das Geschehen im Buch Deuteronomium spielt sich an einem einzigen Tag ab. Es ist der Todestag des Mose, 40 Jahre nach dem Auszug aus Ägypten. Mose hält vier bewegende Abschiedsreden (Kap. 1–4;5–28;29–32;33), in denen er dem Volk das Gesetz vom Sinai in allen Einzelheiten darlegt. Dieses Gesetz kann als Entfaltung des Dekalogs, der Zehn Gebote, verstanden werden. Mose verpflichtet das Volk in einer erneuten Bundschließung („Moab-Bund") auf die Weisungen Gottes, die das zukünftige Leben im Verheißenen Land regeln sollen. Das Volk befindet sich in moabitischem Territorium und steht unmittelbar vor dem Einzug ins Gelobte Land. Das Buch Deuteronomium ist gleichsam das Testament des Mose. Es schließt mit seinem Tod.

Die Entstehung des Deuteronomiums ist äußerst komplex; das Buch vereinigt in seiner heutigen Form viele Schichten unterschiedlich alter Texte. Eine Art Ur-Deuteronomium kann das Gesetzbuch gewesen sein, das 622 vor Christus im Tempel aufgefunden wurde und das dann König Joschija auf Rat der Prophetin Hulda zur Grundlage für seine radikalen monotheistischen Kultreformen machte (vgl. 2 Kön 22). Damals wurden die vielfältigen alten Überlieferungen gebündelt und nach dem Vorbild assyrischer Vasallenverträge (Verträge mit untergebenen Völkern) zu einem „Vertrag" zwischen Jahwe und Israel stilisiert, zu einem „Bund" gegenseitiger Verpflichtung. Es entstand das „Deuteronomistische Geschichtswerk", das die Bücher

Dtn bis 2 Kön umfasste. In nachexilischer Zeit hat man dann das Deuteronomium von diesem Geschichtswerk abgetrennt und mit den ersten vier Büchern des Pentateuch zu einer Einheit verknüpft.

Das Buch Deuteronomium war für die Entwicklung des Judentums von großer Bedeutung. Wichtige Institutionen, Gebräuche und Gebete sind hier ausgeführt und die Überzeugung dargelegt, dass ausschließlich Jahwe verehrt werden soll. Ganz entscheidend ist auch die Forderung nach der Zentralisation des Kultes, die zur einzigartigen Stellung Jerusalems geführt hat, auch wenn die Stadt kein einziges Mal genannt wird. Wiederholt fordert Mose zudem, dass sich die Gemeinde aller Gläubigen als Festgemeinde verstehen soll, in der alle gleich sind und in der wie in einer Familie fröhlich gefeiert wird (12,7; 16,14; 26,10f). Freude und Dankbarkeit sollen bei allem Tun vorherrschen. Wer Gott verehrt, wird glücklich leben.

Wo hat man je solche Worte gehört?

Dies sind die Reden, die Mose vor ganz Israel in der Wüste gehalten hat:

„Jetzt aber, Israel, höre auf die Gesetze und Rechtsbestimmungen! Befolgt sie, und dann werdet ihr leben und in das Land, das der HERR, der Gott eurer Väter, euch gibt, hineinziehen. Es wird euch gehören. Fügt den Worten meiner Rede nichts hinzu und nehmt nichts davon weg! Beachtet meine Gebote und handelt danach! Denn das macht euch weise und klug in den Augen der Völker. Wenn sie eure Gesetze kennenlernen, werden sie sagen: ‚Wie einsichtsvoll und gebildet ist doch dieses große Volk!' Denn welches große Volk hat Götter, die ihm so nah sind, wie der HERR, unser Gott? Er ist uns nah, wo immer wir zu ihm rufen. Oder welches große Volk besitzt so gute und gerechte Gesetze wie die, die ich euch heute gebe?

Jedoch hüte dich, hüte sehr deine Seele! Vergiss nicht, was du mit eigenen Augen gesehen und was du gehört hast! Lass es dir dein ganzes Leben lang nicht aus dem Sinn kommen! Erzähle deinen Kindern und Kindeskindern davon! Du wirst den HERRN, Deinen Gott, finden, wenn du ihn mit ganzem Herzen und mit ganzer Seele suchst. Denn der HERR, dein Gott, ist ein barmherziger Gott. Er lässt dich nicht fallen und lässt dich nicht untergehen. Forsche doch einmal in früheren Zeiten nach, die vor dir gewesen sind, seit dem Tag, als Gott den Menschen auf der Erde schuf; forsche nach vom einen Ende des Himmels bis zum anderen Ende. Hat sich je etwas so Großes ereignet wie dieses, und hat man je solche Worte gehört? Hat je ein Volk seinen Gott mitten aus dem Feuer im Donner sprechen hören, wie du ihn gehört hast, und ist am Leben geblieben? Das hast du sehen dürfen, damit du erkennst: Der HERR allein ist Gott und sonst keiner."

Mose erinnert das Volk an die Ereignisse am Sinai, die es selbst nicht mehr erlebt hat. Er redet paradoxerweise so, als wären seine Adressaten selbst dabei gewesen, obwohl doch schon längst eine neue Generation herangewachsen ist, die die Sinaiereignisse nur aus Berichten kennt. Die Menschen sollen diese Ereignisse nicht vergessen und ihren Kindern so lebendig weiter erzählen, als ob sie selbst dabei gewesen wären. So verschmelzen die erinnerten Erfahrungen der Vergangenheit mit der Gegenwart und schaffen ein gemeinsames Fundament, das Identität stiftet. Hier lässt sich eine Eigenart jüdischer Geschichtsschreibung erkennen, die konstitutiv für das ganze Erste Testament ist: Den biblischen Autoren geht es darum, aus der Vergangenheit heraus Gegenwart und Zukunft zu gestalten. Ihre leitende Frage ist nicht: „Wie war es wirklich?", sondern: „Was brauche ich jetzt und in Zukunft?"

Die Tora – damit sind die fünf Bücher des Mose gemeint, die ich dir in diesem Buch vorstelle – ist der wichtigste Teil der hebräischen Bibel. Aus Freude über die von Gott geschenkte Tora gibt es im Judentum dafür einen eigenen Feiertag. Es ist der letzte Tag des Laubhüttenfestes zur Erinnerung an den Auszug aus Ägypten. Er wird „Simchat Tora" (Freude der Tora) genannt. An diesem Tag werden alle Torarollen aus dem Toraschrank geholt und in Umzügen (oft tanzend und singend) durch die Synagoge und um das Lesepult herumgetragen, so wie es auf unserem Gemälde zu sehen ist. Die Gesetze und Gebote Gottes in der Tora werden nicht als Einengung verstanden, sondern als Quelle, die Leben schenkt. Denn sie bringen dem Menschen großes Glück und inneren Frieden, wenn er sich an sie hält.

Jakob Steinhardt, Tanzende Chassidim (Simchat Tora), 1934, Öl auf Leinwand, 66,8 x 88,5 cm, Berlin, Jüdisches Museum

Der Bildhauer Ernst Barlach hat die einzelnen „Lauschenden" so benannt (von links nach rechts): *Die Träumende, Der Gläubige, Die Tänzerin, Der Blinde, Der Wanderer, Die Pilgerin, Der Empfindsame, Der Begnadete, Die Erwartende.* Welche Figur würde am besten zu dir passen?

Ernst Barlach (1870–1938), Fries der Lauschenden 1930–35
Eichenholz, je ca. 110 x 22 x 12 cm, Hamburg, Ernst Barlach Haus

Höre Israel

Die ersten beiden Abschnitte dieses Textes sind der Beginn des wichtigsten jüdischen Gebetes, das *Sch'ma Jisrael* (übersetzt: „Höre Israel") genannt wird. Dieses Gebet besteht aus den Texten Dtn 6,4-9; 11,13-21 und aus Num 15,37-41. Es enthält das zentrale jüdische Glaubensbekenntnis an den Einen und Einzigen Gott. Das Sprechen des Gebetes wird im Judentum als ein bindender legaler Akt verstanden, der die Menschen auf die Tora verpflichtet. Das *Sch'ma Jisrael* wird morgens und abends gebetet, die Anfangsverse dazu noch nachts als letztes kurzes Gebet vor dem Schlafengehen. Es ist das erste Gebet, das ein jüdisches Kind lernt, und es sind die letzten Worte, die viele Juden vor ihrem Tod sagen. Der erste Teil des *Sch'ma Jisrael* ist in kleinen Lederbehältern an den Gebetsriemen (Tefellin) aufbewahrt, die vor allem strenggläubige Juden bis heute beim Gebet als „Schmuck an der Stirn" und an der linken Hand tragen. Wie von Mose gefordert, befindet sich das Gebet auch am Haustürrahmen jüdischer Familien auf einer kleinen Pergamentrolle (Mesusa), die in einer Kapsel steckt.

Mose sagte zum Volk: „Höre Israel! Der HERR ist unser Gott, der HERR ist einzig. Darum sollst du den HERRN, deinen Gott, lieben, mit ganzem Herzen, mit ganzer Seele und mit ganzer Kraft.

Diese Worte, die ich dir heute verkünde, sollen auf deinem Herzen geschrieben sein. Du sollst sie deinen Kindern sagen. Du sollst von ihnen reden, wenn du zu Hause sitzt und wenn du auf der Straße gehst, wenn du dich schlafen legst und wenn du aufstehst. Du sollst sie als Zeichen um deine Hand binden. Sie sollen zum Schmuck auf deiner Stirn werden. Du sollst sie auf die Türpfosten deines Hauses und an die Tore eurer Stadt schreiben.

Wenn dich morgen deine Kinder fragen: Warum achtet ihr auf die Gebote Gottes?, dann sollst du ihnen antworten: ‚Wir waren Sklaven des Pharao in Ägypten, und der HERR hat uns mit starker Hand aus Ägypten geführt. Wir haben mit eigenen Augen gesehen, wie der HERR mit großen und schlimmen Wundern Verderben über den Pharao, seine Familie und über alle Ägypter gebracht hat. Uns aber hat er aus Ägypten herausgeholt und hierher geführt, um uns das Land zu geben, das er unseren Vorfahren versprochen hatte. Der HERR hat uns geboten, alle diese Gesetze zu tun und den HERRN, unseren Gott, zu ehren, damit es uns alle Tage lang gut geht und wir am Leben bleiben.'"

Das *Sch'ma Jisrael* ist verbindendes Glaubensbekenntnis für Juden und Christen. Jesus zitiert auf die Frage eines Schriftgelehrten nach dem höchsten Gebot eben diese Worte (Dtn 6,4f): „Das erste ist: Höre Israel, der HERR, unser Gott, ist der einzige HERR. Darum sollst du den HERRN, deinen Gott, lieben mit ganzem Herzen und ganzer Seele, mit all deinen Gedanken und all deiner Kraft." Und er fährt dann fort: „Als zweites kommt hinzu: Du sollst deinen Nächsten lieben wie dich selbst. Kein anderes Gebot ist größer als die beiden (Mk 12,29f)." Jesus hat, so lässt sich hier exemplarisch sehen, nichts von dem, was im Ersten Testament steht, relativiert, sondern die wesentlichen Glaubensaussagen des „Alten Bundes" als Fundament unseres Glaubens neu zementiert.

Die Erwählung Israels

Mose sagte: „Ihr seid ein Volk, das dem HERRN, deinem Gott, heilig ist. Euch hat der HERR, euer Gott, aus allen Völkern auf der Erde für sich ausgewählt. Ihr seid ein Volk, das ihm persönlich gehört. Denkt jedoch nicht, der HERR hätte euch in sein Herz geschlossen, weil ihr größer als die anderen Völker seid – denn ihr seid doch das kleinste unter allen Völkern! Nein, vielmehr tat er es einzig deshalb, weil er euch liebt und weil er das Versprechen halten wollte, das er euren Vätern gegeben hatte. Nur deshalb führte euch der HERR aus dem Land, in dem ihr Sklaven wart und befreite euch aus der Hand des Pharao. So sollt ihr erkennen, dass der HERR, euer Gott, der wahre Gott ist. Er ist treu und steht zu seinem Bund. Bis in die tausendste Generation schenkt er seine Gnade denen, die ihn lieben und seine Gebote halten."

Mit dem Gedanken der Erwählung Israels verbinden sich bis heute bei Christen leider viele Vorurteile und antijüdische Ressentiments. Bei vielen Christen besteht immer noch die unreflektierte Vorstellung, die Juden hielten sich für etwas Besseres und wollten alle anderen Völker vom Heil ausschließen. Ein solches Denken ist völlig abwegig und zutiefst unbiblisch. Zunächst ist festzuhalten, dass sich Israel nicht selbst in den Rang des „erwählten Volkes" erhoben hat, sondern dass es ein freier Entschluss Gottes war, sich das Volk Israel zu seinem „Sondereigentum" (Ex 19,5) zu machen. Weil er es liebt, und nur deshalb, wählt sich Gott Israel unter allen Völkern aus und steht in Treue zu seinen Verheißungen, die er den Vätern Abraham, Isaak und Jakob gemacht hat. Die Erwählung ist jedoch nicht ohne Gegenleistung zu denken: Volk Gottes wird Israel erst dann, wenn es sich verpflichtet, die Gesetze der Tora einzuhalten. Erwählt ist letztlich nicht, wer einer bestimmten Rasse angehört, sondern wer Gottes- und Nächstenliebe praktiziert. Erwählung ist also biblisch verstanden kein rassistischer Begriff, sondern ein theologischer. Im Bild des „erwählten Knechtes" (Jes 49ff), der den Völkern das Recht bringt und dabei selbst ein Verachteter ist, verdichtet sich, was mit der Erwählung für den Erwählten verbunden ist: Nicht Eigenruhm, sondern Leiden und die schwere Last großer Verantwortung. Ziel der Erwählung ist es, ein „Licht für die Völker" (Jes 49,6) zu sein, und allen Völkern den Weg zum Reich Gottes zu weisen (Ben-Chroin 1993). Israel soll so etwas wie der Modellfall für alle Völker sein. Gottes Handeln mit Israel wird als Vorbild für die Völker der Welt verstanden: es hat paradigmatische Funktion. Die Erlösung der Welt, so das biblische Verständnis, beginnt mit Israel, erstreckt sich dann aber auf alle Völker. Zeichen dieser Erwählung ist der Bund Gottes mit den Urvätern und dann schließlich mit dem Volk am Sinai. In diesen von Gott nie gekündigten, unwiderruflichen Bund (Röm 9–11), den Gott in die Herzen seines Volks einpflanzt (Jer 31,31–34) und so zu einem Neuen Bund macht, treten dann in messianischer Zeit die anderen Völker hinzu. Erwählung hat nur zu Beginn etwas mit Exklusivität zu tun und erfährt dann aber eine universelle Erweiterung. „So erhebe dich nicht", kann man mit Paulus (Röm 11,18) schließen, „denn nicht du trägst die Wurzel, sondern die Wurzel trägt dich."

Die Skulptur, die du hier siehst, drückt allergrößten Schmerz aus. Wie oft muss sich das Volk Israel in seiner Geschichte so gefühlt haben! Denn die Erwählung als besonderes Volk Gottes hat Israel nicht nur Glück, sondern auch unendlich viel Leid gebracht. Vielleicht gäbe es Israel als Volk heute gar nicht mehr, wenn es nicht diese besondere Beziehung zu Gott gehabt hätte. Immer wieder hat Israel trotz schrecklicher Katastrophen an Gott festgehalten. Der französische Bildhauer Jean Escoula hatte eine ganz bestimmte Geschichte aus der griechischen Mythologie im Sinn, als er diese Skulptur geschaffen hat. Sein Werk zeigt uns den unsagbaren Schmerz des schönen Jünglings Cephalus, dem soeben klar wird, dass er seine über alles geliebte Frau Procris aus Versehen getötet hat.

*Jean Escoula (1851–1911)
Der Schmerz
um 1890, Gips, patiniert
42 x 37 x 34 cm (H x B x T)
Paris, Musée d'Orsay*

Ist das ein buntes Durcheinander! Überschäumendes Leben, wo man nur hinschaut! Als würden wir träumen! Alles scheint zufällig zusammengewürfelt zu sein. Du merkst bestimmt: Hier hat sich Chagall von einer großen Lebenslust packen lassen! Regeln der Ordnung und Perspektive gibt es kaum noch, aber was macht das aus? Wer Gott liebt und sich an seine Gebote hält, den erwartet unbeschreibliches Glück, Leben in Hülle und Fülle. Da zählt nur noch eins: Die Freude an Gott und der Reichtum seines Segens! Aber bestimmt hast du noch Fragen zum Bild. Denn einfach zu verstehen ist es nicht, was die bunten Szenen, Bildzeichen und Symbole bedeuten! Hier hilft es, ein wenig über Chagall zu wissen. Denn er hat Vieles in das Bild hinein gemalt, was ihm in seinem Leben wichtig war, wie zum Beispiel seine Hochzeit mit Bella, seine Vorliebe für Zirkus und Musik, und sein Leben in Paris. Aber es gibt auch wichtige Ereignisse aus der jüdischen Geschichte, die Chagall gemalt hat: Unten links zum Beispiel siehst du Juden, die mit ihrem Hab und Gut auf der Flucht sind. Flucht und Verfolgung war das Los der Juden zu allen Zeiten. Ein kleines Bildzeichen am oberen Rand in der Nähe des Fisches kannst du jetzt aber schon alleine deuten. Dir ist bestimmt klar, wer der Mann mit den Gesetzestafeln ist!?

Marc Chagall, Das Leben, 1964, St-Paul-de-Vence, Museum Fondation Maeght

Wähle also das Leben

Und Mose fuhr fort: „Dieses Gebot, das ich dir heute gebe, geht nicht über deine Kraft und ist nicht unerreichbar fern. Es ist nicht im Himmel, so dass du sagen müsstest: Wer steigt für uns in den Himmel hinauf, holt es herab und verkündet es uns, damit wir es tun? Es ist auch nicht jenseits des Meeres, so dass du sagen müsstest: Wer fährt für uns über das Meer, holt es herbei und verkündet es uns, damit wir es tun? Nein, das Wort ist ganz nah bei dir, es ist in deinem Mund und in deinem Herzen. Du musst es nur tun!

Sieh, ich habe dir heute das Leben und das Glück vorgelegt, den Tod und das Unglück. Wenn du auf die Gebote des HERRN, deines Gottes, hörst, wenn du den HERRN, deinen Gott, liebst und auf seinen Wegen gehst, dann wirst du leben und zahlreich werden, und der HERR, dein Gott, wird dich segnen in dem Land, in das du hineinziehst, um es zu besitzen. Wenn du aber dein Herz abwendest und nicht hörst, wenn du dich verführen lässt, dich vor anderen Göttern niederwirfst und ihnen dienst, – heute kündige ich euch an: Dann werdet ihr zu Grunde gehen; ihr werdet nicht lange in dem Land leben, in das du kommst, wenn du jetzt den Jordan überschreitest.

Den Himmel und die Erde rufe ich heute als Zeugen an: Ich habe euch das Leben und den Tod vorgelegt, den Segen und den Fluch. Wähle also das Leben, damit du lebst, du und deine Nachkommen. Liebe den HERRN, deinen Gott, höre auf seine Stimme, und halte dich an ihm fest! Denn er ist dein Leben und die Dauer deiner Tage. So kannst du in dem Land wohnen bleiben, dass der HERR deinen Vorfahren Abraham, Isaak und Jakob versprochen hat.“

Die freudige Grundstimmung, die bei gläubigen Juden mit der Einhaltung des Gesetzes verbunden ist, drückt sich in der Liturgie der Synagoge unmittelbar vor dem Glaubensbekenntnis „Höre Israel" in einem innigen Gebet aus: „Mit ewiger Liebe liebst du dein Volk, das Haus Israel; Lehre, Gebote, Satzungen und Rechte hast du uns gelehrt, darum wollen wir, HERR unser Gott, bei unserem Niederlegen und unserem Aufstehen von deinen Satzungen sprechen. Wir wollen uns an den Worten deiner Lehre freuen und an deinen Geboten immer und ewig, denn sie sind unser Leben und die Länge unserer Tage, und in ihnen wollen wir bei Tag und Nacht forschen. Deine Liebe lass nicht von uns weichen in Ewigkeit. Gelobt seist du, HERR, der du dein Volk Israel liebst" (zitiert nach Ben Chorin 1993, 174).

Mose setzt Josua als Nachfolger ein

Als Mose seine Reden vor dem ganzen Volk Israel beendet hatte, sagte er zu ihnen: „Ich bin jetzt hundertzwanzig Jahre alt.

Ich kann nicht mehr in den Kampf ziehen. Auch hat der HERR zu mir gesagt: „Du wirst den Jordan, der hier vor dir liegt, nicht mehr über-schreiten!" Mose rief Josua zu sich. Er sagte zu ihm vor allen Israeliten: „Sei mutig und stark! Denn du wirst dieses Volk in das Land bringen, das der HERR ihren Vorfahren versprochen hat. Du sollst das Land unter ihnen aufteilen.

Der HERR selbst wird vor dir herziehen, er wird mit dir sein. Er lässt dich nicht fallen und vergisst dich nicht. Fürchte dich nicht und hab vor keinem Gegner Angst!"

Dieses riesige Fresko kannst du dir in der Sixtinischen Kapelle in Rom anschauen. Es zeigt die letzten Ereignis-se im Leben des Mose (ab Dtn 31). Was hier scheinbar gleichzeitig in mehreren Einzelszenen nebeneinander geschieht, ist in der Geschichte natürlich ein Nacheinander. Aber das kennst du ja schon! Du musst dieses Fresko im Vordergrund von links nach rechts lesen. Und dann im Hintergrund wieder nach links wandern. So bekommst du die richtige zeitliche Abfolge der Ereignisse. Vorne links setzt Mose Josua als seinen Nachfolger ein und übergibt ihm seinen goldenen Stab. Rechts sitzt der 120-jährige Moses von einem Strahlenkranz umgeben auf einer Anhöhe und bringt dem Volk ein von Gott offenbartes Lied bei, das die Geschichte Israels besingt (Dtn 32). Die Menschen sollen es auswendig lernen, damit sie sich besonders in Zeiten des Abfalls von Gott daran erinnern, was er für sie getan hat. Wir sehen, wie das Volk andächtig lauscht. Im Hintergrund führt ein Engel Mose auf dem Berg Nebo und zeigt ihm von oben das Land Kanaan, das vor ihm liegt und das er nicht mehr betreten wird. Sein Abstieg ist mittig im Hintergrund zu sehen. Noch weiter in den Hintergrund gerückt schließt sich dann der Bogen. Trauernde Israeliten umstehen den gestorbenen Mose und beweinen sein Ende. Davon kannst Du gleich lesen ...

Luca Signorelli (1450–1523), Moses Testament und Tod, Fresko 350 x 572 cm, Rom, Vatikan, Sixtinische Kapelle

Dann schrieb Mose die Weisung Gottes in ein Buch und übergab es den Priestern und allen Ältesten. Er gab ihnen den Auftrag: „Alle sieben Jahre im Sabbatjahr sollt ihr dieses Gesetzbuch am Laubhüttenfest öffentlich vor allen Israeliten vorlesen. Versammelt dann das ganze Volk, Männer und Frauen, Kinder und Greise, dazu die Fremden, die bei euch leben! Sie sollen dieses Gesetz hören, damit sie lernen, den HERRN, euren Gott, zu ehren und alle seine Weisungen in diesem Gesetzbuch genau zu befolgen.

Vor allem ihre Kinder, die das alles noch nicht kennen, sollen zuhören und lernen, den HERRN, euren Gott zu ehren und seine Gebote zu tun. Das soll so lange geschehen, wie ihr in dem Land lebt, das ihr jetzt in Besitz nehmen werdet."

Zusammenfassung

Nach den Anweisungen für die Verlesung aller Gesetze im Sabbatjahr (vgl. Lev 25,2-7 – in jedem siebtem Jahr sollen die Felder brach liegen, Sklaven die Freiheit erhalten und alle Schulden erlassen werden) wird berichtet, dass Gott dem Mose und Josua im Offenbarungszelt erscheint. Dort setzt er offiziell Josua in sein neues Amt ein und diktiert Mose ein Lied (31,10-32,44), das die Geschichte Israels besingt. Mose soll es den Israeliten beibringen, damit sie in Notzeiten an Gottes Allmacht erinnert werden und aus ihrer Geschichte lernen. Wie schon die Patriarchen Isaak und Jakob kurz vor ihrem Tod ihre Nachkommen feierlich gesegnet hatten, spricht nun Mose einen längeren Segen über jeden einzelnen Stamm. Dann macht er sich bereit zu sterben.

Mose sieht das Gelobte Land und stirbt

Unklar bleibt bis zum Schluss, was das Vergehen von Mose und Aaron eigentlich war, das dazu geführt hat, dass Gott ihnen den Einzug in das Verheißene Land versagt. Die Episode um das Wasser von Meriba (Num 20,1–13) hatte den Leser ratlos zurückgelassen und ihn nur ahnen lassen, dass seine Sünde möglicherweise in seinem Übermut (das Wunder sich selbst und nicht Gott zuzuschreiben) oder in einer gewissen Halbherzigkeit zu suchen sei, oder dass er stellvertretend für das Murren des Volkes bestraft wurde (siehe auch Dtn 1,37). Selbst Moses inständiges Bitten („Lass mich doch hinüberziehen! Lass mich das prächtige Land jenseits des Jordan sehen, dieses prächtige Bergland und den Libanon!", Dtn, 3,25) hatte Gott nicht erweichen können. „Trag mir diese Sache niemals wieder vor!" (Dtn 3,26) hatte er Mose kategorisch geantwortet. Es bleibt dabei, auch wenn wir nicht verstehen warum: Der große Prophet Mose darf die Erfüllung seines Lebenswerkes nicht mehr erleben. Gottes Wege sind nicht unsere!

Am selben Tag sagte der HERR zu Mose: „Gehe jetzt ins Abarimgebirge dort drüben und steig auf den Berg Nebo, der im Land Moab gegenüber von Jericho liegt. Sieh von dort aus in das Land Kanaan hinüber, das ich den Israeliten als Besitz geben will. Dort auf dem Berg musst du sterben und mit deinen Vorfahren vereint werden, wie dein Bruder Aaron auf dem Berg Hor gestorben ist und mit seinen Vorfahren vereint wurde. Ihr beide dürft das Land nicht betreten, weil ihr mich an der Quelle von Meriba nicht als den Heiligen inmitten der Israeliten geehrt habt."

Mose stieg aus den Steppen von Moab auf den Berg Nebo. Oben zeigte ihm der HERR das ganze Land. Der HERR sagte zu ihm: „Das ist das Land, das ich Abraham, Isaak und Jakob versprochen habe. Ich habe geschworen, es ihnen und deinen Nachkommen zu geben. Du darfst es mit eigenen Augen sehen. Doch du darfst nicht mehr hineinziehen."

Danach starb Mose, der Diener des HERRN, im Land Moab, wie es der HERR bestimmt hatte. Und Gott begrub ihn dort im Tal. Bis heute kennt niemand sein Grab. Mose war hundertzwanzig Jahre alt, als er starb. Seine Augen waren noch nicht getrübt und seine Frische hatte ihn noch nicht verlassen. Die Israeliten beweinten Mose dreißig Tage lang in den Steppen von Moab. Danach war die Zeit des Weinens und Klagens um Mose beendet.

Dies ist nun fast zum Abschluss ein viertes, sehr eindrucksvolles Bild des Berliner Künstlers Lesser Ury. Erinnerst du dich noch an die anderen? Dieses Bild hat Ury kurz vor seinem einsamen Tod gemalt. Als hätte er schon geahnt, dass er bald sterben würde! Mose gehört zu den biblischen Gestalten, die Lesser Ury besonders faszinierten und in ihm große Begeisterung auslösen konnten. Sein Bild von Mose muss ihm besonders viel bedeutet haben, denn er hat es außerdem in einer riesigen Fassung gemalt, die mehrere Meter hoch und breit war. Leider ist dieses Bild verschollen.

Lesser Ury, Mose sieht das Gelobte Land, vor seinem Tode 1928, Pastell, 50,5 x 35,5 cm, Berlin, Jüdisches Museum

Niemals wieder

Niemals wieder hat es in Israel einen Propheten wie Mose gegeben –

Michelangelo Buonarroti
(1475–1564)
Mose
1513–16
Rom, San Pietro in Vincoli

den der HERR kannte, von Angesicht zu Angesicht,
der ihm vergleichbar wäre
mit all den Zeichen und Wundern,
die er in Ägypten im Auftrag des HERRN am Pharao,
an allen seinen Dienern und an seinem ganzen Land getan hat,
und mit all der großen Macht und all der erschreckenden Stärke,
die er vor ganz Israel gezeigt hat.

Mose, der größte Prophet aller Zeiten, mit Hörnern auf dem Kopf! Und das nicht nur hier, sondern auf unzähligen Bildern. Ist das nicht ziemlich komisch? Sollte er lächerlich gemacht werden? Immerhin sind Hörner doch ein Attribut des Teufels. Ist diese Darstellung also eine Verspottung des jüdischen Propheten durch christliche Künstler? Aber warum malt dann ein so bedeutender moderner jüdischer Maler wie Chagall die Figur des Mose auch mit Hörnern auf dem Kopf? Leider, das muss ich dir gleich sagen, gibt es keine überzeugende Antwort. Es gibt allerdings eine Erklärung, die immer wieder gegeben wird: Schuld ist ein einziger dummer Übersetzungsfehler, den der Kirchenvater Hieronymus gemacht hat, als er im 4. Jahrhundert die Bibel ins Lateinische übersetzte. Dort, wo ein Wort den Glanz auf Moses Gesicht beschreibt (Ex 34,29f), als er nach dem zweiten Empfang der Gesetzestafeln vom Sinai herabsteigt, hat sich Hieronymus vertan. Er hat die beiden hebräischen Wörter quaran (strahlen) und queren (Horn) miteinander verwechselt. Also wurde aus einem strahlenden Gesicht ein gehörntes (im Lateinischen: facies cornuta statt facies coronata). Und die Künstler haben ihm alle geglaubt! Alle? Nicht wirklich, denn merkwürdigerweise taucht der gehörnte Mose erst ab dem 12. Jahrhundert urplötzlich in der Kunst auf, obwohl doch die Übersetzung von Hieronymus schon jahrhundertelang in Gebrauch war. War Hieronymus' Übersetzung vielleicht bildhaft gemeint? Hörner galten nämlich als Symbol für die politische und militärische Macht eines Königs oder eines Volkes (vgl. 1 Sam 2,10 und Jer 48,25). Lag der Fehler also erst bei späteren Generationen, die den Ausdruck allzu wörtlich nahmen? Oder sah der mittelalterliche Betrachter in den Hörnern auf Moses Kopf selbstverständlich den gemeinten Gottesglanz? Da die Hörner auf den Abbildungen oft auch durch zwei Strahlenbündel ersetzt wurden, ist dies durchaus denkbar. Vielleicht aber kamen die Hörner aus praktischen Gründen auf, um Mose in Mysterienspielen (öffentliche Schauspiele mit biblischem Inhalt) äußerlich zu kennzeichnen. Fazit: Es ist und bleibt ein Rätsel, warum die Künstler Mose auf einmal Hörner aufgesetzt haben (Lange 2002, 46-49). Vielleicht kannst du irgendwann einmal das Geheimnis lüften?

Bilderrätsel Numeri und Deuteronomium

Jetzt sind wir am Ende des ersten wichtigsten Teils vom Ersten Testament angelangt. Um eins ging es von Anfang an ganz besonders: um Gottes Segen. Dieses Thema zog sich wie ein roter Faden durch die Geschichten in diesem Buch. Mit Abraham fing der Segen nach einem missglückten Fehlstart Gottes mit den Menschen an. Gott hatte versprochen: Er schenkt diesen Segen nicht nur Abraham und seinen Nachkommen, dem Volk Israel, sondern allen Menschen, die Abraham segnen. Wer also in die Fußstapfen Abrahams tritt und lernt zu glauben wie er, den wird Gott segnen. So hat es Gott versprochen.

In unserem letzten Rätsel soll es nun um das Thema „Segen" gehen. Bevor ich dir die Aufgabe stelle, wollte ich dir aber noch etwas erzählen: Früher haben viele Eltern ihre Kinder mit einem kleinen Kreuzzeichen auf die Stirn gesegnet, wenn sie aus dem Haus gingen. Die Eltern glaubten fest daran, dass es da jemanden gibt, der für ihr Kind sorgt, und wollten ihr Kind mit dieser Zuversicht stärken. Segen kann man also nicht nur empfangen, sondern auch selbst weitergeben. Das geht auch mit einer einfühlsamen Geste für einen Freund, einem wohlwollenden Blick oder guten Worten. Dann werden wir zu Menschen, die ein Segen für Andere sind!

Nun aber endlich zur Rätselfrage: Gott hat seinem Diener Mose einen wunderbaren Segensspruch mitgegeben, der bis heute in den Kirchen gesprochen wird. Den sollte er seinem Bruder Aaron beibringen und dieser sollte damit den Segen Gottes auf das ganze Volk Israel herabrufen. Der Anfang dieses sogenannten „Aaronitischen Segens" ist nun unser kleiner Lösungssatz. Wie immer, musst du die Bilderfrage beantworten, um den entsprechenden Buchstaben zu ermitteln (wenn nicht anders angegeben, ist der erste Buchstabe der Antwort der gesuchte) und dann schließlich an die Lösung zu kommen.

Lösung (pro Strich ein Buchstabe): Der HERR _ _ _ _ _ dich und _ _ _ _ _ _ _ _ _ _ .

Wer die . . .
aus Kupfer anschaute,
wurde geheilt.

Diese beiden Kinder saßen
auf einer . . .

Dieses Kunstwerk ist aus
. . .
gemacht.

Chagall hat hier das kunter-
bunte . . .
(5. Buchstabe) gemalt.

. . . (4. Buchstabe) war der größte Prophet, den es je gab.

Balak wurde vor Zorn wie versteinert, weil . . . seine Feinde nicht verwünscht sondern gesegnet hatte!

Mose schaut hier ins . . . (2. Buchstabe) Land kurz vor seinem Tod.

Das wichtigste Gebet im Judentum heißt übersetzt: „ . . . Israel".

Hier geht es drunter und . . . (3. Buchstabe) !

Die Spitzel brachten aus dem Tal, das später . . . genannt wurde, leckere Früchte mit.

Dieses Kunstwerk ist ein . . . (6. Buchstabe).

Mose übergibt seinen Stab an Josua im Buch . . .

Diese Schlangen waren . . . (2. Buchstabe).

Wir sehen . . . die vor Freude über Gottes Wort tanzen.

Diese Eselin kann . . . (6. Buchstabe).

Am Ende dieses ersten großen Abschnitts im Ersten Testament möchte ich nun eine grundsätzliche Frage erörtern, die alle biblischen Texte betrifft und die Sie sich möglicherweise auch schon einmal gestellt haben: Wie eigentlich soll ich die biblischen Texte lesen? Soll und darf ich sie wörtlich verstehen? Soll ich alles glauben, was da steht? Gibt es eine „richtige" und eine „falsche" Weise, die Bibel zu lesen? Gelten die Texte als heilig, weil alles in ihnen „stimmt"? Dürfen sie folglich überhaupt kritisch untersucht werden? Wann kann ich überhaupt sagen, dass ich die Bibel verstanden habe? Folgender kleiner Überblick soll Ihnen helfen, einen ersten Standpunkt zu finden.

Wie soll ich die Bibel lesen?

Verschiedene Arten der Auslegung von biblischen Texten

Wie die Bibel zu verstehen sei, ist Thema seit es sie gibt. Lange Zeit maßgebend blieb zunächst die „Lehre vom vierfachen Schriftsinn" des Johannes Cassianus (4. Jahrhundert). Ein berühmter Sinnspruch fasst sie so zusammen: „Der Buchstabe lehrt die Ereignisse, was du zu glauben hast, die Allegorie, die Moral, was du zu tun hast, wohin du streben sollst, die Anagogie."

Der Bibeltext wurde in vier aufeinander folgenden Schritten ausgelegt: Am Anfang stand der „Literalsinn", der sich auf die wörtliche und geschichtliche Auslegung bezog, dann folgte der „allegorische Sinn", der hinter der wortwörtlichen Ebene einen verborgenen Sinn annahm, die Vorausdeutung eines späteren Mysteriums. Als dritter Schritt folgte dann die Erhebung des „tropologischen Sinns", der die moralische Seite ansprach und dem Einzelnen helfen sollte, sein Leben zu verbessern, und schließlich der „anagogische Sinn", der auf die endzeitliche Hoffnung gerichtet war, also die Zukunft im Blick hatte. Ein berühmtes Beispiel von Cassianus zur Verdeutlichung aller vier Schriftsinne ist „Jerusalem": Jerusalem kann für die historische Stadt Jerusalem stehen (Literalsinn), für die Kirche Christi (allegorischer Sinn), für die menschliche Seele als Stadt, in der Gott wohnt (tropologischer Sinn), und für das zukünftige himmlische Jerusalem am Ende aller Zeiten (anagogischer Sinn).

Ging man damals von insgesamt vier möglichen Sinnebenen des Bibelwortes aus, ist das Feld möglicher Auslegungsweisen heute fast ins Unermessliche gewachsen. Um einen ersten Einblick in die Vielzahl der verschiedenen Methoden und Zugangsweisen zu geben, will ich zunächst zwei gegensätzliche Auslegungsarten (wertend) vorstellen. Es soll gezeigt werden, wie sehr die Interpretation biblischer Texte voneinander abweichen kann und wie sehr sie (wie im ersten Beispiel) ihren Sinn verfehlen kann. Beide Zugänge beschäftigen sich mit der wörtlichen Ebene des Textes (dem Literalsinn), jedoch auf diametral entgegengesetzte Art und Weise.

Für die **fundamentalistische Bibelauslegung** gibt es keinen Zweifel: Die Bibel und jedes Wort in ihr ist wahr. Denn sie enthält das Wort Gottes und ist darum heilig und unantastbar. Die Fundamentalisten verstehen die Bibel als wortwörtliche Inspiration Gottes, als zuverlässigen Tatsachenbericht, der völlig irrtums- und widerspruchsfrei von Gottes Handeln in der Welt berichtet. Die dargelegten Lehren besitzen ewige Gültigkeit. Die Bibel gilt in allen Einzelheiten als unfehlbar. Der fundamentalistische Bibelleser glaubt alles buchstäblich so, wie es da steht. Die Welt ist genau in sechs Tagen entstanden und Eva aus der Rippe des Adam gekommen. Wunderberichte werden natürlich erklärt.

Obwohl die fundamentalistische Bibelauslegung am intensivsten am Wortlaut der Bibel festhält, ist sie von ihrem Sinn am weitesten entfernt. Eine symbolische Bedeutung anzunehmen, widerspricht ihren Grundsätzen. Damit schließt der Fundamentalist jede Dimension, die mit „Glauben" zu tun hat, von vornherein aus. Denn Glauben bedeutet nicht, wider besseres Wissen historische Fakten zu behaupten, sondern das Verständnis vom Leben, wie es die Bibel entfaltet, als das eigene zu übernehmen. Ob es Abraham wirklich je gab oder nicht, ist nicht entscheidend. Auch ohne historische Verifikation kann das, was in der Bibel erzählt wird, Offenbarungscharakter haben und für mein Leben von Belang sein. Im Zusammenspiel der verschiedenen Stimmen, die die biblischen Schriften in dem so bunten Kanon ihrer Schriften zu Gehör bringen, gibt es keine Eindeutigkeiten. Wenn man diese jedoch postuliert und meint, es gäbe nur eine einzige und richtige Auslegungsart der Bibel, kann man die Bibel nicht mehr sachgemäß verstehen. Denn die Bibel selbst ist ein Dokument, in dem lebendig und auf viele, auch gegensätzliche Weise um Einsichten gerungen wird (Oeming 1998, 150–163).

Keine Angst vor Pluralität, Widersprüchlichkeit oder Rätseln hat hingegen die **historisch-kritische Bibelauslegung**. Ziel dieser Auslegung ist es, den historischen Entstehungsprozess des Textes minutiös genau aufzuklären und die Umstände seiner Genese in allen Einzelheiten aufzuschlüsseln. Ohne Vorurteile soll der biblische Text mit allen Mitteln der Wissenschaften untersucht werden. In vielen verschiedenen Arbeitsschritten wird der Text kritisch unter anderem auf seine Sprache, Einheitlichkeit, Kompositionsgeschichte und Form hin geprüft: Textkritik, Literarkritik, Überlieferungskritik und Redaktionskritik bilden die Grundlage der historisch-kritischen Exegese. Mit Hilfe dieses Instrumentariums soll die ursprüngliche Intention des Textes ermittelt werden, seine historische „Urbedeutung".

Die historisch-kritische Methode bildet bis heute die Basis einer jeden wissenschaftlichen Interpretation biblischer Texte. Sie verschafft den biblischen Texten „Bodenhaftung" und „Erdung" (Oeming 1998, 43) und bewahrt sie davor, dogmatisch einseitig vereinnahmt zu werden. Die intellektuell redliche Aufklärung der Entstehungsgeschichte der biblischen Texte erleichtert ihr Verständnis. Gegenüber skeptischen Beurteilungen der Bibel als lügenhaftes Sammelsurium von Märchen und Mythen hilft sie zwischen Faktum und Glaubensbekenntnis zu unterscheiden. Damit entlastet sie den Text nicht unwesentlich von dem, was er auch gar nicht sein will, nämlich ein Tatsachenbericht.

Dennoch darf man nicht übersehen, dass die historisch-kritische Methode, die jahrzehntelang unangefochten ihren Siegeszug auf den theologischen Fakultäten gehalten hat, inzwischen – nicht zu Unrecht – ins Kreuzfeuer der Kritik geraten ist. Sie hat eine unüberschaubare Menge an hoch spezialisierter Sekundärliteratur produziert, und ist dabei äußerst praxisfern und kopflastig geworden. Die Bibel wird so ausgelegt, als ob es Gott darin gar nicht gäbe; sie wird als Produkt menschlicher Interessen und Erfordernisse gesehen. Gerade in einer Zeit, in der die Bibel von vielen nur noch als Sammlung überkommener Schriften wahrgenommen wird und keine Orientierung mehr zu bieten scheint, ist die Suche nach neuen Auslegungsmethoden, die weniger den Text als den Menschen in den Blick nehmen, unerlässlich. Die historisch-kritische Bibelauslegung bedarf der Ergänzung durch andere Methoden, die näher an der Gegenwart des heutigen Menschen sind.

So hat sich inzwischen eine Fülle an neuen Zugangsweisen entwickelt, die nicht mehr beim Text, sondern bei der Erfahrung des Menschen ansetzen und seine Interessen und Zweifel aufgreifen. Die Schlüsselfrage lautet nun nicht: Was ist der ursprüngliche Sinn des Textes? Vielmehr: Was sagt mir der Text heute? Wer die Bibel auf diese Weise verstehen will, kann dies mit Hilfe existentialer, linguistischer, tiefenpsychologischer, feministischer oder auch narrativer Auslegung tun, um nur einige wenige zu nennen. Exemplarisch für die Vielzahl der neueren Zugänge will ich die tiefenpsychologische Auslegung der Bibel herausgreifen, um dann abschließend zwei Auslegungsarten zu besprechen, eine jüngere und eine ältere, die für das Verständnis des Ersten Testaments und unseren Umgang mit ihm von besonderer Bedeutung sind.

Die **tiefenpsychologische Bibelauslegung** spricht den Leser ganz unmittelbar in seiner eigenen inneren Erfahrungswelt an. Sie kann helfen, den „garstigen breiten Graben" (G.E. Lessing) zwischen der Überlieferung von damals und dem Leben heute zu überbrücken. Hier geht es um meine eigenen Probleme, um die unbewussten Mechanismen meiner Seele, um meinen Weg zu einem gesunden Menschen. Mir dabei zu verhelfen, diese seelischen Vorgänge, die in den biblischen Texten an Hand von Erzählungen und Personen „durchgespielt" werden, aufzudecken und aufzulösen, ist das Ziel der tiefenpsychologischen Exegese.

Ausgangspunkt der tiefenpsychologischen Exegese ist die Theorie C.G. Jungs vom „kollektiven Unbewussten": Die Menschheit hat in ihrer Frühgeschichte heilende Erfahrungen mit einem ganzheitlichen Leben gemacht. Diese Erfahrungen sind im kollektiven Unbewussten in Form von „Archetypen" aufgehoben. Sie können sich in Symbolen, Mythen, Märchen und auch biblischen Texten äußern. Dabei haben diese Ur-Bilder eine weibliche („Anima") und eine männliche („Animus") Seite. Wenn ein Element einseitig überbetont wird und bestimmte Anteile des Ich verdrängt werden (Jung nennt sie „Schatten"), kommt es zu seelischen Störungen. Sie müssen in einem Prozess der Selbstfindung („Individuation") wieder in das Ich integriert werden. Biblische Texte, so die Annahme der tiefenpsychologischen Exegese, beschreiben diese Prozesse der Verdrängung und zeigen Wege auf, wie die unterdrückten Persönlichkeitselemente wieder in das Ich eingebunden werden können. Dabei ist es die Aufgabe des Exegeten, scharf zwischen der oberflächlichen Erzählebene und den darin verschlüsselten seelischen Problemen zu unterscheiden.

Exponiertester Vertreter der tiefenpsychologischen Exegese ist der Theologe Eugen Drewermann. Für ihn gibt es zwischen Selbstfindung und Glauben, zwischen Psychotherapie und Religion, keinen Unterschied da das eine im anderen wurzelt, so Drewermann. Streng geht er mit der historisch-kritischen Methode ins Gericht, die nur auf historische Realitäten fixiert sei, damit aber die wunderbaren mythischen, ja eigentlich theologischen Züge der Heiligen Schrift eliminiere. Man könne Gott geistvoll erfahren, wenn man der Sprache der Träume und der Poesie lausche, die Er jedem Menschen ins Herz gelegt habe. Alles äußerlich Erzählte sei nur interessant, sofern sich darin symbolische Wahrheiten zeigen, die auch in der menschlichen Seele vorhanden sind.

So faszinierend diese exegetische Methode auf den ersten Blick erscheint, so einseitig und ergänzungsbedürftig erweist sie sich aber dann doch in ihrer Praxis. Denn in fast allen Interpretationen kommt das Gleiche heraus: Der Exeget entdeckt, wie die Erzählungen den Weg aus existentieller Angst weisen, wie sie aus innerer Unfreiheit herausführen und eine gesunde Persönlichkeit hervorbringen, die auch ihre Schattenseiten integriert hat. Man fragt sich, ob der biblische Text nicht doch mehr will als stets das gleiche Muster von der Befreiung des Menschen aus seinen emotionalen Abhängigkeiten zu reproduzieren.

Unideologisch und nah am Text möchte hingegen die **kanonische Schriftauslegung** sein, die es seit fast vierzig Jahren gibt, angestoßen von dem Amerikaner B. S. Childs. Statt sich tief in die Seele der Menschen und Texte zu versenken, hält sie sich pragmatisch an das, was sie vor sich sieht, nämlich den Text in seiner Endform. Sie fragt nicht, wie und warum der Text genau so geworden ist, sondern untersucht den vorliegenden Endtext in seiner Beziehung zu umliegenden Texten und zum gesamten Kanon. Sie will dabei helfen, den inneren Zusammenhang zwischen den beiden Teilen der christlichen Bibel aufzuzeigen und ist deshalb insbesondere wichtig, wenn es um die Frage der Bedeutung des Ersten Testaments für das Neue geht. Prämisse der kanonischen Schriftauslegung ist, dass man die Bibel nur richtig versteht, wenn man sie als EIN Buch liest. Sie deckt auf, wie alle Teile durch ein System an Querverweisen, Anspielungen, Entsprechungen und Stichwortverbindungen aufeinander bezogen sind und sich gegenseitig erklären. Das Aufspüren intertextueller Bezüge und Entwirren dieser Vernetzung gehört deshalb zur wesentlichen Aufgabe des Exegeten.

Auch wenn bei dieser Auslegung die Gefahren einer fundamentalistischen Sichtweise und Überinterpretation lauern und auch nicht immer klar definiert ist, welcher Kanon Grundlage der Untersuchung ist (der christliche, der jüdische?), leistet sie doch durch den weiten Blick auf die Einbettung der Texte in eine übergeordnete Großkomposition einen wertvollen Beitrag zum Verständnis der Bibel als Ganzes und auch der Texte im Speziellen. In ihrer Gesamtschau kann sie das Bewusstsein für die Vielfalt und Widersprüchlichkeit vieler Aussagen schärfen und somit verhindern, dass der Glaube zur Ideologie erstarrt, die nur *eine* Auslegung als die einzig richtige gelten lässt. So trägt die kanonische Schriftauslegung wesentlich dazu bei, einen lebendigen Diskurs in Gang zu halten, der offen um das Verständnis des biblischen Erbes ringt. In ihrer Konzentration auf innerbiblische Bezüge ähnelt sie dem jüdischen Weg, der nun vorgestellt werden soll.

Jede Beschäftigung mit dem Ersten Testament sollte vor allem eine Auslegung ganz besonders in den Blick nehmen, nämlich die **jüdische Schriftauslegung**. Jahrtausendelang haben christliche Exegeten die jüdische Auslegung der Bibel geradezu ignoriert, obwohl es doch nahegelegen hätte, die ersten und wichtigsten Adressaten des Ersten Testaments nach ihrer Auslegung zu befragen.

Zwei wesentliche Merkmale kennzeichnen die jüdische Bibelauslegung bis heute: Zum einen das Festhalten am Grundsatz, dass der buchstäbliche Sinn eines Bibelverses, seine ursprüngliche Absicht, nie aufzugeben sei (der Literalsinn). Zum anderen das Prinzip der praktischen Anwendung auf die aktuelle Zeit und die Absicht, die Bibel allen Menschen nahezubringen.

Grundlegend für die jüdische Exegese war die klassische Auslegung der Rabbinen, die bis heute prägend geblieben ist. Wichtiges Prinzip der Rabbinen ist, dass jedes noch so unbedeutend scheinende Element des Textes von Bedeutung ist. Die Hauptwerke der rabbinischen Zeit sind entweder thematisch angeordnet, wie die *Mischna* und der *Talmud*, oder sie sind um den biblischen Text gruppiert wie der *Midrasch*. Die Mischna ist die schriftliche Fixierung der langen mündlichen Tradition der Auslegung der Gesetze der Tora; sie ist die erste kanonische Niederschrift des Judentums nach der Bibel. Der Talmud besteht aus der Mischna und aus der *Gemara*, einem jüngeren Kommentar, der den Stoff der Mischna ergänzt und erläutert. Er liegt in zwei Ausgaben vor, dem Babylonischen and dem Jerusalemer Talmud (Jewish Study Bible 2004, 1844 ff.).

Neben den Werken der Mischna und des Talmuds entstanden Textsammlungen ganz anderer Art, die genauso wichtig waren, insbesondere für die volkstümliche Unterweisung, die sogenannten „Midraschim" (Plural von „Midrasch"). Sie sind heute geradezu zum Synonym für jüdisches Denken geworden, ein Sammelbegriff für alles, was man sich unter jüdischer Religion und Kultur vorstellt. Ein Midrasch ist die predigtartige Auslegung eines biblischen Textes. Dort, wo der Text inhaltliche Lücken enthält, wird er ausgeschmückt und in einem fortlaufenden Dialog zwischen Erzähler und Hörer weitergesponnen; ein paar Stichworte, die nur lose mit dem auszulegenden Text verbunden sind, bringen die Geschichte in Gang. Das Thema wird in immer neuem Fragen und Erzählen umkreist, mit dem biblischen Bericht verwoben und ausgeschmückt. So werden im freien Fabulieren die biblischen Gestalten lebendig; sie werden dem Hörer regelrecht „angeeignet" und für seine eigene Zeit fruchtbar gemacht. Auf diese Weise bekommen die biblischen Texte eine ungeahnte Lebendigkeit und Aktualität. Adam ist gegenwärtig in jedem von uns bis heute, so die Grundmaxime jüdischer Auslegung!

Die jüdische Auslegung ist nie wirklich kontrovers, sondern im Kern kommunikativ; keine Verständnisweise wird als überholt beiseite gelegt, vielmehr wird sie sorgfältig aufbewahrt und ins Gespräch miteinbezogen. Nur in der Fülle der Meinungen glaubt man sich der Wahrheit eines biblischen Textes nähern zu können. Denn kein Mensch, so der Grundsatz, kann für sich allein beanspruchen zu wissen, was wahr ist; nur Gott besitzt die volle Wahrheit. Zu jedem Wort der Bibel, so sagt man, gibt es mindestens neunundneunzig mögliche Auslegungen, und nur die hundertste ist eigentlich richtig, sie aber kennt nur Gott allein. Für den gläubigen Juden ist die Offenbarung mit der Kanonisierung der Überlieferung noch lange nicht abgeschlossen, sondern entwickelt sich ständig im Gespräch derer weiter, die sich wahrhaftig um die Auslegung der Schrift bemühen. So bleibt die jüdische Exegese ununterbrochen auf dem Weg, und jede Zeit kann sich die Schrift auf ihre je eigene Weise aneignen.

Was einerseits ein großes „Plus" ist, nämlich die innere Offenheit und Toleranz im Umgang mit anderen Verstehensformen, kann andererseits auch als Willkür empfunden werden. Alles und jedes scheint richtig zu sein. Dennoch, so könnte man antworten, verhindert gerade die dialogische Struktur der jüdischen Bibelauslegung eine Beliebigkeit, weil sie ja gerade auf gegenseitige Prüfung und Kritik des jeweiligen Standpunktes aus ist und zudem immer zum Ziel hat, dem Wortsinn möglichst nah zu kommen. Das bezweckt auch die jüngere jüdische Bibelwissenschaft, die verstärkt historisch-kritisch arbeitet.

Es muss, so kann man zusammenfassen, eine Vielzahl an Auslegungsformen der Bibel geben, will man ihrem inneren Reichtum gerecht werden. Keine allein kann den Sinn ganz ausschöpfen, keine allein sollte für sich beanspruchen, die einzig gültige zu sein. Die verschiedenen Zugangsweisen sollten einander ergänzen und als gegenseitige Bereicherung erfahren werden. So wie unser Leben ständig in Wandel ist, müssen sich auch die Weisen, die biblischen Texte zu verstehen, wandeln und unentwegt der je eigenen Zeit anpassen, ohne dabei die wertvollen Ergebnisse der vergangenen Bibelforschung zu ignorieren. Wir brauchen differenzierte, historische Analysen genauso wie gegenwartsbezogene Deutungen. Die Fragen „Wie war es wirklich?" und „Was sagt mir persönlich dieser Text heute?" werden uns immer begleiten, wenn wir die Bibel aufschlagen. Erst in der Gesamtschau der Interpretationen können wir vielleicht beginnen zu erahnen, was die Texte bedeuten.

Anhang

Städtereisen auf den Spuren des Alten/Ersten Testaments

Standorte der Kunstwerke

Die Bilder in diesem Buch zeigen einen repräsentativen Querschnitt durch die Kunstgeschichte, wobei der Schwerpunkt ohne Frage im Mittelalter und in der Neuzeit liegt. Oberstes Kriterium für die Auswahl der Bilder war die Vielfalt an Stil und Gattung. So wie die Bibel insgesamt nicht aus einem Guss ist, sondern ein Konglomerat aus ganz unterschiedlichen Texten ist, sollten auch die Bilder nicht gleichförmig nur von einem bestimmten Künstler oder aus einer einzigen Epoche sein. Auch wollte ich eine Vielfalt an Kunstgattungen zeigen; so habe ich unter anderem Beispiele aus der Buchmalerei, Skulpturen, Radierungen, Holzschnitte und Gemälde ausgewählt. Viele der ausgesuchten Kunstwerke sind öffentlich ausgestellt und können im Original besichtigt werden. Sie werden sehen, wie begeistert die Kinder sind, wenn sie ein Bild im Museum entdecken, das sie kennen! Denn keine noch so gute Reproduktion kann den Zauber des Originals ersetzen. Allerdings lohnt es sich, den Besuch eines Museum oder einer Kirche vorzubereiten. Viele große Museen haben einen beträchtlichen Teil ihrer Kunstwerke auf ihrer Homepage mit Bild (zum Teil auch mit genauem Standort im Museum) aufgelistet und näher beschrieben. Leider ist das gewünschte Original lange nicht immer an Ort und Stelle, weil es gerade restauriert wird, im Depot gelandet ist oder sich auf einer Wechselausstellung in einer anderen Stadt befindet. Das aber könnte man im Vorfeld klären, um dann nicht enttäuscht zu werden. Ein Fernglas für die Glasfenster, Gewölbemosaiken und Deckengemälde in den Kirchen sollte immer dabei sein. Um sich die Zeichnungen aus Kupferstichkabinetten im Original anzuschauen, ist es nötig, sich vorher anzumelden. Dann bekommt man die gewünschten Werke individuell vorgelegt. Die folgende Liste soll helfen, Ihre Reise vorzubereiten.

(Die Ziffern hinter den Kunstwerken bezeichnen die Seite in diesem Buch, auf der sie abgebildet sind.)

Florenz, Baptisterium San Giovanni, Paradiespforte
Lorenzo Ghiberti, Relief mit Szenen aus der Josefgeschichte (225 f.)

Gent, St. Bavo Kathedrale
Jan van Eyck, Genter Altar, Ausschnitte:
Das Opfer von Abel und Kain (65)
Abels Mord an Kain (66)

Hamburg, Hamburger Kunsthalle
Meister Bertram, Hochaltar St. Petri (47–52)

Hamburg, Hamburger Kunsthalle, Kupferstichkabinett
Rembrandt, Die Verstoßung der Hagar (121)
Rembrandt, Der Engel weist Hagar den rettenden Brunnen (122)

Hamburg, Ernst Barlach Haus
Ernst Barlach, Fries der Lauschenden (344)

Hannover, Sprengel Museum
Chagall, Abraham beweint Sara (133)

Hildesheim, Dom
Taufbecken, Deckel: Der blühende Stab Aarons (329)

Kassel, Gemäldegalerie Alter Meister
Rembrandt, Jakob segnet Ephraim und Manasse (234)

Klosterneuburg (an der Donau), Stift Klosterneuburg
Nikolaus von Verdun, Der Verduner Altar (276, 323)

Leicester, Museum and Art Gallery
William Dyce, Jakob und Rahel (164)

Leuven (Belgien), St. Peter
Dieric Bouts, Abendmahlsaltar (98, 273)

London, British Library
Die Barcelona Haggada (MS Add. 14761) (247)
jüdisches Gebetbuch (MS Add 22413) (290)
Goldene Haggada (Ms. Add. 14761) (248, 255, 256, 262, 265, 266, 269)

(Das Original der Goldenen Haggada kann nur hinter Glas in der „Treasure Gallery" der British Library besichtigt werden; registrierte Benutzer der British Library dürfen sich außerdem ein Faksimile anschauen.)

London, Courtauld Institute Galleries
Lucas Cranach der Ältere, Adam und Eva (58)

London, National Gallery
Claude Lorrain, Landschaft mit Hagar und dem Engel (105)
Ferdinand Olivier, Abraham und Isaak (129)
Nicolas Poussin, Der Tanz um das Goldene Kalb (293)
Francesco Bacchiacca, Josef empfängt seine Brüder ein zweites Mal (222–223)

Madrid, Museo Nacional del Prado
Jacopo da Ponte Bassano, Zug der Tiere zur Arche Noah (73)
José de Ribera, Jakobs Traum (163)
Jacopo Amigoni, Josef im Palast des Pharao (210)
Anthonis van Dyk, Die eherne Schlange (333)

Marseille, Musée des Beaux-Arts
Jacopo Bassano, Die Erbauung der Arche (69)

Monreale, Dom
Mosaik:
Jakob flieht (160)
Rebekkas Reise zu Isaak (140)

Neuburg (an der Donau), Schlosskapelle
Hans Bocksberger, Passahmahl (270)

New York, Brooklyn Museum of Art
Odilon Redon, Jakobs Kampf mit dem Engel (182)

Paris, Musée du Louvre
Nicolas Poussin, Eliser und Rebekka (134)
Nicolas Poussin, Der Herbst oder Die Kundschafter aus Kanaan (324)

Paris, Musée du Louvre (Cabinet dessins)
Rembrandt, Hagar am Brunnen auf dem Weg nach Schur (107)

Paris, Musée d'Orsay
Jean Escoula, Der Schmerz (347)

Paris, Musée Rodin
Die Kathedrale (316)

Philadelphia (USA), Philadelphia Museum of Art
Edward Hicks, Die Arche Noah (6)

Rom, San Pietro in Vincoli
Michelangelo, Mose (357)

Rom, Santa Maria Maggiore
Mosaik: Lot und Abraham trennen sich (97)

Rom, Vatikan, Loggien des Raffael
Isaak und Rebekka werden von Abimelech beobachtet (149)
Jakob begegnet Rahel am Brunnen (167)
Jakobs Flucht (175)

Rom, Vatikan, Sixtinische Kapelle
Sandro Botticelli, Die Jugend des Mose (252)
Luca Signorelli, Testament und Tod des Mose (351)

Rom, Via Appia Antika, Calixtus Katakombe
Mose schlägt Wasser aus dem Felsen (282)

Sankt Petersburg, The State Hermitage Museum
Pieter Lastman, Abrahams Aufbruch nach Kanaan (93)

Literaturverzeichnis

Die folgende Liste führt alle Bücher und Aufsätze auf, die ich zur Abfassung dieses Lesebuchs zu Rate gezogen habe. Mir war wichtig, dass Sie genau nachvollziehen können, woher die Informationen und Standpunkte in meinem Buch kommen. Möglicherweise ist ja auch das ein oder andere Buch dabei, das Sie zur Vertiefung eines bestimmten Themas gerne lesen würden.

1. Bibelausgaben

Die gebräuchlichste deutsche Bibelübersetzung im katholischen Raum, die Einheitsübersetzung, ist schon über drei Jahrzehnte alt; was damals im kirchlichen Gebrauch einen besseren Zugang zum Wort Gottes in verständlichem Deutsch ermöglichen sollte, liest sich heute in Teilen spröde und unlebendig. Auch die sprachgewaltige schöne Lutherübersetzung, die im evangelischen Raum unangefochten die wichtigste Übersetzung geblieben ist und bei markanten Bibelstellen „so etwas wie ein Sprachdenkmal der deutschen Sprache" (Dohmen 1995, 27) geworden ist, wird denen, die nicht mit ihr groß werden, in Sprachklang und Satzbau ungewohnt vorkommen, auch in der zuletzt revidierten Fassung von 1984, und deshalb den Zugang zur Bibel eher erschweren. Wollen wir unsere Kinder im ökumenischen Geist erziehen, sollte die erste Begegnung mit dem Wort Gottes nicht festgelegt sein auf die besondere Sprache katholischer oder evangelischer Prägung. Die Texte können, so meine ich, zwar durchaus charakteristische Wendungen beider Standardübersetzungen enthalten (damit kirchliches Leben nicht allzu fremd erscheint), sollten jedoch insgesamt eine unverbrauchte Sprache sprechen, die einfach genug ist, Kinder und Bibelferne neugierig auf Gott zu machen. So habe ich zur Abfassung der biblischen Texte schwerpunktmäßig zwar die Einheitsübersetzung zu Grunde gelegt und auch Wendungen aus der Lutherübersetzung und anderen Übersetzungen eingearbeitet, die Sprache in Satzbau und Wortwahl jedoch überall dort verändert, wo mir der Sinn nicht klar genug ausgedrückt schien. Die modernste Übersetzung ist die Zürcher Bibel der reformierten Kirche der Schweiz von 2007, die textnah und unideologisch vorgeht und sich dabei gut lesen lässt. Schon lange im Umlauf ist die „Gute Nachricht Bibel", eine „Bibel in heutigem Deutsch", die zwar keine wortgetreue Übersetzung ist und immer wieder umschreibend eingreift, dafür aber schwierige Passagen in einem verständlichen Deutsch formuliert. Leider geht dabei die Poesie der Texte oft verloren; für eine Bibel jedoch, die den Anspruch hat, ihre Texte auch Kindern und Jugendlichen zugänglich zu machen, ist eine solche Übersetzung sehr hilfreich. Die wohl poetisch „schönste" Übersetzung (nur des Ersten Testaments) aus den Jahren 1925–1962 stammt von den jüdischen Gelehrten Martin Buber und Franz Rosenzweig; sie versucht, die ursprüngliche Wortwahl, den Satzbau und die rhythmische Gliederung des Hebräischen im Deutschen nachzuahmen. Inzwischen sind uns zwar viele Ausdrücke fremd geworden, dennoch bestechen immer noch besondere Wendungen durch ihre Klangschönheit. Interessant als einbändige kommentierte Bibelausgabe ist die „Jerusalemer Bibel", die vor allem im katholischen Raum gelesen wird und anders als alle zuvor genannten Bibelausgaben detailliert kommentiert ist. Sie bietet mit ihrem „Herder-Text" eine bis heute gut lesbare (wenngleich in Teilen auch veraltete) Übersetzung. Den zweifellos ausführlichsten mitlaufenden Kommentar auf neuestem Stand bietet das „Stuttgarter Altes Testament" (Text ist Einheitsübersetzung), von Erich Zenger 2004 herausgegeben. Er ist auch für Laien gut verständlich geschrieben und jedem zu empfehlen, der sich intensiv mit den biblischen Texten beschäftigen will. Um jüdisches Denken wesentlich mit einfließen zu lassen, habe ich schließlich auch (last but not least!) eine moderne jüdische Studienbibel benutzt, die neben einer neuen Übersetzung (ins Englische) einen umfangreichen Kommentar entlang des Bibeltextes anbietet. Diese Studienbibel ist von jüdischen Gelehrten und Rabbinen verfasst worden, die alle wichtigen Strömungen innerhalb des Judentums vertreten, von der Orthodoxie bis hin zum Reformjudentum.

Einheitsübersetzung der Heiligen Schrift, Stuttgart 1980.

(Die Einheitsübersetzung ist, anders als ihr Name suggeriert, nur ökumenisch in der Übersetzung der Psalmen und des Neuen Testaments. Eine Revision der Einheitsübersetzung ist zurzeit in Arbeit.)

Die Luther Bibel, revidierte Fassung von 1984, mit Meisterwerken aus dem Zeitalter der Reformation, Stuttgart 2000.

(Auch die revidierte Lutherbibel von 1984 wird erneut „durchgesehen" und soll dort verändert werden, wo es aufgrund neuer Erkenntnisse der Textkritik und Exegese zwingend notwendig erscheint.)

Die Zürcher Bibel, Zürich 2007.

Gute Nachricht Bibel (erstmals 1982 erschienen, Neues Testament bereits 1968), revidierte Fassung 1997 der „Bibel in heutigem Deutsch", Stuttgart 2000.

Die Schrift. Verdeutscht von Martin Buber gemeinsam mit Franz Rosenzweig, Heidelberg 1985-1987, Band 1: Die fünf Bücher der Weisung / Band 2: Bücher der Geschichte / Band 3: Bücher der Kündung / Band 4: Schriftwerke.

Die Jerusalemer Bibel, Freiburg 1968.

Stuttgarter Altes Testament. Einheitsübersetzung mit Kommentar und Lexikon (Hg. Erich Zenger), Stuttgart 2004.

The Jewish Study Bible, TANAKH Translation, ed. by Adele Berlin and Marc Zvi Brettler, Oxford 2004 (Featuring the Jewish Publication Society).

Außerdem habe ich die Erklärungen und Kommentare folgender Bibeln zu Rate gezogen:

Bibel 2000 (Hg. Christian Riehl), in 18 Bd., Stuttgart 1997-2001.

Die Bibel erschlossen und kommentiert von Hubertus Halbfas, 4. Auflage, Düsseldorf 2003.

(Diese Bibel enthält eine Auswahl an Texten, die mit viel Hintergrundwissen erläutert werden.)

Die Chagall Bibel (Bilderläuterungen: Christoph Goldmann), Stuttgart 1998.

Ein anschauliches Beispiel für die mittelalterliche Illustration eines großen Teils des Ersten Testaments bot mir die Prachthandschrift der Wenzelsbibel (um 1400), die in einer auf ein Drittel verkleinerten Ausgabe des Faksimiles in acht Bänden erhältlich ist:

Wenzelsbibel. König Wenzels Prachthandschrift der deutschen Bibel. Erläutert von Horst Appuhn, Dortmund 2001 (nach dem Original in der Österreichischen Nationalbibliothek Wien Cod. 2759).

Bibeln für Kinder und Jugendliche

Insgesamt gibt es eine große Fülle an Kinderbibeln mit je unterschiedlichem Anspruch auf dem Markt (vgl. dazu: Frey, Astrid u.a., 2002, Mit der Bibel groß werden. Kinderbibeln im Vergleich, Bonn, oder auch andere Kinderbibelratgeber). Hier sind nur die Bibeln erwähnt, die mir aufgrund ihrer Gestaltung mit Bildern aus der Kunst Anregungen gegeben haben oder die im Text erwähnt wurden.

Frisch, Hermann-Josef, 2004, Die Bibel. Das Buch fürs Leben, Düsseldorf.
Heller, Hans, Biesenbach, Hans, 1999, Die Nacht leuchtet wie der Tag. Bibel für junge Leute, Frankfurt.
Kretschmer, Hildegard, 2003, Wie Noah die Tiere gerettet hat. Berühmte Maler erzählen die Bibel, München.
Oberthür, Rainer, 2004, Die Bibel für Kinder und alle im Haus, München.
Zink, Jörg, 2004, Die Kinderbibel. Der Morgen weiß mehr als der Abend, Stuttgart.

2. Lexikonartikel

a) theologische Lexika

Lexikon für Theologie und Kirche (LThK), 1. Auflage, Freiburg i.Br. 1957-1965 und 3. Auflage, Freiburg 1993-2001.
Das große Salzburger Bibellexikon, Salzburg 1985.
Herders Neues Bibellexikon, Freiburg i.Br. 2008.
Das wissenschaftliche Bibellexikon im Internet (www.wibilex.de).

b) kunsthistorische Lexika

Lexikon der christlichen Ikonographie (LCI), Sonderausgabe, Freiburg i.Br., 1990.
Lexikon christlicher Kunst, Freiburg i.Br. 1980.
Wörterbuch der christlichen Ikonographie, 9. Auflage, Regensburg 2005.

3. weitere Literatur

a) Einführungen und Hermeneutik des Ersten Testaments

Dohmen, Christoph, 1995, Vom Umgang mit dem Alten Testament (Neuer Stuttgarter Kommentar Altes Testament 27), Stuttgart.
Dohmen, Christoph und Sternberger, Günter, 1996, Hermeneutik der Jüdischen Bibel und des Alten Testaments, (Kohlhammer Studienbücher Theologie), Stuttgart/Berlin/Köln.
Oeming, Manfred, 1998, Biblische Hermeneutik. Eine Einführung, Darmstadt.
Zenger, Erich, 2004, Das Erste Testament. Die jüdische Bibel und die Christen, 2. Auflage ppb-Ausgabe (1. Auflage 1991), Düsseldorf.
Zenger, Erich u.a., 2008, Einleitung in das Alte Testament (Kohlhammer Studienbücher Theologie), 7. Auflage, Stuttgart.

b) theologische Studien

Arnoldshainer Konferenz, Theologischer Ausschuss, 1992, Das Buch Gottes. Elf Zugänge zur Bibel, Neukirchen-Vluyn.
Ben-Chorin, Schalom, 1993, Die Erwählung Israels. Ein theologisch-politischer Traktat, München .
Berg, Horst Klaus, 1991, Ein Wort wie Feuer. Wege lebendiger Bibelauslegung (Handbuch des biblischen Unterrichts, Band 1), München/Stuttgart.
Berges, Ulrich, SS 2011, Vorlesungsskript: Die Josefsgeschichte, Bonn.
Boschki, Reinhold, WS 2009/2010, Vorlesungsskript: Katechese als Lehr-Lernprozess. Grundlinien einer subjektorientierten Katechetik, Bonn.
Buber, Martin, 1994, Moses, 4. Auflage, Gerlingen.
Crüsemann, Frank, 2011, Das Alte Testament als Wahrheitsraum des Neuen. Die neue Sicht der christlichen Bibel, München.
Deselaers, Paul, 2003, Wie Leben miteinander wieder heil wird. Die Josefsgeschichte in der Basilika von Kevelaer, Kevelaer.
Ebach, Jürgen, 2. Quartal 2010, Gottes Name(n) oder: Wie die Bibel von Gott spricht, in: Bibel und Kirche, 62-67.
Elman, Yaakov, 2004, Classical Rabbinic Interpretation, in: The Jewish Study Bible 2004, 1844-1863.
Fabry, Heinz-Josef, WS 2008/2009 und SS 2009, Vorlesungsskript: Geschichte Israels I und II/Einleitung in das AT, Bonn.
Fischer, Georg, 2006, Jakobs Ringen mit Gott, in: Dohmen 2006, 28.
Grän, Sigfried OFM, 2008, Biblische Gestalten. Lebensbilder aus dem Alten Testament, Wien.
Grünwaldt, Klaus, 2006, Stichwort: Leviticus, in: www.wibilex.de.
Guardini, Romano, 1961, Der Anfang aller Dinge. Meditationen über Genesis. Kapitel I-III, Würzburg.
Hieke, Thomas, 1. Quartal 2010, Gottesbezeichnungen im Alten Testament, in: Bibel und Kirche, 2. Quartal 2010, 68-69.
Illies, Joachim (Hg.), 1975, Brudermord. Zum Mythos von Kain und Abel, München.
Junker, H., 1958, Stichwort Baum der Erkenntnis, in LThK 2, 1958, 67.
Koenen, Klaus, 2006, Stichwort: Das Goldene Kalb, in www. wibilex. de.

Koenen, Klaus, 2009, Stichwort: Aaron/Aaroniden, in: www.wibilex. de.

Krause, Vera, 2009, Das Leben lieben, in: Christ in der Gegenwart, 8. März 2009.

Klöpper, Diana, Schiffner, Kerstin, Taschner, Johannes (Hg.), 2003, Kinderbibeln – Bibeln für die nächste Generation? Eine Entscheidungshilfe für alle, die mit Kindern Bibel lesen, Stuttgart.

Klöpper, Diana, 2003, Die Vielfalt biblischen Redens von Gott. Anfragen an ihre Umsetzung in Kinderbibeln am Beispiel der Urgeschichte, in: Klöpper, Schiffner, Taschner 2003, 114-133.

Komitee der Französischen Bischofskonferenz für die Beziehungen zum Judentum, 1. Quartal 2000 (übersetzt von Alwin Renker), Das Alte Testament lesen, in: Bibel und Kirche – Zwei Testamente- eine Bibel, 33-41.

Krachmalnik, Daniel, 2001, Schriftauslegung. Das Buch Genesis im Judentum, (Reihe Neuer Stuttgarter Kommentar: Altes Testament; 33/1), Stuttgart.

Lohfink, Norbert, 1996, Moses Tod, die Tora und die alttestamentliche Sonntagslesung, Theologie und Philosophie 71.

Müller, Klaus, 2010, Vom Dogma zur Poesie: das neue Gott-Denken, in: Christ in der Gegenwart 11/2010, 121-122.

Najman, Hindy, 2004, Early Nonrabbinic Interpretation, in: The Jewish Study Bible 2004, 1835-1844.

Nauerth, Thomas, 2003, Kinderfriedensbibel? Anmerkungen zur Frage der Auswahl biblischer Texte, in: Klöpper, Schiffner, Taschner 2003, 44-65.

Oberthür, Rainer, 2008, Kinder fragen nach Leid und Gott. Lernen mit der Bibel im Religionsunterricht, 6. Auflage, München.

Ortkemper, Franz-Josef, 1. Quartal 2000, Zwischenruf: Das Alte Testament ist das Stiefkind der liturgischen Lesungen!, in: Bibel und Kirche, Zwei Testamente – eine Bibel, 55.

Päpstliche Bibelkommission, 15.4.1993, Verlautbarungen des Apostolischen Stuhls Nr. 115, Die Interpretation der Bibel in der Kirche.

von Rad, Gerhard, 1954, Die Josephsgeschichte. Ein Vortrag (Biblische Studien, Heft 5), Wuppertal.

Reents, Christine, 1999, „Die Bibel in Bildern" von Julius Schnorr von Carolsfeld, in: Adam, Gottfried und Lachmann, Rainer (Hg.), 1999, Kinder und Schulbibeln. Probleme ihrer Erforschung, Göttingen, 13-42.

Scharbert, Josef, 1986, Genesis 12-50 (Die Neue Echter Bibel, NEB 16), Würzburg.

ders., 1989, Exodus (NEB 24), Würzburg.

ders., 1990, Genesis 1-11 (NEB 5), 3. Auflage, Würzburg.

Sperling, David S., 2004, Modern Jewish Interpretation, in: The Jewish Study Bible 2004, 1908-1920.

Stern, Daniel, 2004, Midrash and Jewish Interpretation, in: The Jewish Study Bible 2004, 1863-1876.

Taschner, Johannes, 2003, ‚Und wenn dein Kind dich nach den Pharisäern und Schriftgelehrten fragt...?' Folgerungen aus dem jüdisch-christlichen Dialog für die Gestaltung einer Kinderbibel, in: Klöpper, Schiffner, Taschner, 2003, 78-93.

Tschirch, Reinmar, 2003, Biblische Geschichten erzählen, in: Klöpper, Schiffner, Taschner 2003, 26-43.

Tworuschka, Monika und Udo, 2005, Als die Welt entstand ... Schöpfungsmythen der Völker und Kulturen in Wort und Bild, Freiburg i.Br.

Weidemann, Hans-Ulrich, 1. Quartal 2000, Kanon und Christuszeugnis – B.S. Childs' Antwort auf eine alte Frage, in: Bibel und Kirche, Zwei Testamente – eine Bibel, 26-32.

Wiesel, Elie, 1994, Adam oder das Geheimnis des Anfangs. Legenden und Portraits, 2. Auflage, Freiburg i.Br.

Zenger, Erich, 1. Quartal 2000, Die grund-legende Bedeutung des Ersten Testaments. Christlich-jüdische Bibelhermeneutik nach Auschwitz, in: Bibel und Kirche, Zwei Testamente- eine Bibel, 6-13.

Zenger, Erich, 2010, Gott hat niemand je geschaut (Joh 1,18). Die christliche Gottesrede im Angesicht des Judentums, in: Bibel und Kirche 2/2010, 87-93.

Zweites Vatikanisches Konzil, 8. November 1965, Dogmatische Konstitution Über die Göttliche Offenbarung/Dei Verbum, und: Erklärung Nostra Aetate.

c) Christliche Kunst – Kunst zur Bibel

Die Bibel in der Kunst. Gemälde, Zeichnungen, Grafiken, 2004, DVD-Rom, The Yorck Project, Berlin.

40.000 Meisterwerke. Malerei. Zeichnung. Grafik, 2008, DVD-Rom, zeno.org, Berlin.

Butzkamm, Aloys, 2001, Christliche Ikonographie. Zum Verstehen mittelalterlicher Kunst, 2. Auflage, Paderborn.

de Capoa, Chiara, 2004, Erzählungen und Personen des Alten Testaments (Bildlexikon der Kunst, Band 4), Berlin.

Debray, Régis, 2004, The Old Testament. Through 100 Masterpieces of Art, London.

Dohmen, Christoph/Sternberg, Thomas (Hg.), 1987, ... kein Bildnis machen. Kunst und Theologie im Gespräch, 2. Auflage, Würzburg.

Dohmen, Christoph, 2006, Die Regensburger Bilderbibel. Für Papst Benedikt XVI., Regensburg.

Dowley, Tim (Editor), 1990, The Bible in Stained Glass, London.

Eckl, Christian, 2001, 50 Klassiker der Bibel. Die bekanntesten Geschichten des Alten Testaments, Hildesheim.

Goecke-Seischab, Margarete Luise/Domay, Erhard, 2005, Botschaft der Bilder. Christliche Kunst sehen und verstehen lernen am Beispiel von 9 Farbtafeln, 2. Auflage, Lahr.

Goecke.Seischab, Margarete Luise/Harz, Frieder, 2010 (Originalausgabe 2004), Christliche Bilder verstehen. Themen, Symbole, Traditionen, Köln.

Guardini, Romano, 1954, Über das Wesen des Kunstwerks, 5. Auflage, Tübingen.

Lange, Günter, 1988, Kunst zur Bibel. 32 Bildinterpretationen, München.

ders., 2002, Bilder zum Glauben. Christliche Kunst sehen und verstehen, München.

Lützeler, Heinrich, 1935, Die christliche Kunst des Abendlandes, Bonn.

Schmidt, Ph., 1962, Die Illustration der Lutherbibel 1522-1700. Ein Stück abendländischer Kultur- und Kirchengeschichte, Basel.

Schmied, Wieland, 2007, Von der Schöpfung zur Apokalypse. Bilder zum Alten Testament und zur Offenbarung, Stuttgart.

Schröder, Rudolf Alexander (Einführung), 1957, Die Bibel in der Kunst. Das Alte Testament, 2. Auflage, Köln.

Schwebel, Horst, 2002, Die Kunst und das Christentum. Geschichte eines Konflikts, München.

ders. (Hg.), 1993, Die Bibel in der Kunst. Das 19. Jahrhundert, Stuttgart.

ders. (Hg.), 1995, Die Bibel in der Kunst. Das Hochmittelalter, Stuttgart.

ders. (Hg.), 1996, Die Bibel in der Kunst. Die Renaissance, Stuttgart
Usherwoood, Nicholas, Holberton, Paul, 1988, Die Bibel in der Kunst des 20. Jahrhunderts. Vierzig moderne Künstler im Dialog mit dem Buch der Bücher, Stuttgart.

Wetzel, Christoph, 2009, Die Bibel in der bildenden Kunst, Stuttgart.

d) Einzelne Künstler, Kunstwerke, Kataloge

Beutler, Christian, 1992, Meister Bertram. Der Hochaltar von Sankt Petri. Christliche Allegorie als protestantisches Ärgernis, Frankfurt.

Bartmann, Dominik u.a., 1995, Steinhardt, Jakob: Der Prophet, 1995, Ausstellungs- und Bestandskatalog Jüdisches Museum im Berlin Museum, Berlin.

Bartmann, Dominik (Hg.), 2000, Jakob Steinhardt Zeichnungen. Schenkung Josefa Bar-On Steinhardt, Stiftung Stadtmuseum Berlin.

Brinkmann, Ulrike, 1984, Das jüngere Bibelfenster (Meisterwerke des Kölner Domes 1), Köln.

Chagall, Marc, 1973, Rede zur Einweihung des National Museums Biblische Botschaft in Nizza, in: Die Botschaft der Bibel, petit guide du Musée (deutsch), von Sylvie Forestier, Paris, November 2006.

Chagall, Marc, 1996, Die Bibel. 105 Radierungen zum Alten Testament, Salzburg.

Clausberg, Karl, 1984, Die Wiener Genesis. Eine kunstwissenschaftliche Bilderbuchgeschichte, Frankfurt.

Drachenberg, Erhard, 1990, Mittelalterliche Glasmalerei in Erfurt, Dresden.

Die Geschichte von Josef und seinen Brüdern. Die Goldmosaiken im Markusdom von Venedig, 1987, Freiburg i.Br.

Goes, Albrecht, 1956, Genesis. Bilder aus der Wiener Genesis, Reihe Frühmittelalterliche Buchmalerei III, Berlin.

Goldmann, Christoph, 1995, Bild-Zeichen bei Marc Chagall. Alphabetische Enzyklopädie der Bildzeichen, Göttingen.

Golinski, H.G., Hiekisch-Picard, S. (Hg.), 2004, Das Recht des Bildes. Jüdische Perspektiven in der modernen Kunst, Ausstellungskatalog, Bochum.

Haarlammert, Klaus, Habdank, Walter, 1994, Im Zeichen der Hoffnung. Speyer.

Hranitzky, Katharina, 1998, Die schönsten Bilder aus der Wenzelsbibel, Graz.

Kaeß, Friedrich, Stierhof, Horst, 1977, Die Schlosskapelle in Neuburg an der Donau (Kunst in Bayern und Schwaben, Band 1), Weißenhorn.

Kemperdick, Stephan, Sander, Jochen (Hg.), 2008, Der Meister von Flémalle und Rogier van der Weyden. Eine Ausstellung des Städel Museums, Frankfurt am Main, und der Gemäldegalerie der Staatlichen Museen zu Berlin, Frankfurt.

von Metzsch, Friedrich-August (Hg.), 2004/2005, Bild und Botschaft. Biblische Geschichten auf Bildern der Alten Pinakothek München I und II, Regensburg.

Neuenzeit, Paul (Hg.), 1980, Bilder der Hoffnung. 24 Holzschnitte zur Bibel von Walter Habdank, Band 1: Interpretationen und Kontexte, München.

Emil Nolde. Legende, Vision, Ekstase. Die religiösen Bilder. Ausstellungskatalog Hamburg, Köln, 2000.

Platte, Hans, 1956, Meister Bertram. Die Schöpfungsgeschichte. Einführung, Stuttgart.

Röhrig, Floridus, 2004, Der Verduner Altar, 8. Auflage, Klosterneuburg.

Roland, Berthold (Hg.), 1990, Marc Chagall. Die Bibel. Gouachen, Aquarelle, Pastelle und Zeichnungen aus dem Nachlass des Künstlers, Bonn/Mainz.

Rotermund, Hans-Martin, 1969, Rembrandts Handzeichnungen und Radierungen zur Bibel, Berlin.

Rottermund, Bernd, Schütz, Chana C., Simon, Hermann, 2002, Lesser Ury. Bilder der Bibel. Der Malerradierer. Gemeinsames Begleitbuch der Ausstellungen im Käthe-Kollwitz-Museum Berlin und in der Stiftung "Neue Synagoge Berlin – Centrum Judaicum", Berlin.

Schnorr von Carolsfeld, Julius, 1999, Die Bibel in Bildern. 240 Darstellungen erfunden und auf Holz gezeichnet, 4. Auflage, Holzgerlingen.

Sitt, Martina (Hg.), 2006, Pieter Lastman. In Rembrandts Schatten?, Ausstellung in der Hamburger Kunsthalle vom 13. April - 30. Juli 2006, München.

Tahan, Ilana 2007, Hebrew Manuscripts. The Power of Script and Image, London.

Weber, Gregor J.M., 2005, Rembrandt im Kontrast. Die Blendung Simsons und Der Segen Jakobs, Kassel/München.

Tümpel, Christian (Bearbeiter), 1970, Rembrandt legt die Bibel aus. Zeichnungen und Radierungen aus dem Kupferstichkabinett der Staatlichen Museen preußischer Kulturbesitz Berlin, Berlin.

e) Sonstige

Goethe, Johann Wolfgang von, 1982, Über Laokoon, in: ders., Hamburger Ausgabe in 14 Bänden, hrsg. von Erich Trunz, Band 12, 10. Auflage, München, 56-66.

Der Physiologus. Tiere und ihre Symbolik, 2005, Köln.

Bildnachweis

Die genauen Angaben zu Titel, Künstler, Standort, Bildgröße und Datum der Entstehung der abgebildeten Werke sind in den Bildlegenden vermerkt. Der Verlag hat sich den gesetzlichen Bestimmungen des Urheberrechts gemäß intensiv bemüht, das Copyright bei den Künstlern und Fotografen einzuholen und abzugelten. In einigen Fällen waren die Bemühungen ergebnislos – ggf. werden Rechteinhaber gebeten, sich an den Verlag zu wenden. Das Copyright bleibt in jedem Fall gewahrt.

Mein besonderer Dank gilt Herrn Weihbischof Dr. Reinhard Hauke, Rabanus Flavus, Friedgard Habdank, Dr. Gerd Hoppe, Friedrich Kaeß, Wolfgang Sauber, Josefa Bar-On Steinhardt und dem Jüdischen Museum Berlin für ihre Genehmigungen und kostengünstige, zum Teil sogar kostenlose Bereitstellung der Bilddateien.

S. 6: Hicks, Die Arche Noah. Bequest of Lisa Norris Elkins, 1950. © 2012. Photo: The Philadelphia Museum of Art/Art Resource/Scala, Florence.

S. 24: Torah scroll. Foto: akg/Bible Land Pictures.

S. 29: Venedig, San Marco, Schöpfungskuppel. Foto: Cameraphoto Arte Venezia/ Bridgeman Berlin.

S. 31: Dome of Genesis: the Creation of the Sky and the Earth. Venice, St. Mark's Basilica. © 2012 Photo Scala, Florence.

S. 32: Dome of Genesis: the Separation of Light from Darkness. Venice, St. Mark's Basilica. © 2012 Photo Scala, Florence.

S. 35: Venedig, San Marco, Erschaffung des Himmels. Foto: akg-images/Cameraphoto.

S. 36: Venedig, San Marco, Erschaffung der Gestirne. Foto: akg-images/Cameraphoto.

S. 39: Venedig, San Marco, Erschaffung der Fische. Foto: akg-images/Cameraphoto.

S. 40: Venedig, San Marco, Erschaffung der Landtiere. Foto: akg-images/Cameraphoto.

S. 43: Dome of Genesis: the Creation of Man. Venice, St. Mark's Basilica. © 2012. Photo Scala, Florence.

S. 44: Venedig, San Marco, Der siebte Tag. Foto: bpk/Scala.

S. 47: Meister Bertram, Erschaffung Adams. Foto: Elke Walford/bpk/Hamburger Kunsthalle.

S. 48: Meister Bertram, Der Baum der Erkenntnis. Foto: Elke Walford/bpk/Hamburger Kunsthalle.

S. 51: Meister Bertram, Erschaffung der Tiere. Foto: Elke Walford/bpk/Hamburger Kunsthalle.

S. 52: Meister Bertram, Erschaffung Evas aus der Rippe. Foto: Elke Walford/bpk/Hamburger Kunsthalle.

S. 58: Cranach, Adam und Eva, © Samuel Courtauld Trust, The Courtauld Gallery, London, UK/ Bridgeman Berlin.

S. 61: Venedig, San Marco, Adam und Eva vor Gott. Foto: akg-images/Electa.

S. 62: Mur, Vertreibung aus dem Paradies. Foto: Album / Oronoz / akg-images.

S. 65: van Eyck, Das Opfer Kains und Abels. Foto: akg-images.

S. 66: van Eyck, Kain erschlägt Abel. Foto: akg-images.

S. 69: Jacopo da Ponte Bassano, Die Erbauung der Arche. Foto: André Held/akg-images.

S. 72: Jacopo da Ponte Bassano, Zug der Tiere zur Arche Noah. Foto: IMAGNO-ARTOTHEK.

S. 75: Leonardo da Vinci, Sintflut. Foto: akg-images.

S. 76: Steinhardt, Noach begrüßt die zurückkehrende Taube, verso Tanzende Chassidim (Simchat Tora). © Jüdisches Museum, Berlin.

S. 79: Wiener Genesis, Auszug aus der Arche. © Österreichische Nationalbibliothek, Wien, Cod. Theol. Gr. 31, pag. 4.

S. 80: Wiener Genesis, Der Bogen des Friedens. © Österreichische Nationalbibliothek, Wien, Cod. Theol. Gr. 31, pag. 5.

S. 83: Venedig, San Marco, Noachs Trunkenheit. Foto: akg-images/Electa.

S. 89: Bruegel, Der Turmbau zu Babel. Foto: Photobusiness – ARTOTHEK.

S. 93: Lastman, Abraham auf dem Weg nach Kanaan. Foto: © The State Hermitage Museum/photo by Vladimir Terebenin, Leonard Kheifets, Yuri Molodkovets.

S. 94: Salerno, Abram erhält die weinende Sarai zurück. Foto: http://www.bigano.com/gallery/gallery_avori/ssp.swf (Stand: 15/09/2012).

S. 97: Mosaik, Abraham und Lot trennen sich. Foto: Andrea Jemolo/akg-images.

S. 98: Bouts, Abraham und Melchisedek. Foto: Erich Lessing/akg-images.

S. 101: Wiener Genesis, Verheißung an Abraham (Ausschnitt). © Österreichische Nationalbibliothek, Wien, Cod. Theol. Gr. 31, pag. 8.

S. 102: Rembrandt, Sara beschwert sich über Hagar, aus: 40.000 Meisterwerke. Malerei, Zeichnung, Grafik, zeno.org, DVD-Rom, Berlin 2008. Foto: Mit freundlicher Genehmigung der Directmedia Publishing.

S. 105: Lorrain, Landschaft mit Hagar und dem Engel. Foto: The National Gallery, London/akg-images.

S. 107: Rembrandt, Hagar am Brunnen auf dem Wege nach Sur, aus: 40.000 Meisterwerke. Malerei, Zeichnung, Grafik, zeno.org, DVD-Rom, Berlin 2008. Foto: Mit freundlicher Genehmigung der Directmedia Publishing.

S. 108: Wiener Genesis, Verheißung an Abraham (Ausschnitt). © Österreichische Nationalbibliothek, Wien, Cod. Theol. Gr. 31, pag. 8.

S. 111: Ingeborg Psalter, Abraham empfängt die drei Engel. Foto: Erich Lessing/akg-images.

S. 112: Rembrandt, Abraham im Gespräch mit dem Engel, aus: 40.000 Meisterwerke. Malerei, Zeichnung, Grafik, zeno.org, DVD-Rom, Berlin 2008. Foto: Mit freundlicher Genehmigung der Directmedia Publishing.

S. 115: Dürer, Lot und seine Töchter. Foto: National Gallery of Art, Washington D.C., USA/Bridgeman Berlin.

S. 119: Rembrandt, Abraham liebkost Isaak, oder: Jakob liebkost Benjamin. Foto: Jörg P. Anders/bpk/Kupferstichkabinett SMB.

S. 121: Rembrandt, Die Verstoßung der Hagar. Foto: Christoph Irrgang/ bpk/Hamburger Kunsthalle.

S. 122: Rembrandt, Hagar in der Wüste. Foto: Christoph Irrgang/bpk/Hamburger Kunsthalle.

S. 129: Olivier, Abraham und Isaak. Photo: The National Gallery, London/akg-images

S. 130: Jan Lievens, Das Opfer Abrahams. Foto: Herzog Anton Ulrich-Museum Braunschweig, Kunstmuseum des Landes Niedersachsen.

S. 133: Chagall, Abraham beweint Sara. © VG-Bild-Kunst, Bonn 2011. Foto: akg-images.

S. 134: Poussin, Eliser und Rebekka. Foto: Erich Lessing/akg-images.

S. 139: Wenzelsbibel, Rebekka empfängt die Brautgeschenke. © Österreichische Nationalbibliothek, Wien, Cod. 2759.

S. 140: Monreale, Rebekkas Reise zu Isaak. Foto: akg-images.

S. 143: Habdank, Abrahams Tod. © Galerie Habdank.

S. 145: Wenzelsbibel, Rebekka mit Esau und Jakob am Wochenbett. © Österreichische Nationalbibliothek, Wien, Cod. 2759, fol 23v.

S. 146: Rembrandt, Esau verkauft sein Erstgeburtsrecht, aus: 40.000 Meisterwerke. Malerei, Zeichnung, Grafik, zeno.org, DVD-Rom, Berlin 2008. Foto: Mit freundlicher Genehmigung der Directmedia Publishing.

S. 149: Raffael, Abimelech beobachtet Isaak und Rebekka. Foto: bpk/Scala.

S. 150: Erfurt, Dom, Jakobfenster, Isaak gibt seinem Sohn Isaak den Auftrag, ein Wildbret zu bereiten. © Dom zu Erfurt (Domkapitel, mit freundlicher Genehmigung von Weihbischof Dr. Reinhard Hauke).

S. 153: Erfurt, Dom, Jakobfenster, Rebekka legt Jakob das Fell an. © Dom zu Erfurt (Domkapitel, mit freundlicher Genehmigung von Weihbischof Dr. Reinhard Hauke).

S. 154: Giotto, Isaak segnet Jakob, Detail. © 2012. Photo Scala Florence.

S. 156: Rembrandt, Isaak segnet Jakob, aus: 40.000 Meisterwerke. Malerei, Zeichnung, Grafik, zeno.org, DVD-Rom, Berlin 2008. Foto: Mit freundlicher Genehmigung der Directmedia Publishing.

S. 159: Giotto, Isaak weist Esau zurück. Foto: akg-images/Electa

S. 160: Monreale, Jakob flieht. Foto: Chierichetti, Sandro, Der Dom von Monreale, Palermo 1981, S. 62.

S. 163: Ribera, Jakobs Traum. Foto: Joseph Martin/akg-images.

S. 164: Dyce, Jakob und Rahel. Foto: Leicester Arts & Museums/Bridgeman Berlin.

S. 167: Raffael und Schüler, Jakob begegnet Rahel am Brunnen. Foto: bpk/Scala.

S. 168: Karte Aufteilung der Stämme, aus: http://de.wikipedia.org/wiki/Zw%C3%B6lf_St%C3%A4mme_Israels (Stand: 07.01.2012).

S. 171: Wenzelsbibel, Disput um die Alraunen. © Österreichische Nationalbibliothek, Wien, Cod. 2759, fol 28v.

S. 172: Ribera, Jakob mit der Herde Labans. Foto: bpk/Scala.

S. 175: Raffael und Schüler, Jakobs Flucht. Foto: bpk/Scala.

S. 176: Tiepolo, Laban sucht die von Rahel verborgenen Götterbilder. Foto: akg-images/Cameraphoto.

S. 179, Tiepolo, Rahels List. Foto: akg-images/Cameraphoto.

S. 182: Redon, Jakobs Kampf mit dem Engel. © Bequest of Alexander M. Bing/Bridgeman Berlin.

S. 184: Hayez, Zusammentreffen von Esau und Jakob. Foto: http://images.zeno.org/Kunstwerke/I/big/1690036a.jpg.

S. 187: Cignaroli, Rahels Tod. Foto: akg-images/Cameraphoto.

S. 189: Nolde, Josef erzählt seine Träume. © Nolde Stiftung Seebüll. Foto: Belvedere, Wien.

S. 192: Ury, Josef bei den Ismaelitern. © Jüdisches Museum Berlin.

S. 195: Rembrandt, Jakob erblickt den blutigen Rock, aus: 40.000 Meisterwerke. Malerei, Zeichnung, Grafik, zeno.org, DVD-Rom, Berlin 2008. Foto: Mit freundlicher Genehmigung der Directmedia Publishing.

S. 197: Venedig, San Marco, Josef bekommt die Schlüsselgewalt. Foto: akg-images/Cameraphoto.

S. 199: Rembrandt, Josef und die Frau des Potiphar. Foto: ARTOTHEK.

S. 202: Leyden, Josef im Gefängnis, Träume deutend. Foto: http://www.zeno.org/Kunstwerke/B/Leyden,+Lucas+van%3A+Die+Jacobsfolge+%5B1%5D?hl=lucas+van+leyden+traume (Stand: 07.01.2012).

S. 205 und 206: Erfurt, Dom, Josephfenster, Die Träume des Pharao. © Dom zu Erfurt (Domkapitel, mit freundlicher Genehmigung von Weihbischof Dr. Reinhard Hauke).

S. 209: Erfurt, Dom, Josephfenster, Josef erklärt die Träume. © Dom zu Erfurt (Domkapitel, mit freundlicher Genehmigung von Weihbischof Dr. Reinhard Hauke).

S. 210: Amigoni, Josef im Palast des Pharao. Foto: http://upload.wikimedia.org/wikipedia/commons/6/68/Jacopo_Amigoni_-_Joseph_in_the_Pharaoh%27s_Palace_-_WGA00271.jpg (Stand: 07.01.2012).

S. 213: Dome with Scenes from the Story of Joseph: Joseph Gathering up all the Food. Venice, St. Mark's Basilica. © 2012. Photo Scala, Florence.

S. 214: Jones, Jakobs Söhne in Ägypten, aus: Owen Jones/Henry Warren, The History of Joseph and his Brethren, London 1865.

S. 217: Dome with Scenes from the Story of Joseph: Joseph and His Brothers Weeping. Venice, St. Mark's Basilica. © 2012. Photo Scala, Florence.

S. 218: Rembrandt, Die Brüder Josefs berichten von ihrer Reise, aus: 40.000 Meisterwerke. Malerei, Zeichnung, Grafik, zeno.org, DVD-Rom, Berlin 2008. Foto: Mit freundlicher Genehmigung der Directmedia Publishing.

S. 221: Ury, Jakob segnet Benjamin. © Jüdisches Museum Berlin.

S. 222/223: Bacchiacca, Josef empfängt seine Brüder ein zweites Mal. Foto: The National Gallery, London/akg-images.

S. 225 und 226: Ghiberti, Paradiespforte: Josefsgeschichte. Museo dell'Opera del Duomo. © 2012. Photo Scala, Florence.

S. 229: Erfurt, Dom, Josephfenster, Jakob zieht mit seiner Familie nach Ägypten. © Dom zu Erfurt (Domkapitel, mit freundlicher Genehmigung von Weihbischof Dr. Reinhard Hauke).

S. 230: Jones, Jakob segnet den Pharao, aus: Owen Jones/Henry Warren, The History of Joseph and his Brethren, London 1865.

S. 233: Rembrandt, Jakobs Segen. Ausschnitt. Foto: akg-images/André Held.

S. 234: Rembrandt, Jakob segnet die Söhne Josefs. Foto: Blauel/Gnamm – ARTOTHEK.

S. 237: Wiener Genesis, Jakobs Tod und Begräbnis. © Österreichische Nationalbibliothek, Wien, Cod. Theol. Gr. 31, pag. 48.

S. 238: Erfurt, Dom, Josephfenster, Josefs Tod. © Dom zu Erfurt (Domkapitel, mit freundlicher Genehmigung von Weihbischof Dr. Reinhard Hauke).

S. 247: Barcelona Haggada, Knechtschaft der Israeliten. © The British Library Board. All Rights Reserved 27/10/2011/The Barcelona Hagadah Ms. Add. 14761 folio 30v.

Lösungen für die Bilderrätsel:

(Groß- und Kleinschreibung bleiben unberücksichtigt)

Genesis (S. 240):

Lösungssatz: **Meine Brüder suche ich** (Gen 37,16).

Die Lösungswörter im Einzelnen (der Reihe nach):

Mond, **E**rbauung, **I**saak, Wei**n**, W**e**in

Bund, **R**embrandt, T**ü**r, **D**om, **E**sau, **R**ahel

Salzsäule, Bet**r**ug, Versu**c**hung, **H**ungersnot, **B**enjamin

Ka**i**n, Ar**c**he, **H**amburg

Exodus (S. 304):

Lösungssatz: **Ich bin der „ICH BIN DA"** (Ex 3,14).

Mosa**i**k, Dornbus**ch**, **H**errn

Bezalel, **I**sraeliten, Ma**nn**a

Aben**d**mahl, z**e**hn, **R**om

Itten, Gesi**ch**t, **H**olzschnitt,

grü**b**elt, M**i**rjam, Si**na**i

Hagga**d**a, **A**aron

Numeri und Deuteronomium (S. 358):

Lösungssatz: **(Der HERR) segne (dich und) behüte dich** (Num 6,24).

Schlange, **E**selin, **G**ips, Lebe**n**, Mos**e**

Bileam, **G**elobte, **H**öre, dr**ü**ber, **T**raubental, Taufb**e**cken

Deuteronomium, **g**iftig, **C**hassidim, spre**ch**en

Der vollständige „Aaronitische Segen" (Num 6,24–26) lautet so:

Der HERR segne dich und behüte dich.

Der HERR lasse sein Angesicht leuchten über dir und sei dir gnädig.

Der HERR wende sein Angesicht dir zu und schenke dir Frieden.

Dank sagen möchte ich allen, die mir geholfen haben, dieses Buch zu schreiben:

Allem voran meinem Mann und meinen Kindern, die das Projekt wohlwollend und zugleich kritisch begleitet haben. Ohne die Erfahrungen, die ich mit meinen Kindern beim frühen „Bibellesen" gemacht habe, hätte ich dieses Buch nicht geschrieben. Sie haben mich angeregt, die Verbindung zwischen Theologie und Kunst in der Vermittlung biblischer Inhalte zu suchen. Von großer fachlicher Hilfe waren neben dem freundschaftlichen Rat die detaillierten hebräischen Worterklärungen meines Lehrers Prof. Dr. Karl Reichl, und die Vorlesungen, die ich vom WS 2008/09 bis zum SS 2012 an der Universität Bonn in der Kunstgeschichte bei den Professoren Harald Wolter-von dem Knesebeck, Thomas Noll, Hans-Joachim Raupp und Georg Satzinger besucht habe, und im Fachbereich katholischer Theologie bei den Professoren Ulrich Berges, Reinhold Boschki und Heinz-Josef Fabry. Danken möchte ich auch meinem Neffen Sebastian Lemmermöhle und meinem Schwager Johannes Brenner für die ersten Bemühungen um die Entwicklung eines Verlagslogos. Großen Dank schulde ich besonders meinem Grafiker Kevin Tiberius Fischer, der dieses Buch mit viel Kreativität, Herzblut und unermüdlichem Einsatz gestaltet hat. Vor allem danke ich schließlich meiner Freundin Angela Böttges, meiner Schwester Helen Brenner und meiner Mutter Dorothy Boventer, die mir immer wieder mit überlegtem Rat und stetiger Ermutigung zur Seite standen.

Die Autorin Suzanne Lier, katholisch, ist in einer deutsch-amerikanischen Familie aufgewachsen. Sie hat Philosophie, Anglistik und Pädagogik in San Rafael (USA), Bonn und Cambridge (England) studiert und lebt mit ihrer Familie in Rhöndorf bei Bonn.

Wie die Reise weitergeht

Hier nun muss unsere „Reise durch das Alte Testament" vorläufig enden. Das Erste Testament ist zu umfangreich, um es in einem einzigen Buch in dieser Gründlichkeit zu besprechen. Doch die Reise soll bald weitergehen. Der nächste Band wird die Geschichtsbücher enthalten und von Glanz und Tragik des großen Königs David berichten. Auch mutige, selbstbewusste Frauen wie Rut, Judit und Ester kommen zu Wort. Der dritte Band wird schließlich die Weisheitsbücher und die Bücher der Prophetie vorstellen, das tief bewegende Buch Hiob, die wunderbaren Psalmen und die eindringlichen Worte der Propheten. Alle Bände sollen in derselben Aufmachung erscheinen, mit Bibeltexten, Exkursen, theologischen Randnotizen für die erwachsenen Leser, und Bildern der Kunst, für Kinder erklärt. Eine Ausgabe jeweils in Englisch wie für dieses Buch ist auch für die beiden weiteren Bände geplant.

Zu guter Letzt: Wer etwas zu diesem Buch anmerken möchte, Ideen hat, Kritik loswerden möchte oder einfach einmal mit mir Kontakt aufnehmen will, ist herzlich eingeladen, dies zu tun (bitte schreiben an: suzanne.lier@gmail.com)!

Rembrandt (Umkreis), Mose auf dem Berg Nebo oder Orientale, einen Hügel zu einer Stadt hinabsteigend um 1626, 20 x 27 cm, Bister (Wasserfarbe aus Holzruß) auf Papier, Groningen, Groninger Museum

383